Sagen und Legenden
aus Eifel und Ardennen

Band 3

Dieses Buch entstand mit freundlicher Unterstützung von:

Dr. Hans-Simon Stiftung
Fritz Himmermann GmbH & Co KG, Hellenthal
Kreissparkasse Euskirchen
Landschaftsverband Rheinland, Köln

Sagen und Legenden aus Eifel und Ardennen

Band 3

Gesammelt und bearbeitet von Karl Guthausen
Mit Zeichnungen von Otto Kersting

Meyer & Meyer Verlag

Die Deutsche Bibliothek – CIP-Einheitsaufnahme

Sagen und Legenden aus Eifel und Ardennen /
ges. und bearb. von Karl Guthausen.
– Aachen : Meyer und Meyer.
NE: Guthausen, Karl [Bearb.]
Bd. 3 (1996)
ISBN 3-89124-308-1

Umschlaggestaltung: Susanne Dalley, Aachen
Umschlagbelichtung, frw, Reiner Wahlen, Aachen
Zeichnungen Innenteil: Otto Kersting, Schleiden
Lektorat: Heinz Heilkenbrinker, Aachen
Satzbelichtung: Typeline, Dagmar Schmitz, Aachen
Satz: Times
Druck: Druckerei Queck, Jüchen
Printed in Germany
ISBN 3-89124-308-1

Inhaltsverzeichnis

Klöster und Konvente....59

Wallfahrtsorte 91

Kreuze, Bilder und Quellen 107

Vorwort

Nachdem der 1. Band der Sagenreihe Erzählungen über Schätze, Geister und den Teufel gebracht hat und der 2. Band historisch orientiertes Sagengut beinhaltet, folgt nun im Abschlußband eine Auswahl aus dem reichen, christlich orientierten Erzählgut. Wie bei den beiden ersten Bänden wurde auch diesmal dem Themenprinzip der Vorrang vor dem Ortsprinzip gegeben. Kevelaer und andere Wallfahrtsorte außerhalb der Eifelregion wurden mit berücksichtigt, weil sie das Ziel von Pilgern aus diesem Gebiet sind.

Bei der Suche nach Erzählgut stellt man bald fest, daß es weit mehr christliches als weltliches gibt. Dies sollte angesichts der Fülle mittelalterlicher Relikte, die in unsere „säkulare Umwelt" hineinragen (Kirchen und Dome), nicht weiter Anlaß zum Wundern bieten. Auch Bräuche wie Feste dieses Raumes haben vorzugsweise christliche Wurzeln.

Jahrhundertelang erfuhren die Gläubigen in Kirchen und Kapellen vom Leben heiliger Männer und Frauen. In Spinnstuben und abends am heimischen Kamin erzählte man sich nach altem Brauch Sagen und Märchen, evtl. aus vorchristlicher Zeit, dann aber auch Heiligenlegenden und Wissenswertes über Glaubensboten, über Kloster- und Kirchengründungen, insbesondere über Wunder an Gnadenstätten. Dabei wurde das Wissen von Generation zu Generation mündlich weitergegeben.

Um 1220 veröffentlichte der Zisterziensermönch Caesarius von Heisterbach das Buch „Dialogus Magnus Visionum Atque Miraculorum" (Großer Dialog von Geschichten und Wundern). Das Buch brachte eine reiche Sammlung von Legenden und Erzählungen aus dem Klosterleben und der christlichen Umwelt. Da es aber in lateinischer Sprache verfaßt war, hatten im allgemeinen nur Gelehrte Zugang zu den Erzählungen. Nach mehr als 600 Jahren erschien 1858 von Pfarrer J.H. Schmitz aus Manderscheid das Buch „Sagen und Legenden des Eifeler Volkes" in hochdeutscher Sprache, allen Lesekundigen zugänglich. Mögen die Bände „Sagen und Legenden aus Eifel und Ardennen" aufgeschlossene Leser finden und das Erzählgut dieses Raumes lange Bestand haben.

Meiner Frau Margret schulde ich besonderen Dank, da sie sich bereitwilligst beim Werden der drei Bände um die Korrektur gekümmert hat. Dankenswerterweise übernahm Realschullehrer Helmut Gehlsen die Übersetzung der aus den Ardennen in französischer Sprache vorliegenden Legenden.

K. Guthausen

Der Schöpfer und seine Geschöpfe

Eine schwierige Sprache (B)

Der hl. Petrus, der in gottergebener Treue und Ausdauer sein Amt als Pförtner am Himmelstor verwaltet, wurde einmal von einer Krankheit befallen, so daß er vorerst sein Amt nicht ausüben konnte.

In Demut trat er zum Thron seines allerhöchsten Herrn und bat bescheiden um einige Tage Urlaub, in denen er sich pflegen und schonen konnte. Der Herr sprach: „Recht gern wird dir die Bitte gewährt; aber bedenke, daß der Teufel mit großem Eifer an der Pforte lauert, um noch im letzten Augenblick herankommende Seelen wegzufangen und mit sich in die Hölle zu ziehen. Unter allen Himmelsbewohnern bist du der einzige, der mit jedem Erdenpilger in der Sprache seines Volkes zu reden versteht."

„Mit Verlaub", entgegnete St. Petrus, „St. Georg versteht es noch besser; er spricht alle Sprachen und redet sogar mit Heiden und Türken, als wäre er einer der ihrigen."

Da wurde St. Georg herbeigerufen, um das Amt des Stellvertreters zu übernehmen. „St. Georg", begann der Herr, „St. Petrus fühlt sich krank, so daß er einige Tage Urlaub braucht. Damit es uns nun nicht an einem Pförtner am Himmelstor fehlt, möchten wir dir gern diesen Posten anvertrauen; denn man sagt, daß du in Sprachen erfahren bist."

Ehrfurchtsvoll verneigte St. Georg sich vor dem Herrn und sprach: „Viele Länder auf der Erde durchzog ich und lernte Völker und Sprachen kennen. Das war einst, als ich den Drachen erlegte. Während meines Erdenwandels wollte nur eine Sprache mir nicht in den Kopf; es ist jene, die man von Namur bis Lüttich spricht. Die Leute nennen diese Sprache das Wallonische. Dreißig Jahre studierte ich daran, doch vergebens, obwohl ich das Englische in vierzehn Tagen erlernte. Kämen nun Wallonen an das Himmelstor und bäten um Einlaß, so könnte es geschehen, daß ich die sündigste Seele wie die frömmste passieren ließe."

Der Herr aber hörte nicht auf den Einwand. St. Petrus wurde beurlaubt, und St. Georg mußte einige Zeit den Dienst am Himmelstor übernehmen.

(n. M. Zender)

Ein Stück vom Paradies

Als Adam und Eva gesündigt hatten, ließ Gott den herrlichen Paradiesgarten durch Engel aus Eden forttragen. Die Engel waren über diesen Befehl betrübt, trugen aber das Paradies durch die Lüfte davon. Weil der Garten so groß war, konnte es geschehen, daß sie unterwegs Stücke davon verloren.

Wo sich heute das Ahrtal erstreckt, fiel ein großes Stück auf die Erde nieder mit schönen Bergen, an denen Trauben reifen, und einem Fluß, in dem sich muntere Fische tummeln.

Die Menschen, die in diesem Stück Paradies leben, schätzen ihre Heimat wegen ihrer Schönheit und wegen des köstlichen Weines und sind heiter und fröhlich.

(n. Klar/Kleinemann)

KRONENBURG / EIFEL

Die Erschaffung des ersten Eifelers

Der Herr ist nicht nur im Heiligen Land geblieben, sondern hat sich überall auf der Welt umgesehen, um sich zu überzeugen, ob die Schöpfung auch gut sei.

Eines Tages kam er mit den Aposteln Petrus und Paulus am Rhein entlang, dessen Wasser so klar war, daß man die Fische darin schwimmen sah. Von dort wandten sie sich nach Westen und kamen an den Rand der Eifel. Sie wanderten den ganzen Tag bergauf und bergab. Abends wollten die Füße sie kaum noch tragen. Im Wald fanden sie eine Hütte. In ihr lebte ein Holzfäller, der gerade sein Abendbrot zurechtmachte. Er forderte den Herrn und die beiden Apostel auf: „Kommt, setzt Euch, es ist genug zu Essen für uns alle vier da." Obwohl die drei Herren ihm unbekannt waren, zeigte er sich gastfreundlich und legte ihnen selbstgebackenes Brot und geräucherten Schinken vor. Nach dem Abendbrot setzten sich alle auf eine Holzbank, die vor der Hütte stand und unterhielten sich. Dabei bearbeitete der Holzfäller mit einem Messer einen Holzstumpf, der fast die Form eines Menschen hatte.

Der Herr fragte: „Wenn wir hier weitergehen, wohin kommen wir dann?" „Da oben", erklärte der Holzfäller, „ist ein Land, das noch gänzlich unbewohnt ist. Dort findet man nur Wald, viele Steine und einen kargen Boden. Vor allem im Winter ist es dort sehr kalt und rauh. Es müssen schon widerstandsfähige und fleißige Menschen sein, die sich dort ansiedeln und mit dem Land fertig werden wollen." Währenddessen hatte der Holzfäller das Holzstück so weit bearbeitet, daß es nun einen großen, kräftigen Mann darstellte. „So müßten die Menschen sein, die das rauhe Land da oben bevölkern wollen", meinte er, als er die Figur betrachtete.

Dann ging er in die Hütte und brachte eine Frauenfigur heraus, die fast ebenso groß und kräftig, doch lieblich anzusehen war. Der Herr betrachtete die beiden Figuren nachdenklich; dann berührte er sie mit der Hand. Da kam augenblicklich Leben in sie, beide rannten, so schnell es ging, in Richtung Eifel fort.

„Aber, aber", stotterte ganz enttäuscht und verlegen der Holzfäller, „ich wollte sie doch noch schleifen und polieren." „Laß sie nur", sagte der Herr, „sie sind aus gutem Holz geschnitzt: außen ein wenig rauh, innen ein guter Kern. Sie fürchten sich nicht vor harter Arbeit, und ich habe ihnen ein gutes Herz gegeben."
So sind die Menschen, die das schöne Eifelland bewohnen.

(n. M. Witsch)

Der erste Monschäuer

Als der Herr mit seinen Aposteln einmal durch die Eifel wanderte, kam er auch ins Monschauer Land. Erstaunt stellten die Jünger fest, daß hier keine Menschen lebten. Der Herr erklärte ihnen: „Für Menschen ist das Land zu rauh; hier kann keiner leben." Da meinten die Jünger: „Es müßte schon jemand sein, der sich dieser rauhen Landschaft anpassen könnte."

Der Herr schwieg und ging ruhig weiter. Schließlich stieß er an einen Erdklumpen und sprach: „Werde ein Mensch!" Da kam Leben in den Erdklumpen, er wurde größer, und er bekam Kopf, Arme und Beine, bis endlich ein Mensch dastand.

Die Jünger hatten eine Weile stumm zugesehen; dann sagte Petrus zu dem Erschaffenen, der wortlos den Herrn und seine Apostel betrachtete: „Willst du dich denn nicht bei deinem Schöpfer bedanken?" Der neue Mensch aber murmelte etwas vor sich hin, drehte sich um und machte sich davon in die Wildnis. Als Petrus sich ereiferte: „Ist das aber ein grober Mensch!" und als die anderen Jünger erzürnte Gesichter machten, sagte Jesus lächelnd: „Da kann man halt nichts machen. Der erste Monschäuer ist nun mal so! Aber die Zeit wird ihn schon behobeln. Habt ihr mich nicht gebeten, einen passenden Menschen für diese rauhe Gegend zu erschaffen?"

(n. P. Weitershagen)

Der Mann im Mond

An einem Sonntag hatte ein Mann im Walde Holz gesammelt und kam mit der Bürde auf dem Rücken wieder nach Hause zurück. Auf dem Wege begegnete ihm ein Fremder, der ihn mit den Worten ansprach: „Warum sammelst du heute, am Sonntag, Holz im Walde? Der Sonntag ist doch, wie du von Kind an gelernt hast, der Tag des Herrn." Der Mann erwiderte unwillig: „Ich weiß nicht, was ich sonst anfangen soll, Sonntag her, Sonntag hin."

Ernst sprach der Fremde, der Christus selbst war: „Weil du den Sonntag entheiligt hast, sollst du zur Strafe ewig mit deiner Bürde im Monde stehen!"

Wie ein Federball flog darauf der Mann in die Höhe zum Mond, wo man ihn noch heute sehen kann.

(v. H. Hoffmann)

Das Miseräbelchen

Vor Zeiten, als unser Herr und Meister Jesus Christus noch auf Erden wandelte, kam er mit seinen Jüngern eines Tages ins Moselland. Sommerzeit war es, unangenehm schwül der Tag, und mühsam führte der Weg bergauf und bergab zwischen den Rebenhügeln, auf die allenthalben die Sonne unerbittlich glühte.

Es dürstete den Herrn, und er hatte mit den Jüngern Mitleid, die sich immer langsameren Schrittes dahinschleppten. Kein Gehölz spendete Schatten, keine Quelle rieselte, um den Erschöpften Labung zu bieten. Da wandte sich der Gottessohn und sprach milde: „Wir wollen ein wenig rasten. Du aber, Petrus, lauf zu dem Dörfchen dort unten und hole einen Schoppen Wein, damit wir uns erquicken können!"

Diese Worte vernahm Petrus nicht ungern und lenkte seine, wenn auch müden Füße zu den Hütten am Berghang. Unter einem Laubdach im Schatten eines Gemäuers ruht er sich ein wenig aus und kostete von dem klaren, kühlen, goldig blinkenden Naß, das ihm von den Winzersleuten gereicht wurde. Wer konnte es ihm verdenken, daß er den Krug fast mit einem Zug leerte und keinen Tropfen des edlen Rebensaftes darin ließ. Aber auch seinen Meister und die übrigen, die auf ihn warteten, vergaß Petrus nicht. Einen hölzernen Krug ließ er bis an den Rand füllen und verabschiedete sich von den Winzern. Etwas zögernd schied er von der gastlichen Schwelle. Nach dem köstlichen Labetrunk war es ihm wohlig zumute geworden.

Auf der bergigen Straße lag noch immer der heiße Sonnenschein. Vorsichtig mußte Petrus mit seiner flüssigen Last gehen. Allmählich wurden ihm die Arme müde, und aus dem übervollen Gefäß rannen hin und wieder helle Tropfen in den Staub des Weges. Ein Jammer war es um die herrliche Gottesgabe! Das Gemüt des Apostels konnte es nicht ertragen, sie so verschwendet zu sehen. Er nahm daher, zumal ihm der Gaumen erneut trocken geworden war, tapfer einen Schluck, um das Überfließen zu verhüten. Dann merkte er jedoch, als er den Krug endlich absetzte, daß nun ein gar breiter Rand überstand, so daß es scheinen mochte, als brächte er dem Herrn und seinen durstigen Jüngern ein kärgliches Maß. Das war übel, aber Petrus wußte sich zu helfen, zog sein Messer und schnitt glatt und kunstfertig den Rand an dem hölzernen Gefäß weg. Doch schnitt er ein klein wenig zu tief. Kaum hatte er einige Schritte getan, da netzte der Wein erneut den Boden, zu schade für den guten Trank. Daher half er sich zum zweiten Mal mit Trinken und Schneiden und weiter ein drittes Mal und so fort. Das Holzgefäß war kleiner und kleiner geworden. Durch die geringe Weinmenge konnte man den Boden erblicken.

Als Petrus bei dem Herrn und den anderen Aposteln anlangte, kam es ihm selbst als eine recht erbärmliche Menge vor, die er ihnen brachte. Doch faßte er sich geschwind, reichte dem Meister, der ihn fragend anschaute, das kleingewordene Gefäß und sprach: „Herr, du gebotst mir, einen Schoppen zu bringen. Hier ist der gewünschte Trank, der dir sicher gar gering scheint. Aber so miserabel sind hierzulande die Schöppchen, wundern muß ich mich selbst. Dir indessen, o Herr, der du die Fünftausend mit Wenigem gespeist hast, wird es nicht schwerfallen, mit diesem Wein uns allen den Durst zu löschen."

Da lächelte der Gottessohn recht milde: „Ich will dir Recht geben, Petrus, deine Mitbrüder sollen nicht dürsten, trotz des 'Miseräbelchens', das du uns gebracht hast. Du aber bleibe fern für diesmal, denn den Anteil für dich hast du schon genommen."

Seit jener Zeit sind die Schöppchen im Moselland allzeit klein geblieben und werden noch heute „Miseräbelchen" genannt.

(n. A. Kurs)

Die Kuhschelle

Vor langer, langer Zeit, als unser lieber Herr einmal mit dem Apostel Petrus über die Erde ging, kam er bei seiner Wanderung in das Eifelland. Sie gingen über die Berge und durch die Täler. Es war Frühling, und die Buchen hatten schon grüne Knospen. Diese sprangen vor Freude auf, als der Herr an ihnen vorüberschritt. Am Wiesenhang ließen die Veilchen ihre violetten Blüten leuchten und wie zarte Fähnchen im Frühlingswind wehen. Vom Waldrand her schlängelte sich ein Bach durch die grünenden Wiesen und Weiden. Die beiden Wanderer folgten dem Lauf des Baches und waren voller Freude über all die Schönheit, die sich ihnen bot. Vor allem Petrus konnte sich nicht satt sehen an all der Frühlingspracht, obwohl es manchmal noch kühl war, wenn ein rauher Nordwind über die Berge kam.

Als sie einen Bergpfad hinaufstiegen, blieb Petrus stehen und sagte: „Herr, alles ist so schön grün. Aber wie grau und tot sieht jener kahle Hügel dort aus! Es ist, als ob er Frühling ihn ganz vergessen hätte. Und dort drüben haben die Menschen eine Seite ganz aufgerissen und Steine für den Haus- und Straßenbau gebrochen. Auch brennen sie einen Teil der Steine zu Kalk, den sie für ihre Häuser brauchen – sie denken nur an sich." Da lächelte der Herr milde und sprach: „Auch die kahlen Flächen sollen ihre Blüten haben." Dann streckte er segnend seine Hände aus, und plötzlich wurde es auf den Hügeln ringsum lebendig. Viele junge Blättchen sprossen überall aus dem Boden, und ein Stielchen wuchs aus ihnen, das oben eine wunderschöne, dunkelviolette Blüte trug. Sie war wie ein Glöckchen oder eine kleine Schelle anzusehen.

Rund herum auf den Hügeln blühten nun die neuen Blumen und bogen und wiegten sich im Winde. Doch plötzlich fegte von Norden ein kalter Wind über die Blütenpracht, und die Blumen hätten sich am liebsten in den Boden verkrochen. Darum schenkte der Herr ihnen noch ein richtiges Pelzchen. Überall waren sie mit kleinen feinen Härchen besetzt und so geschützt, wenn der Winter mit letztem Schnee und eisigem Wind noch einmal für ganz kurze Zeit zurückkam.

Der Herr und Petrus freuten sich über die nun blütenreiche Landschaft und wanderten froh weiter. Die Blumen aber trugen ein wenig später ihre Samenstände, die wie Rasierpinsel aussahen. Wo die Samen auf die Erde fielen, standen im nächsten Frühjahr neue violette Blumen. Am liebsten wuchsen sie dort, wo in der Erde Kalkgestein war, denn der Herr hatte sie ja auf Kalkgestein ins Leben gerufen.

Eines Tages kamen Kinder auf einen der Hügel gelaufen. Sie hatten die Kühe gehütet, die friedlich auf grünen Wiesen grasten. Auf einmal sahen sie die Blumen und riefen voller Freude: „Seht nur, seht! Sehen sie nicht aus wie Schellen, kleine Schellen, wie man sie den Kühen um den Hals hängt?" Sie pflückten einen Strauß und sprangen freudestrahlend zu ihrer Mutter: „Mutter, wir haben richtige Kuhschellen gefunden. Sieh nur, wie niedlich die Schellen sind!" Der Name Kuhschelle blieb der schönen Frühlingsblume von nun an erhalten.

(n. M. Pohl)

Als der Herrgott zuletzt im Urfttal war

Bei Sötenich lag in alter Zeit rechts der Urft die Stolzenburg, links die Burg Bilstein. Ihre Ritter waren beide reich und prunkliebend, aber auch hartherzig. Die Leute der weiteren Umgebung waren beiden zu Abgaben und Frondiensten verpflichtet. Eines Tages kam ein sehr harter Befehl. Die Bauern mußten Leder heranschaffen und damit eine Brücke von Burg zu Burg bauen, damit die Ritter auf der Lederbrücke schnell zu den täglichen Gelagen gehen konnten. Bei diesen wurde der beste Eifelwein aufgetischt, denn die Ritter prüften im Herbst den Wein aller Bauern. Der feinste war zu gleichen Teilen auf den Burgen abzuliefern. Abwechselnd hatten die Bauern auch Kegel und Kugeln, aus Brotmehl hartgebacken, hinauszuschleppen und bei einem schandhaften Spiel aufzusetzen. Die zerbrochenen Brotkegel und -kugeln mußten an die Hunde und das Wild verfüttert werden.

Der Stolzenberger war, ohne es seinem Zechgenossen zu verraten, zuweilen etwas mildherziger. Dann gab er den „Kegeljungen" das zerkegelte Brot. Ihre Lieben daheim wuschen es, denn Hunger hatten sie dafür genug.

In einer sehr dunklen Nacht grollte vom Venn ein böses Gewitter heran. Als ein Bauer, der an diesem Abend Kegeldienst hatte, und ein Spielmann den Bilsteiner Berg hinuntergingen, begegneten sie einem alten, graubärtigen Mann. „Ei, wohin um Mitternacht?" fragten die beiden. „Zum Herrn von Bilstein hinauf, um ein bißchen Brot zu erbetteln für den Ärmsten in seinem Land", entgegnete der Alte. Da lachte der Spielmann: „Ganz im Vertrauen: Du kennst den Bilsteiner nicht! Der und dir Brot geben? Wegjagen wird er dich, in den Gewitterregen, der gleich einsetzt! Komm mit! Spar dir den Weg. Wärest du mir gestern nacht da drüben halbwegs der Stolzenburg begegnet, so hätte ich dir gern mein Brot gegeben, das ich dort erhielt. Vom guten Brot gibt der Stolzenburger uns allerdings auch nichts ab, geschweige einem Bettler. Die beiden kegelmüden Ritter wollen jetzt bei ihrem Schlaftrunk nicht gestört werden. Also komm mit, bleib bei mir über Nacht. Iß mit mir, und was übrig bleibt, steck ein für die Armen!"

Der alte Mann dankte herzlichst, schüttelte aber den Kopf und stapfte weiter bergauf. Der Bauer und der Spielmann schüttelten ebenso den Kopf und beschleunigten ihre Schritte. An der ersten Bauernhütte, in der sie eine geweihte Wetterkerze brennen sahen, klopften sie an, um das Unwetter abzuwarten. Plötzlich fuhren rechts und links der Urft grelle Blitze nieder. Einen Augenblick war das weite Tal taghell und gleich darauf blutrot. Krachendes Getöse und Windböen folgten, Donnerschlag auf Donnerschlag! Dann wurde es still. Die lederne Brücke hing in Fetzen im Urfttal. Die Talbewohner harrten betend dem Morgen entgegen.

Im ersten Licht des Tages sahen alle, was geschehen war. Die Burg Bilstein war bis zum letzten Stein bergabwärts gestoßen und somit ganz verschwunden. Von der Stolzenburg standen noch ein paar Mauerzacken auf dem Felsgipfel. „Gott hat die beiden gerichtet", sagten die Urfttaler Leute. Aber der Bauer und der Spielmann, die am Abend vorher Bilstein verlassen hatten, wußten mehr: Sie waren auf dem Burgweg dem Herrgott begegnet. Er war selbst als Bettler im Urfttal und oben beim Bilsteiner gewesen, war dort abgewiesen, verlacht und mit Hunden verjagt worden!

So war das Ende der Missetäter und ihrer Burgen gekommen.

(n. F.P. Kürten)

Eifelgold

Überall, am Waldrand und am Ackerrain, entlang der Landstraßen und Schienenwege und in den Heidegebieten blüht in der Eifel der Ginster, dessen glutvolles Goldgelb wochenlang in den Fluren leuchtet. Er gedeiht selbst auf kärglichstem Boden, und wir finden ihn überall dort, wo der Bauer das Land sich selbst überlassen hat, weil es ihm nicht einmal karge Gersten- oder Roggenfrucht gebracht hätte. Für Land, in dem der Ginster allzu üppig wächst, hat der Landmann nicht viel übrig, aber wie eintönig wären unsere Heidelandschaften ohne ihn, wie trist und farblos die kahlen, braunen Höhen im Eifelland!

Wem verdankt denn der Ginster sein Leben? Wem anders als dem Herrgott selbst!

Als dieser einmal zur Frühlingszeit an einem ganz frühen Sonntagmorgen, als die Menschen noch alle in tiefem Schlaf lagen, durchs Eifelland wanderte, da wurde ihm das Herz weit und froh ob all der tausend Herrlichkeiten, die sich nah und fern seinen Augen boten. Da blühte, so weit der Blick reichte, die Besen- und Glockenheide, die im Licht der Morgensonne kupfern blinkte. In ihrem endlosen Blütenteppich, der nur hier und da von dunklen Wacholderbüschen, einer knorrigen Kiefer oder auch einer lichten Kiefer unterbrochen wurde, versteckten sich aber auch andere Blumensterne, die violette Kuhschelle, das gelbe Adonisröschen, die dornige Hauhechel, der Hasenklee mit seinen flauschigen Köpfchen oder auch ein gelber Placken scharfen Mauerpfeffers und was der anderen Heideblumen noch sind.

Als aber der liebe Herrgott in die Weite schaute, da wollte es ihm doch scheinen, als fehle diesen weitgeschwungenen, braunvioletten Höhen etwas, was sie schon von weitem leuchten mache.

Er griff in seine Tasche, holte ein paar Goldkörner hervor und ließ sie von Zeit zu Zeit auf die Erde fallen. Und seltsam, soviel Körner er auch verstreuen mochte, nie wurden seine Taschen leer. Die Goldkörner aber hatten kaum den Boden berührt, als sie sich blutrot verfärbten und dann wie Tau und Regen von der dürstenden Erde aufgenommen wurden. Sofort sprossen an diesen Stellen Sträucher hervor, die an grasgrünen Zweigen gelbe Schmetterlingsblüten trugen, deren Gelb weit über die Heide sichtbar war und die, wenn ein verspielter Sonnenstrahl darüber hinglitt, wie pures Gold aufleuchteten.

(n. Ch.R. Halm)

Der Herrgott und die Bienen

Unser Herrgott hat an sechs Tagen den Himmel und die Erde erschaffen, die Menschen, die Blumen, die Bienen und alle Tiere. Am siebten Tag hat er sich ein bißchen ausgeruht und gesagt, alle anderen dürften keine Arbeit verrichten.

Als nun der Herrgott seine Mittagsruhe gehalten hatte und die Sonne so schön schien, ging er ein wenig hinaus und sah sich seine Welt an. Da kam er an ein Feld mit rotem Klee, der den meisten Honig gibt. Er sah, wie die Bienen von einer Blüte zur anderen flogen. Der Herrgott sagte: „Ihr Bienen, heute ist Sonntag, heute darf niemand arbeiten!" Die Bienen aber haben sich gewehrt: „Während der Woche hat es viel geregnet, daher müssen wir auch sonntags arbeiten, wenn die Sonne scheint." Darauf mahnte der Herrgott sie: „Wenn ihr nicht hören wollt, werdet ihr was erleben!" Da kamen die Bienen alle zusammen, um zu überlegen, was sie tun sollten. Die einen wollten feiern, aber die meisten wollten arbeiten, weil das Wetter so unsicher war, Und so schickten sie eine Biene zum Herrgott und ließen ihm sagen, was die Versammlung beschlossen hatte. Der Herrgott wurde böse und sagte: „Zur Strafe werdet ihr von jetzt an keinen Nektar mehr vom roten Klee bekommen!" Auf einmal sind die Blüten vom roten Klee so groß geworden, daß die Bienen nicht mehr auf den Blütenboden zum Nektar kamen. Daher müssen sie jetzt den roten Klee den Hummeln überlassen.

(n. Dr. K. Hamper)

Gott und die Magd (L)

In der Flur von Oberkerschen stand einst eine Burg, deren Besitzer sich dadurch auszeichneten, daß sie alle um ein Almosen anhaltenden alten Leute mit Beschimpfungen empfingen und durch grimmige Hunde verjagen ließen. Lange Zeit schon hatte diese herzlose Gewohnheit bestanden; kein Hilfsbedürftiger von nah und fern wagte es noch, dieses gottlose Schloß zu betreten.

Eines Tages jedoch kam ein alter, ehrwürdig aussehender Bettler zur Burg und bat inständig um eine kleine Unterstützung. Vergebens war sein Bitten und sein Flehen. Schon sollten die Hunde auf ihn gehetzt werden, da erbarmte sich eine Magd seiner. Heimlich rief sie die Hunde zurück und reichte dem armen Manne eine ansehnliche Gabe von ihren eigenen Ersparnissen.

„Dies sollst du nicht umsonst getan haben“, sprach der Bettler. Zudem forderte er das Mädchen auf, sofort seine Habe zu packen und eiligst die Burg zu verlassen. Ohne widerstehen zu können, tat die Magd, wie ihr der Greis geboten hatte.

Als beide nun eine Strecke Weges vom Schloß entfernt waren, forderte der arme Mann das Mädchen auf, nach der Burg zurückzuschauen. Ein entsetzliches Bild bot sich ihren Blicken: Das Schloß war in der Erde versunken, nur noch der Schornstein ragte aus einem großen Morast hervor. Höchst erschrocken sah sich die Magd nach ihrem Begleiter um, doch dieser war spurlos verschwunden. Da erkannte sie, daß Gott der Herr die Schloßbewohner gestraft hatte. Der ganze Raum, den früher die Burg eingenommen hatte, blieb ein großer, gefährlicher Sumpf.

(n. P. Bies)

Das gebratene Hähnchen (n. Le Poulet Rôti) (B)

Jesus und der hl. Petrus waren auf dem Weg nach Nassogne und durchquerten den Wald von Freyir.

Unter seinem linken Arm trug Petrus ein gut eingepacktes, gebratenes Hähnchen, das ihnen der Wirt bei der letzten Rast als Wegzehrung mitgegeben hatte. Auf einmal stieg dem Petrus der köstliche Bratengeruch in die Nase. Schon mehr als einmal hatte der Heilige der Versuchung widerstanden, sich einen Bissen dieses herzhaften Stücks einzuverleiben. Sicher, er wußte, daß der Meister Nachsicht gegenüber den kleinen Sünden eines alten Feinschmeckers zeigte; dennoch kämpfte er, aus Furcht, ihm noch mehr zu mißfallen, mit seiner ganzen Kraft gegen die Versuchung an.

Das Laub raschelte unter den Schritten der beiden Wanderer, die schweigsam nebeneinander hergingen, Jesus wie üblich in Gedanken versunken, während sein Begleiter vom kleinen Teufel der Eßlust gepeinigt wurde. Keine 50 m weiter blieb Petrus plötzlich stehen, riß geschickt einen Schenkel des Hähnchens heraus, schloß das Paket, schob es sich unter den Arm und setzte sich wieder in Bewegung, wobei er die rechte Hand mit seiner Beute hinter dem Rücken versteckte. Jesus schien nichts bemerkt zu haben.

Gierig biß Petrus in das weiße Fleisch. Schon nach kurzer Zeit hielt er es erneut nicht mehr aus und verlangsamte seine Schritte. Noch einmal hineingebissen! „Was für ein köstliches Fleisch", dachte der Heilige.

Etwas weiter, als Jesus einen goldfarbenen Käfer aufhob und interessiert betrachtete, löste Petrus das restliche Fleisch vom Knochen.

Und wieder gingen sie gedankenverloren nebeneinander her, als sich plötzlich ein Wind erhob. Und dann begann ein feiner, durchdringender Regen zu fallen. Jesus zeigte auf eine mächtige Eiche, die ihre knorrigen Äste zum Schutz ausbreitete.

„Stellen wir uns hier unter und essen ein wenig", schlug Jesus vor. Der heilige Petrus holte recht betroffen das Eßpaket hervor, und als es geöffnet war, rief Jesus erstaunt: „Welch ein Wunder! Ein einbeiniges Hähnchen!" „Das kommt schon einmal vor", beeilte Petrus sich zu erklären. „Das habe ich zwar noch nie gesehen", sagte Jesus, „aber daran soll es nicht scheitern. Da mein Magen knurrt, werde ich mir einen Schenkel genehmigen."

Nach dem Dankgebet setzten sie ihre Wanderung fort. Auch die Schauer war vorüber. Als sie in Mochamps ankamen, einem Dorf aus einer Handvoll strohbedeckter Lehmhütten, bemerkte Petrus plötzlich ein Huhn, das neben einer armseligen Hecke auf einem Bein stand. „Seht nur, Meister", rief Petrus triumphierend, „diese Huhn hat nur ein Bein!" Jesus näherte sich dem Huhn und klatschte in die Hände. Das Huhn holte sofort sein zweites Bein hervor und ergriff die Flucht. „Gib es zu, Petrus, es hat zwei Beine wie jedes andere auch", sagte der Herr. „Ach, Meister, hättet ihr eben auch in die Hände geklatscht, hätte das Hähnchen mit Sicherheit auch sein zweites Bein wiedergefunden!"

Sie kamen durch den Wald von Nassogne. Plötzlich wurde Jesus unruhig, schüttelte grundlos den Kopf, kratzte sich den Nacken. Schließlich schien er es nicht mehr auszuhalten: „Petrus, mein Freund, sieh doch einmal nach, was mich da so sticht!" Der Apostel kam näher und zuckte gleich darauf zurück. „Herrgott, das ist ja ein Auge!" „Ja, Petrus, damit habe ich dich beobachtet, als du heimlich das Paket geöffnet, einen Hähnchenschenkel herausgerissen und dich versündigt hast", erklärte Jesus. „Gnade, Herr!" bat da Petrus reuevoll. Ein tiefgründiges Lächeln des Herrn sprach ihn los.

(H. Gehlsen)

Gottes Gnadentau

In jenen Jahren, als die Eifel noch zum Römischen Reich gehörte, marschierte von Trier herauf über Bitburg und Oos in einer kalten, windigen Septembernacht eine Abteilung der in Köln stationierten römischen Legion. Die etwa 600 Soldaten kamen von einem ehrenhaften Auftrag zurück, der sie auf ein Jahr in die umbrischen Berge auf einen der größten Übungsplätze des Römischen Reiches geführt hatte. Dort waren sie an einer neuartigen Steinschleuder ausgebildet worden. Der Kaiser hatte sogar der Kölner Abordnung die ersten Modelle auf den langen Rückmarsch von Mittelitalien an den Rhein mitgegeben, um Köln ganz besonders vor germanischen Überfällen zu sichern.

Schwert, Helm, Brustpanzer, Beinschienen und Brotbeutel drückten die Soldaten erbärmlich, aber ihr Befehlshaber gewährte gern und oft eine Ruhepause, manchmal an einer Quelle, manchmal an einer Posthalterei. Als man sich Marmagen näherte, ertönten wiederum die bekannten, knappen Kommandos.

Unter denen, die sich klirrend auf die Erde niederließen, war auch der Soldat Mandubracius aus einem Dorf in Südfrankreich. Er hatte sich während des letzten größeren Aufenthaltes in Metz in ein Mädchen namens Claudia verliebt. Sie hatte ihm beim Abschied die Taschen mit Haselnußkernen gefüllt, und der verliebte, träumerisch dreinschauende Mandubracius knabberte schon während des dreitägigen Marsches an seinen Vorräten. Als er aber jetzt die Taschen durchstöberte, fand er keinen einzigen Haselnußkern mehr. Zu guter Letzt kehrte er sogar seine Taschen nach außen. Dabei fand er zwar keine Kerne mehr, aber in der Dunkelheit fielen einige schwarze Samen auf die Erde. Sie hatten sich in den Nähten versteckt gehalten, als die Soldaten ihre Schleudern in einem Ginsterfeld in Mittelitalien in Stellung brachten. Niemand hatte ihr Versteck bemerkt.

Doch nun fielen sie auf germanischen Boden und zitterten beim heftigen, nächtlichen Eifelwind. Dieser jagte vom Hohen Venn herunter und trieb die rollenden Samenmännchen aus Umbrien hoch in die Luft. So kam eines der Männchen ins Ahrgebirge, eines an den Laacher See, ein anderes in die Mauerreste der Blankenheimer Villa, schließlich wurde eines über die Maare an die Mosel geweht.

Im Frühjahr, als die Sonne die letzten Schneefetzen geschmolzen und das Erdreich angewärmt hatte, trieben die Samenmännchen Keime und schickten Stengel zur Oberwelt. Alle begannen von sich aus, die verlorenen Brüder zu suchen. Sie bildeten Blüten, die sich in den ersten Jahren nur nachts öffneten, damit tagsüber Menschen und Tiere nicht auf sie aufmerksam würden. Ihre Samensöhne, die in schwarzen Schoten heranreiften, schleuderten sie weit fort und vertrauten sie dem Eifelwind an, der auch sie einmal fortgetragen hatte.

So durchwanderten die Kinder und Kindeskinder das ganze Land von der Maas bis zum Rhein, durch Eifel und das Ardennerland. Und die Menschen der Berge sahen staunend das Wunder und suchten es zu deuten: „Das ist Gottes Gnadentau", sagten die einen, „der Teppich Unserer Lieben Frau", meinten die anderen, und viele holten das blühende Gold in die Stuben als Mahnung und Quell der Kraft.

Im Monat des blühenden Goldes, im Fallen von „Gottes Gnadentau", schrieb die hl. Gertrud von Nivelles ihre tiefsten und reinsten Gedanken, pries der Steinfelder Mönch Hermann-Josef die Gottesmutter wie nie zuvor, der hl. Willibrord aus Echternach schrieb genauso wie Regino von Prüm am liebsten im Ginstermonat. Gottfried von Bouillon predigte im Maimonat, als das Gold auf den Bergen brannte, den Kreuzzug, und auch die, die ihn sonst nicht verstanden, weil er ein Franzose war, verstanden ihn nun, obwohl er mit fremder Zunge redete. Jetzt hefteten sie das Kreuz auf ihre Schulter und zogen aus zum Kampf ums Heilige Grab.

(n. Dr. H.O. Penz)

Die Zauberinstrumente (n. Les instruments magiques) (B)

An einem schönen Sommermorgen trafen Jesus und Petrus bei einem Spaziergang einen armen Hirtenjungen. Die Sonne ließ seine struppigen Haare wie Goldfäden leuchten. Während er herzhaft in sein Brot biß, hütete er drei kleine Ardennenkühe.

„Ich habe Hunger", redete der Herr ihn an, „könntest du mir ein Stück von deinem Brot abgeben?" Sofort bot ihm der Junge den ganzen Rest seines Brotlaibes an. Lächelnd nahm Jesus das Brot und sagte: „Drei Wünsche hast du frei."

Der junge Hirte überlegte kurz und sagte dann: „Ich möchte gern einen Zauberstab haben. Als zweites wünsche ich mir eine Geige, bei deren Klang alle Leute tanzen müssen. Als drittes möchte ich eine Flinte, die immer trifft." – „Es sei dir gewährt", sagte Jesus. Schmunzelnd und ohne ein Wort zu verlieren, setzte er dann mit Petrus die Wanderung fort. Der Junge war sprachlos, als er die Gegenstände, von denen er schon immer geträumt hatte, vor sich liegen sah.

Schon erlag er der Versuchung, seine neugewonnene Macht auszuprobieren. Mit seinem Zauberstab brachte er die drei Kühe, die inzwischen das Weite gesucht hatten, sofort zu ihm zurück. Erschrocken über seine neue Machtfülle, hörte er für diesen Tag mit dem Zaubern auf.

Am nächsten Morgen – der Junge hütete wie üblich seine Kühe – kam ein Landstreicher daher, mit dem er noch eine Rechnung zu begleichen hatte. Gerade in diesem Augenblick begann auf einer Hecke eine Schar Spatzen zu tschilpen. Schnell richtete der neugierige Junge seine Flinte auf sie, als der Landstreicher scherzte: „Wenn du diese alle schießt, werde ich sie ungerupft aufessen." Ein Schuß – und alle Spatzen fielen auf den Boden. Wie versprochen, wollte der Landstreicher sie einsammeln, verstrickte sich jedoch in der Dornenhecke. Der Hirte holte vergnügt seine Geige hervor und spielte auf. Der Landstreicher versuchte zu tanzen, doch dauerte es eine Weile, bis er sich aus dem Gestrüpp befreien konnte. Seine Kleidung war zerfetzt, sein Gesicht zerkratzt und seine Finger blutig. „Daran wirst du dich noch einmal erinnern, du Taugenichts", schimpfte er.

Wenige Tage später erhielt unser Scherzbold eine Gerichtsvorladung, aus der er sich jedoch nicht sehr viel machte. Zum festgesetzten Termin machte er sich, ausgerüstet mit Gewehr, Geige und Zauberstab, zum Gericht auf.

Der Landstreicher erzählte zunächst dem Richter seine Geschichte und warnte davor, den Hirten in den Gerichtssaal zu lassen, weil dann alle nach seiner Geige tanzen müßten. Als der Junge nun doch vom unbestechlichen Richter hereingerufen wurde, brach im Gerichtssaal das Chaos aus. Beim ersten Geigenton sprangen alle Anwesenden wie von Zauberhand auf und drehten sich so lange tanzend im Kreise, bis sie erschöpft und schwindelig zu Boden fielen.

„Habe ich es euch nicht gesagt", rief der Landstreicher, der sich vorher auf einen Stuhl hatte fesseln lassen. Aber es half nichts, auch er mußte schwitzend und stöhnend durch den Saal hüpfen.

Zufrieden nahm der Hirte seine Zauberinstrumente und ergriff die Flucht. Seine Augen leuchteten wie glühende Kohlen.

(H. Gehlsen)

Das Feld des Dummkopfes (n. Champ Nicaise) (B)

Vor langer Zeit erbten der hl. Petrus und der Teufel zu gleichen Teilen einen Acker, der oberhalb von „Haiette" lag.

„Den bebauen wir gemeinsam", schlug der Teufel vor, der von Natur aus faul war und mit dem Fleiß des Apostels rechnete. „Einverstanden", sagte St. Petrus, „welchen Teil wählst du?" Ohne Zögern erhielt er die Antwort: „Alles, was über dem Boden wächst."

Petrus war einverstanden und begann sofort mit der Arbeit. Der Teufel aber verschwand und ließ sich nicht mehr blicken. Im Oktober hielt sich der Apostel für seine Mühe schadlos; als der Teufel kam, um seinen Anteil abzuholen, wollte er vor Wut schier aus der Haut fahren, denn für ihn lag nur ein Haufen trockenes Kartoffelkraut bereit. St. Petrus hatte nämlich Kartoffeln angebaut und vertragsgemäß geerntet, was unter dem Boden wächst.

Der Teufel spie Gift und Galle: „Im nächsten Jahr beanspruche ich den unteren Teil!“ – „Einverstanden“, sagte Petrus, lachte sich ins Fäustchen und säte im nächsten Jahr Hafer. Im Juli stand der Hafer für St. Petrus in vollem Korn. Im August, als er zwei Wagenladungen geerntet hatte, ließ er seinen untätigen Partner rufen. Angesichts des leeren Stoppelfeldes mußte der Teufel sich seine erneute Niederlage eingestehen und schlug vor: „Ich habe mich schon genug geärgert, einigen wir uns also darauf, wem der Acker ganz allein gehören soll. Jeder von uns soll auf dem Viehmarkt von Wellin ein Stück Vieh kaufen und ihm einen Namen geben. Derjenige, der den Namen des anderen Tieres errät, erhält das Feld.“

„Ich schlage ein“, war die Antwort des Apostels. Früh am nächsten Morgen machte er sich auf zum Viehmarkt, beschaffte sich auf schnellstem Wege eine alte Vogelscheuche, die er in frischem Lehm und anschließend in einem Haufen Hühnerfedern rollte. Dieses Fabeltier stellte er zum Trocknen im Stall seines Bauernhofes auf. Sodann versteckte er sich auf halber Strecke nach Wellin hinter einer dichten Hecke. An dieser Stelle weitete sich ein Bach zu einem Becken, an dem das Vieh getränkt wurde. Nach einer Geduldprobe von einigen Stunden erschien endlich der Teufel und zog einen störrischen Geißbock hinter sich her. Der hl. Petrus dachte vergeblich über den Namen dieser Kreatur nach. Zehn Meter von der Wasserstelle entfernt, weigerte sich das Tier, halbtot vor Durst, weiterzugehen. Schließlich gelang es dem Teufel, es zur Tränke zu bringen. Und immer noch fand Petrus keinen Namen.

Plötzlich fing der Teufel an, das Tier laut zu verwünschen: „Verfluchter grüner Bock, willst du denn den ganzen Bach leersaufen?“ Nachdem der Teufel seinen Weg fortgesetzt hatte, kam Petrus aus seinem Versteck, rieb sich vor Freude die Hände und eilte querfeldein zu seinem Haus. Wenig später erschien der Teufel, der sich schon auf seine Rache freute.

Er sah sich das seltsame zweibeinige Wesen im Stall von allen Seiten an und mußte schließlich eingestehen: „Ich gebe auf!“ Dann gingen beide zum Hause des Teufels. Pfiffig setzte sich St. Petrus seinen Kneifer auf die Nase, betrachtete ebenfalls das Tier von allen Seiten, tastete es ab, überlegte lange hin und her und sagte schließlich mit fester Stimme: „Das ist ein grüner Bock!“ „Das Feld gehört dir“, stammelte der Teufel völlig hilflos und machte sich aus dem Staub.

Noch heute trägt der Acker, der jetzt der Familie B. gehört, den Namen „Feld des Dummkopfs“.

(H. Gehlsen)

Dome, Kirchen und Kapellen

Der Trierer Dombau

Als die Trierer in ihrer überaus alten Stadt dem lieben Gott ein würdiges Gotteshaus bauen wollten, war der Anfang bald gemacht. Doch ist der Erbauer nach langen, schlaflosen Nächten zu der Überzeugung gekommen, daß sein Geist und seine Kraft, vor allem aber die Geldmittel nicht ausreichten, seine Pläne zu vollenden. In seiner Not wandte er sich an die Stadtväter, aber auch der Stadtrat wußte keinen Rat. Schließlich wandte man sich in dieser Bedrängnis an den Teufel, der auch eines Abends erschien und sich geschmeidig und mit größter Höflichkeit nach dem Zweck des Bauwerkes erkundigte. Der Stadtrat belog den Vater der Lüge und erwiderte ihm, der Bau werde ein Sauf- und Kartenspielhaus, viel schöner und größer als alle Kirchen der Stadt. Man hoffe, es so weit zu bringen, daß die Leute nicht mehr in die Kirchen, sondern nur noch ins Wirtshaus kämen.

Das war dem Bösen Wasser auf die Mühle, und er stellte sich und seinen Anhang als Mitbauer zur Verfügung. Nun ging der Bau vorwärts. Während der Nacht kamen regelmäßig Steine und Säulen an, wie man sie bisher in Trier noch nicht gesehen hatte. Der Dombau wuchs zusehends und ging der Vollendung entgegen. Der Baumeister zeigte dem Teufel die hohen, geschweiften Fenster, welche die Gäste anlocken sollten, und bezeichnete die Altartische als Spieltische für die Besucher. Dann erbat sich der Baumeister noch eine mächtige Säule aus dem Odenwald. Wenn er die herbeischaffe, sei sein Auftrag erfüllt.

Während Satan noch diesen Auftrag ausführte, rief der Bischof die hohe Geistlichkeit zusammen, die Domglocken läuteten, und unter großer Beteiligung der Trierer wurde der Dom eingeweiht. Als der brausende Gesang „Großer Gott, wir loben dich" aus Hunderten frohgestimmter Kehlen klang, kam der Teufel auf der großen Säule aus dem Odenwald durch die Lüfte geritten. Wer vermag seinen Zorn und seine Wut beim Klang der Glocken und dem Lobgesang zu ermessen!
In seinem Ingrimm schleuderte er aus der Höhe die Säule auf den Dom. Doch er verfehlte sein Ziel und sie drang vor dem Dom etwas in die Erde ein.

Bis auf den heutigen Tag liegt sie noch dort, und auf der Säule rutschen die Trierer Kinder herunter und freuen sich, daß die Trierer dem Teufel zu schlau gewesen sind.

(n. M. Scherer)

Der Dom und die Teufelskapelle

Als die Felsenmauern des Domes zu Köln in ihrer Pracht und Herrlichkeit gegen Himmel zu ragen begannen, faßte der Teufel in seinem Grimm über die Bestimmung des Baues den Plan, seine Ausführung mit allen Kräften zu verhindern. Lange dachte er nach, wie er wohl am besten seinen Zweck erreichen könnte, und manchen Versuch, den Weiterbau zu hemmen, sah er an der Umsicht und Tüchtigkeit des Baumeisters scheitern.

Endlich kam er auf den Gedanken, den Ehrgeiz des Baumeisters anzustacheln und sich als ebenbürtigen Kunstgenossen neben ihn zu stellen.

Und so trat er eines Tages an der Dombaustelle zum Baumeister, voll des Ruhmes über die Pracht und den Fortschritt des Baues. Aber er erhob Zweifel an der Ausführbarkeit des Planes und der Vollendung des Werkes. Es sei ihm, so meinte er, wohl eher möglich, die Wasser der Mosel von Trier her in einem unterirdischen Kanal über die Höhen der Eifel nach Köln zu leiten, als daß der Meister den Bau des Gotteshauses vollenden könne. Dieser lachte über die Rede des Teufels und schüttelte ungläubig den Kopf. Aber der Böse beteuerte hoch und fest, daß sein Vorhaben möglich sei, und war gar zu einer Wette bereit. Wenn der Tag gekommen wäre, an welchem die Arbeit vollendet sei, wolle er von Trier aus eine Ente den Kanal hinabschwimmen lassen. Die Wette wurde geschlossen, und beide schieden voneinander.

Tage und Jahre vergingen, aber der Teufel ließ sich nicht wieder blicken. Über den Bau eines Kanals gab es keinerlei Hinweise. Unterdessen schritt der Bau des Domes erfreulich rasch voran, und mehr und mehr staunte man über die kühnen, himmelanstrebenden Mauern.

Als der Dombaumeister eines Morgens auf dem südlichen Hauptturm stand und mit Wohlgefallen auf die rege Tätigkeit ringsum hinabsah, öffnete sich plötzlich zu seinen Füßen der Boden, und ein fester, gemauerter Kanal spie Wasser der „Mosel“ aus. Auf ihm schwamm laut schnatternd die verhängnisvolle Ente.

Der Meister wagte es kaum, aufzublicken; aber ein schadenfrohes Kichern ließ sich hinter ihm hören. Als er erschrocken rückwärts blickte, begegnete sein Auge den grinsenden Zügen des wohlbekannten Alten. Das hielt er nicht aus, und in seinem Ärger über die verlorene Wette stürzte er sich von der Höhe des Turmes hinab, an dessen Fuß sein entseelter Körper von den erschrockenen Leuten aufgehoben wurde. Auch sein treuer Hund war ihm gefolgt und lag zerschmettert neben der Leiche seines Herrn.

Der sog. „Kanal“ aus der Eifel nach Köln erhielt von den Eiflern den Namen „Düvelsoder“ (= Teufelsader).

(n. C.A. Eick)

Der Wolf und der Pinienzapfen

Vor mehr als tausend Jahren, als man mit dem Bau des Münsters in Aachen begann, mußte nach nicht langer Zeit die Arbeit eingestellt werden, weil der Rat der Stadt kein Geld mehr hatte. Nachdem die Bauruinen eine Weile dagestanden hatten, kam eines Tages der Teufel zu den Ratsherren und bot ihnen genügend Geld für den Weiterbau an. Der Teufel hatte nur eine Bedingung: Die Seele dessen, der bei der Einweihung zuerst das Münster beträte, sollte ihm gehören.

Der Rat zauderte lange, endlich aber willigte er ein und versprach, die Bedingung geheim zu halten. Mit dem Geld des Teufels konnte nun das Gotteshaus herrlich aufgebaut werden.

Die versprochene Seele bereitete den Ratsherren viel Kummer, bis einer von ihnen auf den Gedanken kam, wie man den Teufel überlisten könne.

Man ließ in der Eifel einen Wolf fangen. Als nun am Tage der Einweihung die Glocken in der ganzen Stadt feierlich zu läuten begannen, brachte man den Wolf zum Haupttor des Münsters und ließ ihn hineinlaufen. Wie der Sturmwind fuhr der Teufel hinterdrein und erwischte das, was ihm nach dem Vertrag gehörte. Als er aber merkte, daß man ihm nur eine Wolfsseele hatte zukommen lassen, geriet er in Zorn und warf das eherne Tor, durch das er hinausfuhr, so heftig zu, daß der eine Flügel einen Riß bekam, den er bis heute behalten hat.

Die Aachener ließen den Wolf und seine Seele, die einem Pinienzapfen gleichen soll, in Erz gießen und in der Vorhalle des Münsters, rechts und links vom Eingang, aufstellen.

(n. Gebr. Grimm)

Pinienzapfen im Aachener Dom

Die Porta-Nigra-Kirche

Die Trierer wollten einmal die Porta Nigra, das Schwarze Tor, zu einer Kirche umbauen, die ihresgleichen nirgendwo sonst haben sollte. Sie konnten aber keinen Baumeister finden, der es ihnen recht machte, und sie scheuten wohl auch die Kosten.

Als nun die Ratsherren wieder einmal steif und still in ihren Eichensesseln über einem Plan saßen und ihnen dabei die Hitze zu Kopf stieg, obwohl es draußen Frühling war und die Sonne schon unterging, pochte der Teufel plötzlich kräftig an die Tür des weitläufigen Saales, so daß die Ratsherren mit den Köpfen herumfuhren, erst recht aber erschraken, weil sich die schwere Tür geräuschlos öffnete und ein merkwürdiger Gesell in Bauherrentracht hereintrat. Er zog einen Fuß leicht nach, hatte um die Schultern ein feuerrotes Mäntelchen und auf dem Kopf ein Barett mit einer Hahnenfeder. Er verneigte sich vor den Herren, sah sie stechend an und begann gleich, er wisse, daß der Rat eine Kirche bauen wolle, aber weder den rechten Plan noch die erforderlichen Taler finden könne. Er sei gekommen, ihnen zu helfen. Christnacht schon, zur Mettenzeit, werde die Kirche fertig sein, falls sie seinem Plan zustimmten. Die Ratsherren waren wie erstarrt. Er aber schlug in die Hände, und aus seinem weiten Ärmel kam eine Pergamentrolle, die er ausbreitete, so daß die Herren den Plan einer Kirche sahen. Trotz aller Angst meinten alle, das sei der schönste Plan, den sie bislang gesehen hätten, so müsse die Kirche werden. Dann erklärte der Unbekannte, er wolle sie von seinen Leuten mit den Torflügeln des Kapitols und ohne einen Taler bauen lassen, wenn man ihm die Seele des ersten, der in ihr bete, zubillige. Er verzichte auf sie, wenn die Kirche um 12 Uhr in der Christnacht nicht fertig sei.

Die Ratsherren willigten ein, obgleich sie ahnten, wer der Meister war, und unterschrieben den Pakt. Dann gingen sie stolz nach Hause.

Am nächsten Morgen schon rückten mürrische Bauleute an, die kein Wort sprachen. In der Nacht begannen andere den Bau, der Tag für Tag merklich wuchs, so daß die Trierer sich sehr wunderten, auf Anordnung des Rates aber nicht wagten, hineinzugehen. Als der erste Schnee auf die Eifelberge fiel und die Christnacht nicht mehr weit war, sah der Rat erschreckt und mit gedämpfter Freude, daß nur noch die Torflügel der Kirche fehlten.

Der Bischof wollte, trotz abratender Stimmen, die Kirche in der Christnacht weihen, um sie so vom Spuk des Höllischen, den er schon lange als Baumeister vermutete, zu befreien. Am Christabend stieg dieser in die Luft, flog über die Alpen nach Rom, lud dort auf dem Kapitol die bronzenen Torflügel auf seine Schultern und steuerte mit ihnen unter den Sternen nordwärts. Als er auf dem Montblanc eine Weile verschnaufte, öffnete sich plötzlich der Himmel, aus dem Lichtströme brachen, Lieder zu goldenen Harfen begannen und eine blonde Jungfrau in blauem Seidenmantel, gefolgt von singenden Engeln, durch das Licht schwebte. Der Baumeister aber schlug geblendet die Hände vors Gesicht und vergaß den Trierer Pakt. Die Jungfrau verschwand erst mit den Engeln und mit dem Licht, als die Glocken drunten auf der Erde tief und melodisch die Mitternacht anzeigten.

Da sprang der Teufel auf, packte die Torflügel und stieß sie mit einem Fluch so heftig in die dunkle Luft, daß eine Lawine zu Tal donnerte. In Trier kam er zu spät an; denn um zwölf Uhr war der Bischof in die Kirche eingezogen und hatte sie feierlich geweiht. Der Teufel langte in Trier erst an, als der Seelenhirte schon beim heiligen Opfer war, während die Gläubigen voll Andacht in den Schiffen der neuen Kirche knieten. Der Satan fuhr ein paarmal wütend um den Kirchenbau herum und schleuderte die Torflügel mit seiner ganzen Kraft auf das Dach, daß es auseinanderbarst und die Glocken in den Türmen auf- und niedertanzten.

In der Kirche erloschen die Kerzen, und die Trierer erschraken, wie noch nie in ihrem Leben. Aber niemand kam zu Schaden. Als sie aus der Kirche hinaustraten, lag die Stadt Trier ruhig im Sternenfrieden der Heiligen Nacht, und sie sahen weder etwas von dem Höllenfürsten noch von den Torflügeln. Als die Schäden am Gewölbe nach kurzer Zeit behoben waren, stand die Kirche manches Jahrhundert hindurch, bewundert wegen ihrer Schönheit und Größe.

(n. Th. Seidenfaden)

Der Steinbruch der Liebfrauenkirche

Die Liebfrauenkirche zu Trier ist ein Juwel unter den Stadtkirchen. Sie wurde im 13. Jahrhundert erbaut. Der Trierer Erzbischof berief zu ihrem Bau solche Meister, die an gotischen Kathedralen in Frankreich geschult worden waren.

Zum Bau der Liebfrauenkirche wurden die Steine in Zewen bei Trier gebrochen. Am Rand der Obstbaumlandschaft von Zewen lag der Steinbruch, der das Material zu dem kostbaren Bau lieferte: zu dem herrlichen Portal, zu den Gesimsen, der Kuppel und dem Chor. Jahrelang brachen Arbeiter Steine, Fuhrleute brachten sie zur Stadt, Bildhauer bearbeiteten den Sandstein, Bauleute errichteten die Mauern. Eines Tages wurde eine Statue der Gottesmutter auf ihren Platz gestellt. Als nach Jahren der erste Gottesdienst in der neuen Kirche stattfand, brauste ein gewaltiger Lobgesang gen Himmel.

St. Clemens - Mayen
G. Kersting '94

Am nächsten Tag suchten die Steinhauer ihre gewohnte Arbeitsstätte im Zewener Steinbruch auf, um ihre Hütte abzubauen und die Werkzeuge heimzuholen; da standen sie auf einmal vor einem Abgrund. Es sah so aus, als ob sich die Erde aufgetan hätte und alle noch anstehenden Steinblöcke in eine grundlose Tiefe hinabgesunken wären. Noch immer rutschten Geröll und Sand nach.

Bis auf den heutigen Tag ist der Steinbruch durch Sand und Geröll verdeckt, und kein Stein wurde hier für einen anderen Bau gebrochen.

(n. M. Scherer)

Der gewundene Turm zu Mayen

Auf der Burg zu Mayen lebte einst ein edler Ritter. Seine Gemahlin, die sich durch große Wohltätigkeit auszeichnete, ging Tag für Tag mit einer Dienerin zu den Hütten der Armen und gab reichlich Almosen. Das gefiel dem Teufel nicht, und er versuchte sie durch böse Einflüsterungen von ihrem gottgefälligen Leben abzubringen. Ihre Tugend aber hielt allen Anfechtungen des Bösen stand.

Da wählte der Teufel einen anderen Weg, um ans Ziel zu kommen. Er erfüllte den Sinn des Grafen mit Mißtrauen gegen seine Gemahlin und mit schäbigem Geiz. Es dauerte auch nicht lange, da trug die höllische Saat Früchte. Der Graf redete sich selbst ein, seine Frau verschwende seine Güter an unwürdiges Gesindel und bringe ihn sicher mit der Zeit an den Bettelstab. Daher verbot er ihr auf strengste jegliches Wohltun.

Als die Gräfin eines Tages nach ihrer Gewohnheit wieder von der Burg herabstieg, da begegnete ihr der Graf und fuhr sie hart an: „Hab ich dir nicht verboten, mein Gut an Bettler zu verschenken? Was hast du in deiner Schürze?“ Sanft und leise sagte sie: „Es sind nur Blumen.“ Und als sie auf das herrische Geheiß ihres erzürnten Gatten die Schürze öffnete, da fielen wirklich Blumen auf die Erde.

Beschämt bat der Graf seine Gattin wegen seines Mißtrauens um Verzeihung und ging sofort in die Mayener Pfarrkirche, um auch vor Gott Abbitte zu leisten.

Als das der Teufel mit steigender Wut sah, fuhr er wie rasend in die Lüfte, ergriff den Kirchturm und drehte ihn um, als ob er eine Weidenrute in den Händen hätte.

Noch heute ist der gewundene Kirchturm das Wahrzeichen der Stadt Mayen.

(n. A. Antz)

Die Burg Thurant

Über dem Moselstädtchen Alken ragen die mächtigen Zwillingstürme der Burg Thurant auf. Ein Sohn Heinrichs des Löwen hatte sie einst erbaut und ihr nach der syrischen Festung Thouron den Namen „Thurant“ gegeben, als er von einem Kreuzzug ins Heilige Land zurückkehrte.

Diese Burg belagerten einmal vor langer Zeit die Kriegsmannen der Kurfürsten von Köln und Trier etwa zwei Jahre lang, weil einer der Nachkommen des Gründers ein weithin gefürchteter Raubritter war, der alle Mahnungen und Warnungen seiner Landesherren in den Wind schlug. Die durstigen Ritter und Kriegsleute, die vor der Burg lagen, hatten bereits dreitausend Fuder Wein vertrunken, als es endlich zu Übergabeverhandlungen kam.

Während der Verhandlungen wurde ein Ritter der Burgmannen eines schweren Verbrechens überführt. Er hatte den Feinden als Spion gedient. Zur Strafe ließ man ihn gefesselt durch eine Wurfmaschine ins Lager der Feinde schleudern. Auf dem Flug durch die Luft flehte der Ritter die Gottesmutter um Hilfe an und gelobte, ihr eine Kapelle zu bauen, wenn er errettet werde. Er fiel in das Geäst eines großen Baumes und kam so mit dem Leben davon. Zum Dank für seine Rettung erbaute der Ritter auf dem Bleidenberg, der Burg Thurant gegenüber, ein Marienheiligtum.

(v. K. d'Ester)

Die Girster Klause (L)

Die Anfänge dieses Heiligtums verdankten die Anwohner dem gräflichen Geschlecht von Clerf, das von jeher eine besondere Verehrung zur jungfräulichen Gottesmutter hegte und dem in früheren Zeiten auch das Rittergut von Girst gehört haben soll.

Auf diesem einsamen Besitz wohnte gegen Ende des 13. Jh. der junge, gottesfürchtige Ritter Elbert mit seiner Mutter, der verwitweten Gräfin von Clerf, deren erste Sorge es war, ihren Sohn in aller Gottesfurcht zu erziehen und ihm eine innige Verehrung der Gottesmutter Maria einzuflößen. Daher verweilte er auch stundenlang in einem Haselgehölz vor dem Muttergottesbild von der Haselstaude.

Als der junge Graf 20 Jahre alt war, zog er mit Ludwig dem Heiligen aus, um im Morgenland für die Befreiung des Heiligen Grabes zu kämpfen. Der junge Ritter wurde jedoch gefangen und geriet in die Hände eines fanatischen Mohammedaners. Dieser wandte alle Mittel an, um den Gefangenen vom christlichen Glauben abzubringen, erst mit Versprechungen, dann durch Drohungen. Als sie ohne Erfolg blieben, wandte der Unmensch die Folter an. Dabei wurden die Beinknochen des Unglücklichen zerschlagen, so daß er sich nur mehr auf Krücken fortbewegen konnte. Selbst in diesem Zustand mußte er schwere Ketten nachschleppen.

Während seiner Leiden dachte Graf Elbert oft an das von ihm verehrte Muttergottesbild von der Haselstaude und machte das Gelübde, daß er ihr zu Ehren und zum ewigen Andenken auf seinem Rittergut zu Girst ein würdiges Heiligtum erbauen wolle, wenn er aus den Händen der Ungläubigen entkommen würde. Und, o Wunder! Als er am anderen Morgen seine Augen öffnete, befand er sich in einem Haselgehölz; neben ihm lagen seine Krücken und die Kette, er selbst konnte sich mühelos erheben und mit jugendlicher Kraft einherschreiten. Seine Augen fielen auf das von früher Jugend an vertraute Muttergottesbild von der Haselstaude, vor dem er nun dankend auf die Knie sank. Sie hatte ihn ja an den Ort gebracht, der ihm so teuer war. Um sein Gelübde zu erfüllen, beschloß Elbert, das versprochene Heiligtum in dem Dörfchen Hinkel bauen zu lassen. Doch was die Bauleute am ersten Tag aufgebaut hatten, war am anderen Morgen verschwunden. Als man nach dem ersten Erstaunen das ganze Rittergut durchsuchte, fand man das Mauerwerk in dem Haselgehölz der Muttergottes wieder, und zwar an der gleichen Stelle, wo sich Ritter Elbert überrascht und selig in der Heimat wiedergefunden hatte. Durch diesen klaren Wink von oben war nun die Stelle bezeichnet, an der das Heiligtum sich erheben sollte. Nach Vollendung des Baues ließ der dankbare Ritter an einem Pfeiler im Chor eine Krücke und die Kette aufhängen. Die andere Krücke bewahrte er zur Erinnerung an seine wunderbare Rettung.

(n. J. Prott)

Die Rettung des Ritters von Pyrmont

„Flink, vorwärts, verdammter Christenhund!“ rief ein sarazenischer Aufseher, schwang mit wilder Gebärde eine Peitsche und ließ sie auf den unglücklichen Sklaven niedersausen, der vor einen Pflug gespannt war und sich kaum noch weiterschleppen konnte. Seit vollen fünf Jahren ging es Tag für Tag in ähnlicher Weise, und erst wenn die Sonne sank, fand der gefangene Kreuzritter für einige Stunden Ruhe vor seinem Peiniger.

Marienkapelle / Pützfeld
O. Kersting '92

Endlich war das Tagewerk beendet, und der Gefangene wankte, an Leib und Seele gebrochen, seiner Hütte zu. So gut es ging, netzte er dort seine brennenden Wunden mit Wasser, um dann beinahe bewußtlos auf das Lager mit faulem Stroh niederzusinken.

Dann überwältigte ihn immer wieder die Erinnerung an die Vergangenheit, an die Eltern und die ferne Heimat. Durfte er hoffen, sie einmal wiederzusehen? Eine Flucht war unmöglich und ein Ertragen der beispiellosen Qualen ebenso. Er fühlte, daß seine Widerstandskraft gebrochen war, daß seine Tage gezählt waren. Der Tod bedeutete für ihn eine Erlösung.

„O mein Gott, erbarm dich meiner in dieser Not! Eine Kirche soll dir bei unserer Burg Pyrmont entstehen, läßt du mich noch einmal die geliebten Eltern und die Heimat wiedersehen", so betete Ritter Georg. Dann holte er tief Atem und sank, von unwiderstehlichen Schlaf erfaßt, auf das Stroh zurück, um alsbald von einem herrlichen Traum umschmeichelt zu werden.

Plötzlich erfüllte eine blendende Helle seine Hütte, und ein großer Schwan senkte sich nieder. Ehe der Unglückliche noch wußte, wie ihm geschah, fühlte er sich emporgehoben und durch die Lüfte davongetragen. Als er darüber erstaunt die Augen ein wenig öffnete, sah er, daß er auf dem Rücken eines großen Schwans saß, der mit weitausgebreiteten Flügeln nach Westen flog. „Schlafe weiter, ich bringe dich sicher in deine Heimat!" hörte er die Stimme des Retters. Georg von Pyrmont spürte, wie der Schlaf ihn wieder überwältigte, und als er schließlich erwachte, lag er in einem Kornfeld, seine Glieder schmerzten ihn nicht mehr, und mit einem Ruck stand er auf seinen gesunden Füßen. Plötzlich stieß er einen Freudenruf aus. Vor ihm ragte die Burg Pyrmont empor, und da lag sein Vaterhaus, das alle umschloß, die er liebte.

Was Georg zunächst zu träumen geglaubt, war also Wirklichkeit. Gott hatte ihn erhört. „Hier, an dieser Stelle, soll sich eine Kirche erheben", so gelobte er. Bald wurde der Grundstein gelegt. Das neue Gotteshaus nannte man zu Andenken an die wunderbare Rettung „Schwanenkirche".

(n. K.v. Eynatten)

Die Kapelle zu Pützfeld

Nachdem der Ritter von Pützfeld an einem Kreuzzug ins Hl. Land teilgenommen hatte, kehrte er auf dem Seeweg in seine Eifelheimat zurück. Als man schon seit Tagen kein Land mehr gesehen hatte, erhob sich auf dem Meer ein heftiger Sturm, der das kleine Schiff wie eine Nußschale auf den Wellen tanzen ließ. In der größten Not betete der Ritter: „Herr, laß die Wogen nicht unser Schiff verschlingen! Im Hl. Land stand ich vielen Feinden gegenüber und blieb unversehrt. Warum muß ich jetzt auf der Heimfahrt dieses unrühmliche Ende finden! Ich gelobe dir, gegenüber meiner Burg an der Ahr eine Kapelle zu errichten, wenn du mich errettest!"

Bald darauf legte sich der Sturm, und das Schiff gelangte sicher an die europäische Küste. Als der Ritter nach Wochen seine Burg erreichte, erholte er sich bald von den Strapazen des Kreuzzuges und der langen Reise. Das Gelübde aber, das er in höchster Not abgelegt hatte, vergaß er ganz und gar, sobald es ihm wieder gutging.

Eines Tages berichtete ein Hirte dem Ritter von einem seltsamen Verhalten seiner Tiere. Sie verließen die saftigen Weiden, durchquerten das Wasser der Ahr, blieben am gegenüberliegenden Hang stehen und blickten zum Himmel empor. Das wollte der Ritter zunächst nicht glauben. Doch als er es mit eigenen Augen gesehen hatte, fiel ihm sein Gelübde wieder ein, und er war beschämt, weil er sich von Rindern und Schafen ermahnen lassen mußte. Noch am gleichen Tag wurde auf seine Anordnung hin mit dem Bau der Pützfelder Kapelle begonnen.

(n. Casel/Steil)

Die Jungfrauenkapelle auf der Landskron

Vor Jahrhunderten wohnte auf der Burg Landskrone ein ehrenwerter Graf, der drei schöne Töchter besaß. Durch ihre Güte und Anmut gewannen sie alle Herzen.

Als der Graf mit seinen Knappen einmal zur Jagd ausgeritten war, wurde das Schloß von einem Raubritter überfallen. Dieser hatte bisher vergeblich um die Hand eines der Mädchen angehalten. Nun nutzte er die Abwesenheit des Grafen, um Rache zu üben und die drei Mädchen gewaltsam zu entführen. Da nur wenige Reisige in der Burg zurückgeblieben waren, fiel die Feste bald in die Hand der Feinde. Den zu Tod erschrockenen Burgfräulein gelang es rechtzeitig, unbemerkt über den Schloßhof auf eine nahe Felskante zu entkommen. Die Räuber legten Feuer, und im Schein der Flammen eilte ihr Anführer von Gemach zu Gemach, fand aber nicht, was er suchte. Sinnlos vor Wut tobte er durch die Räume des Schlosses, bis der Schein der Flammen ihm den Weg zu dem Felsen zeigte, wo die Mädchen verängstigt beieinander standen. Als sie den Wüterich kommen hörten, sprachen sie zueinander: „Lieber den Tod als Schmach und Gefangenschaft!" Mit einem wagemutigen Sprung kamen sie unverletzt auf einer Felsenplatte an, die jetzt die Kapelle trägt. Als ihre Füße den Boden berührten, öffnete sich der Felsen, und eine Grotte bot ihnen sicheren Schutz. Der Felsen schloß sich wieder, und ein sanfter Schlummer brachte nach aller Aufregung den dreien Ruhe und Erquickung. Der Wüterich ließ nun die armen Gefangenen und Diener seine Grausamkeit fühlen.

Unterdessen kehrte der Herr von Landskrone mit seinen Getreuen zurück und übte gerechte Vergeltung. Der Raubritter fiel durch seine Hand, und die übrigen Feinde mußten sich ergeben. Aber die drei Töchter waren nirgends zu finden. Drei Tage trauerte der Graf um sie. In der dritten Nacht wies ihn im Traum ein Engel auf die Felsengrotte hin. Sie hatte sich wieder geöffnet, und ein glücklicher Vater schloß seine drei Töchter in die Arme. In der Freude des Wiedersehens gelobte er, an dieser Stelle dem Allerhöchsten zum Dank eine Kapelle zu errichten. Er hielt sein Versprechen. Die dort dicht an die Felsenwand gebaute Kapelle nannte man die Jungfrauenkapelle. Hierhin pilgerten von weither viele Eltern bei Krankheiten ihrer Kinder.

(n. M. Zender)

Das Kirchlein von Christnach (L)

Nach vieljährigem Kampf zwischen den Herren von Fels und den Tempelrittern aus der Burg von Heringen im Müllertal berannten diese einst in einer finsteren Nacht das Schloß Fels und eroberten es. Nachdem sie alles niedergemacht, das Schloß geplündert und in Brand gesteckt hatten, schleppten sie das Burgfräulein Christina als Gefangene mit auf die Räuberburg, um sie als Geisel des Friedens im engen Burgverlies schmachten zu lassen.

In ihrer harten Gefangenschaft flehte sie zu ihrer Namenspatronin um Rettung und gelobte, ihrer Beschützerin zu Ehren eine Kapelle zu bauen, falls sie den Händen ihrer Peiniger entkomme. Voll Gottvertrauen hüllte sie ihren abgemagerten Leib in Lumpen und wagte aus dem Kerkerfenster einen kühnen Sprung hinab in die grausige Tiefe. Doch siehe! Sie stürzte nicht, sondern schwebte vielmehr wie auf Flügeln getragen dem Abgrund zu. Unversehrt erreichte sie den Boden. Dann eilte sie in Richtung Schloß Fels, um den Feinden zu entkommen, die bald ihre Flucht bemerkt haben würden.

Auf halbem Wege gelangte sie zu den Ruinen eines Dianatempels. Da sie die Häscher in der Ferne kommen sah, verbarg sie sich schnell in dem zerfallenen Gemäuer. In ihrem Verfolgungseifer stürmten die Häscher an dem Zufluchtsort vorbei.

Über den Trümmern heidnischer Götterverehrung ließ das Fräulein von Fels das gelobte Kirchlein erbauen. Bald erhoben sich um dasselbe Wohnungen vieler Ansiedler von nah und fern. Zwar besteht Christinas Kirchlein schon lange nicht mehr, aber das nach ihr benannte Dorf Christnach erinnert noch heute an das Burgfräulein.

(n. J. Engling)

Die Kapelle der Treue (L)

Auf der Anhöhe bei dem Dorf Sougnez sieht man neben einer uralten Linde die Ruinen einer alten Kapelle, die aus einem besonderen Grund hier erbaut wurde. Daniel, ein schmucker Bursche aus Sougnez, war mit Marie, einem jungen Mädchen aus dem gleichen Dorf, verlobt. Die Hochzeit sollte demnächst stattfinden. Da kamen Werber des Herzogs Karl des Kühnen von Burgund und verlockten ihn durch Wein, Versprechen und Geld, Soldat zu werden. Er ließ sich umgarnen und sagte ihrem Wunsch zu. Beim Abschied begleitete die untröstliche Braut ihren Bräutigam bis zur Linde, die in einer Aushöhlung ein Muttergottesbild barg. Wie es hieß, war es von den ersten christlichen Glaubensboten als Ersatz für ein heidnisches Bildwerk dorthin gestellt worden. Vor dem Muttergottesbild knieten die beiden Liebenden nieder und schwuren sich Treue bis in den Tod.

Und Daniel zog in den Krieg. Das Getümmel der ewigen Kämpfe verwischte nach und nach das Andenken an Marie. Als Jahre später seine Einheit nach der Schlacht von Nancy aufgelöst und er wieder frei war, wollte er nach Köln ziehen, wo er sich ein anderes Mädchen erkoren hatte. Dem Drang, seine Heimat noch einmal wiederzusehen, konnte er jedoch nicht widerstehen, und er lenkte nun seine Schritte dorthin.

In einer Märznacht kam der ausgediente Soldat Daniel in die Gegend von Sougnez. Doch durch Nebel und zunehmende Dunkelheit kam er vom richtigen Weg ab, und irrte so lange umher, bis er bei einem großen Baum erschöpft zusammenbrach. Wenn er auch in der Ferne ein Licht brennen sah, seine ermatteten Glieder waren immer mehr und mehr erstarrt, und da sie ihm fast keine Bewegung mehr erlaubten, sah er sein nahes Ende vor Augen.

Da beleuchtete ein schwacher Mondschein den großen Baum. Daniel erkannte sofort die alte Linde mit ihrem heiligen Bilde; Marie und sein Treueversprechen tauchten lebhaft in seinem Innern auf. Tief bewegt rief er nun die Muttergottes um Hilfe an. Plötzlich erlangte er die verlorenen Kräfte wieder, und nachdem er kniefällig der Himmelskönigin gedankt hatte, eilte er auf Sougnez zu. Das Licht, das er bemerkt hatte, brannte in dem Haus seiner Marie, die für den totgeglaubten Geliebten so spät noch betete. Einige Augenblicke später lagen Daniel und Marie sich in den Armen und wurden bald ein glückliches Paar. Aus Dankbarkeit errichteten sie eine Kapelle, der das Volk den Namen „Kapelle der Treue“ gab.

(n. M. Lagarde)

Die Strafkapelle

Auf einem Hügel, nicht weit von Blankenheim, steht die Kapelle Hülchrath. Sie heißt auch Kreuzkapelle, weil sie dem Heiligen Kreuz geweiht ist. Ihr Name Strafkapelle steht mit der Zahlung von Strafgeldern im Zusammenhang.

In früheren Zeiten stand dem Graf von Blankenheim die hohe und niedere Jagd in der ganzen Gegend zu.

Nicht weit von Blankenheim wohnte ein Ritter, der ein leidenschaftlicher Jäger war, selbst jedoch nicht über ein eigenes Jagdrevier verfügte. Weil er zu stolz war, den Grafen von Blankenheim zu bitten, in dessen Jagdgebiet dem Waidwerk nachgehen zu dürfen, verlegte er sich aufs Wildern im Blankenheimer Jagdgebiet. Eines Tages erwischte der Graf den adligen Wilderer. Das geschah in der Folgezeit noch öfters. Weil der Graf sich scheute, einem Standesgenossen gegenüber von hohen Strafen Gebrauch zu machen, mußte der wildernde Ritter, wenn er bei der unerlaubten Jagd ertappt worden war, eine bestimmte Geldsumme zahlen. Dieses Geld war die Grundlage für den Bau der Kapelle Hülchrath, die nach der Herkunft des Baugeldes auch Strafkapelle genannt wurde.

(n. S. Z.)

Das Gelöbnis des „langen Wellem“

Es war zur Zeit des Dreißigjährigen Krieges, als Soldatenhorden durch Deutschland zogen und überall Unheil stifteten. Dabei zwangen sie oft Männer, die kräftig genug waren, mit ihnen zu ziehen und Kriegsdienst zu leisten.

Auch die Eifel blieb von den Kriegswirren nicht verschont. Einzelne Horden kamen sogar in die abseits der Hauptverbindungswege gelegenen Ortschaften, um zu rauben und zu plündern.

Eines Tages rückten fremde Soldaten auch in Dedenborn ein. Dort fanden sie einen jungen Mann, der durch seine Körpergröße unter allen Dedenborner herausragte und deswegen der „lange Wellem“ (Wilhelm) genannt wurde. Die Soldaten fanden Gefallen an ihm und nahmen ihn mit.

Im Lauf der Jahre zog Wellem nun kreuz und quer durch Deutschland und kam auch nach Frankreich und Spanien. Dort ergriff ihn, nachdem er lange Jahre durch Europa umhergezogen war, ein tiefes Heimweh nach seinem geliebten kleinen Dedenborn. Fern der Heimat gelobte er, wenn er Dedenborn noch einmal gesund wiedersehen würde, zum Dank eine Kapelle zu Ehren des hl. Erzengels Michael zu bauen, des Schutzpatrons der Krieger.

Als der Krieg endlich beendet war, kehrte eines Tages auch der lange Wellem in sein Heimatdorf zurück, von manchem Dedenborner zuerst gar nicht wiedererkannt.

Wellem hatte sein Gelöbnis nicht vergessen und machte sich bald daran, es zu erfüllen. Er baute die Kapelle zu Ehren des Erzengels Michael auf seinem Grundstück. Als sie fertiggestellt war, machte Wellem einen Fußmarsch von sieben Stunden von Dedenborn nach Aachen, um dort in einer Gärtnerei vier Linden zu kaufen. Von dort trug er sie in einer Kiepe in seinen Heimatort und pflanzte sie um die Kapelle, eine für sich, und die drei anderen für seine Geschwister. Von den ehemals vier Linden steht heute noch eine.

(n. A. Grahs)

Der Köhler

In einem Wald bei Eschweiler wohnte nahe bei seinem Meiler ein Köhler. Als er eines Tages weit in den Wald hineingegangen war, stand plötzlich ein Zwerg mit einem langen, struppigen Bart vor ihm. Dieser sagte: „Wenn der Meiler erloschen ist, benutze die nächste Vollmondnacht und grabe unter deinem Meiler, solange der Mond scheint. Unter alten Lindenwurzeln wirst du einen Schatz finden.“

Als der Meiler ausgebrannt war, nahm der Köhler, sobald der Vollmond seinen hellen Schein auf die Erde warf, Hacke und Spaten zur Hand und grub und grub. Bald schmerzte sein Rücken. Als der Schein des Mondes schon fahler wurde, glaubte der Köhler schließlich, der Zwerg habe ihn genarrt.

Plötzlich stieß der Spaten jedoch auf eine Steinplatte. Ein Grab? Tatsächlich! Als er den Steindeckel freigelegt hatte und den Sarg öffnete, sah er zunächst nur Totengebein. Dann aber entdeckte er zwischen den Knochen wertvollen Goldschmuck, Diamanten und andere Edelsteine. Mit zitternden Händen barg er den Schatz und nahm ihn mit in die armselige Köhlerhütte.

Danach lag der Köhler viele Tage und Nächte krank und schwach auf seinem Lager. Als er schließlich wieder gesundet war, machte er sich mit seinem Schatz auf nach Münstereifel, wo er ihn auf dem Tisch eines Goldschmieds ausbreitete. Der Goldschmied wollte wegen all der Pracht zunächst seinen Augen nicht trauen. Auf die Frage nach dem Wert meinte er dann: „Zehntausend Gulden und mehr. Halb Münstereifel kannst du dafür kaufen." Darauf meinte der Köhler: „Was soll ich mit halb Münstereifel? Behaltet den Schatz vorläufig hier. Mir sind auf einmal die Glieder so schwer geworden. In einer Woche komme ich wieder."

Nachdem er einige Nächte nicht recht hatte schlafen können, faßte der Köhler einen Entschluß: „Kein Heller soll mir gehören." Und sein Plan stand fest: „Hoch auf dem Michaelsberg soll eine Kirche stehen."

Es dauerte nicht lange, und der Bau begann und wurde planmäßig vollendet. Nahe dem Gotteshaus ließ der Köhler für sich eine Klause bauen. Er übernahm die Aufgaben eines Sakristans und diente den Menschen, die mit leidvollem Herzen zur Michaelskapelle gepilgert kamen. Er nahm kein Geld und wollte auch keinen Dank. Hochbetagt ist er ärmer als ein Köhler gestorben.

(n. V. Baur)

Die Michaelsbergkirche

Den Grundstein zu der Wallfahrtskirche auf dem Michelsberg legten die Grafen von Blankenheim. Ursprünglich wollte man das Gotteshaus in Mahlberg erbauen. Aus nah und fern schleppte man das erforderliche Baumaterial heran. Jeden Morgen aber, wenn die Bauleute zur Arbeit erschienen, fanden sie Steine und Mörtel und alles, was man am Tage vorher mit Mühe herbeigeschafft hatte, nicht mehr vor. Schließlich kam ein Mahlberger Schäfer und meldete, das gesamte Baumaterial liege auf der Kuppe des Michelsberges, wohin es offensichtlich von unsichtbaren Händen während der Nacht gebracht worden war.

Das galt allgemein als ein Zeichen des Himmels. Wie aber wollte man nun allen Baubedarf auf die Höhe schaffen? Man dachte hin und her; doch niemand wußte Rat.

Eines Tages kam der Teufel, als schmucker Jäger gekleidet, des Weges daher und erkundigte sich bei den Bauhandwerkern, welches Gebäude geplant sei. Doch diese hatten den Bösen an seinem Pferdefuß erkannt, zeigten keinerlei Furcht und sagten dreist: „Ein Wirtshaus soll es werden!"

Unter den Arbeitern war nun einer, dem die Schultern vom vielen Steinetragen wehtaten. Weil er ein besonderer Schlaukopf war, versuchte er, den Teufel für seine Arbeit zu gewinnen und fragte ihn daher: „Willst du nicht auch etwas zum Bau beitragen und beim Handlangern mithelfen?" Der Gefragte ließ sich die Sache nicht lange durch den Kopf gehen, denn bei einem Wirtshaus glaubte der Teufel schon immer, auf seine Kosten zu kommen; darum sagte er zu.

Neidlos überließ man dem Bösen die schwerste Arbeit. Der Kirchenbau schritt nun rüstig voran, zumal der Satan an den folgenden Tagen noch Hilfe mitbrachte. Es dauerte nicht lange, und der Bau war fast fertig. Am Turm fehlte nur noch der Helm.

Eines Morgens kam der Teufel über Roderath heran. Er trug einen gewaltigen Stein, den er unterwegs irgendwo aufgeladen hatte. In der Nähe von Witscheiderhof sah der Teufel, daß man eben auf dem Dach des Gebäudes auf dem Michelsberg ein Kreuz anbrachte.

Da merkte der Teufel, daß er von den schlauen Arbeitern betrogen worden war, und warf den Stein grimmig zur Erde. Er zeigt eine Vertiefung, als hätte der Kopf des Teufels den Stein hier eingedrückt. Auf der Höhe zwischen Eicherscheid und Holzmülheim ist er noch heute „Am weißen Stein" zu finden.

(n. J. Oehmen)

Die St. Michaelkapelle

Vor vielen Jahrhunderten beschloß man in Vlatten, zu Ehren des hl. Michael eine Kapelle zu bauen. Der Bau begann auf den Fundamenten eines heidnischen Tempels, und die Arbeit schritt rüstig voran. Während die Vlattener sich freuten, bald eine St. Michaelskapelle zu besitzen, ärgerte sich der Teufel über die Maßen.

Als der Bau der Kapelle in vollem Gang war, gedachte der Höllenfürst, das Werk zu zerstören. Niemand sollte aber vor und nach der Tat erfahren, wer der Urheber war. Sein Vorhaben wollte der Teufel daher während eines Gewitters ausführen. Es sollte den Anschein haben, daß ein Blitzschlag den Bau zerstört habe. die Gelegenheit, den Plan auszuführen, bot sich schon bald.

Eine schwere Wetterwand zog von Hergarten herauf. Der Fürst der Hölle frohlockte, seine Stunde war, wie er glaubte, gekommen. Die Bauarbeiter verließen eiligst ihre Arbeitsstätte, um in den nahegelegenen Häusern Schutz zu suchen. Der Teufel lief auf den Kapellenberg. Als das Unwetter seinen Höhepunkt erreicht hatte, stieg er in das Bauwerk ein. Gerade wollte er an den Mauern rütteln, da erfüllte ein ohrenbetäubender Donnerschlag die Luft, und alles wurde in gleißende Helligkeit getaucht. Erschrocken blickte der Teufel in die Richtung, aus der das Krachen kam. Da sah er das flammende Schwert des hl. Michael, das mit drohender Schnelligkeit auf ihn zukam. So schnell er konnte, suchte der Teufel das Weite.

Sein erster Sprung ging über das Oberdorf bis auf den Weg der Kuhtrift. Heute hat die Stelle den Namen „Düvelstratch“ (Teufelstritt). Der Erzengel verfolgte den Teufel weiter bis ins Steinbachtal bei Heimbach, wo sein Flammenschwert mit solcher Gewalt auf ihn niederfuhr, daß er viele Tode gestorben wäre, wenn er überhaupt sterben könnte.

In Vlatten hat sich der Teufel nicht wieder sehen lassen. Die St. Michaelskapelle liegt noch heute weit sichtbar auf einem Hügel.

(n. St. Salentin)

Das weiße Lamm

Als der Plan zu dem großartigen Kirchenbau zu Münstermaifeld entworfen war und die Bauarbeiten beginnen sollten, war man um die tauglichen Steine in der größten Verlegenheit. Man suchte danach in der ganzen Umgebung. Bei der Suche ward wiederholt im Gestrüpp des Hatzenporter Berges ein wunderschönes weißes Lämmchen gesehen. Wollte sich ihm jemand nähern, war es augenblicklich verschwunden, ohne daß man wußte, wohin es gekommen war. Schließlich entdeckte man an der Stelle, wo es gewöhnlich weidete, eine ausgezeichnete Steinart, die sich für den Kirchenbau bestens eignete. Bei Bodenproben an den nächsten Tagen stellte man fest, daß von dem ausgezeichneten Gestein genügend vorhanden war.

Eines Tages, als die für den Bau des Münsters erforderliche Steinmasse bereits gebrochen war, wollten, wie gewöhnlich, mehrere Kinder den im Steinbruch beschäftigten Vätern das Essen bringen. Am Eingang des Steinbruches angelangt, sahen sie plötzlich das weiße Schäfchen und riefen entzückt: „O, welch schönes, weißes Lämmlein!“ Kein Steinbrucharbeiter wollte sich den Anblick entgehen lassen und eilte, so schnell er konnte, aus der Grube herbei. Kaum aber waren alle draußen und staunten über die liebliche Erscheinung, da stürzte der Steinbruch mit großem Getöse ein.

Als sie Gott nun auf den Knien für die wundersame Rettung gedankt hatten, fanden sie ihre Gerätschaften unbeschädigt und wohlgeordnet auf einem Steinhaufen vor dem Steinbruch. In den Familien aber dankten alle dem Herrn für seine schützende Vorsorge.

(n. J.H. Schmitz)

Gründung der Udalrichskirche (L)

Graf Udalrich von Körich (L), hatte sich einmal auf einer Jagd verirrt und geriet in das enge Petrustal nicht weit von der Unterstadt von Luxemburg. Damals gab es dort weder Haus noch Hof, und dichte Wälder bedeckten ringsum die Höhen.

Als der Graf an der Quirinuskapelle vorbeiritt, hörte er eine weibliche Stimme, die ihm zurief, er solle sich nur schnellstens davonmachen, sonst wäre er verloren. Und sie fuhr fort: „Ich bin eine Gefangene der Räuber, welche hier hausen. Sie werden bald zurückkehren und Euch töten, wenn sie Euch finden.“

Der Ritter wollte ihren Rat befolgen, doch die Räuber nahten schon, und durch das Dickicht gab es keinen Weg, ihnen zu entfliehen. In dieser fast aussichtslosen Lage gelobte der Graf, seinem Namenspatron eine Kirche zu erbauen, falls er ihn aus der großen Gefahr rette. Ein kurzes Gebet galt auch dem hl. Schutzengel. Dann zog er sein Schwert und schlug sich eine Bahn durch den Räuberhaufen. In der Nacht kehrte der Graf mit seinen Knappen zurück, befreite das Mädchen, ließ die Räuber gefangennehmen und henken. An der Stelle der Räuberhöhle erbaute er, wie gelobt, die St. Udalrichskirche.

(n. J. Engling)

Die Kapelle zu Neef

Auf dem Felsgipfel des Moselortes Neef liegt eine kleine Kapelle und neben ihr der Friedhof des Dorfes. Recht mühsam ist es, die Toten den steilen, steinigen Weg hinaufzutragen.

Einst lagen Kirche und Gottesacker der Gemeinde friedlich beieinander im Tal, und es bedurfte für die Überlebenden nicht einer langen, mühevollen Wanderung, um ihre lieben entschlafenen Angehörigen der Heimaterde anzuvertrauen. Im Lauf der Zeiten aber wurde das Gotteshaus rissig und baufällig. Auch faßte es nicht mehr die Besucher beim feierlichen Hochamt. Daher beschloß man, eine neue, größere und schönere Kirche zu bauen. Eifrig gingen die Neefer beim Bau des Gotteshauses ans Werk. Doch siehe! Alle Steine und Balken, die tags zuvor mit Fleiß behauen und an der Baustelle zurechtgelegt worden waren, fand man beim Anbruch des nächsten Morgens hoch oben auf der Felsenhöhe.

Unerklärlich schien das den Dorfbewohnern. Nicht Menschenhände konnten über Nacht eine derartig mühsame Arbeit verrichten. Die mutigsten Neefer Männer beschlossen, eine Nacht hindurch bei den Baumaterialien im Tal zu wachen.

Mild wehte die Sommerluft, sternenbesät war der Himmel, kein Windhauch bewegte die Kronen der Bäume oder die Ranken der Weinstöcke. Schon wollte sich der Schlaf auf die Augen der müden Wächter herabsenken, da war es, als regten sich die Lichtkörper droben am Firmament und schienen zur dunklen Erde herabzugleiten. Und als die Männer angestrengt in die Finsternis blickten, sahen sie, daß der stille Bauplatz sich von Geistergestalten belebte, deren Flügel gleich bläulichem Sternenlicht schimmerten. Aus himmlischen Höhen schwebten sie heran und säumten nicht lange, Steine und Gebälk aufzuladen. Sie huschten im leuchtenden Gewimmel den steilen Pfad aufwärts zum Gipfel des Berges, um dort ihre Last abzulegen.

Die Einwohner von Neef erkannten nun den Willen des Himmels. Auf luftiger Höhe wurde die neue Kirche gebaut, und um sie herum wurden fortan die Neefer zur letzten Ruhe gebettet.

(n. A. Kurs)

Wie die alte Kirche auf den Johannesberg kam

Vor langer Zeit stand zwischen Mechernich und Schaven ein Kirchlein, wie es nur wenige im Eifelland gab. Ein wuchtiger, vierschrötiger Turm mit einem schmalen Schiff, nicht breiter als der Turm, trug gewaltig tönende Glocken. Die mußten gar weithin rufen, denn Mechernich lag weitab und Schaven und die Feyburg auch. Die Glocken riefen so stark, daß man sie zu Köln hören konnte. Dann kamen die Leute aus den beiden Dörfern einträchtig zusammen in der einsamen Kirche, lobten Gott, und die meisten waren in ihrer Armut zufrieden.

So hatte es manches Jahrhundert und länger gedauert. Dann aber war es, als ob der Eifer der Gläubigen allmählich nachließe. Sie kamen zwar noch, aber in das Beten und Singen mischten sich weltliche Gedanken. Schließlich kam eine Zeit, da läuteten die Glocken vergebens, und das Gotteshaus blieb leer. Viele Leute verachteten das Gebet und kannten nur noch die Arbeit im Knottensand des Bleiberges, die eine ansehnliche Zahl von Talern abwarf. Man schwelgte in Völlerei, denn man konnte fast mehr verdienen, als man verbrauchen mochte. Ein böses Trinken und Kartenspielen, ein Tollen und wüstes Gelage begann, daß man glauben konnte, der böse Feind habe von den Bergleuten Besitz ergriffen.

So kam es, daß eines Tages die Glocken schwiegen. Nur der alte Pastor ging mit dem Küster den weiten Weg und las die hl. Messe. In den Bänken kniete nur ein steinaltes Mütterchen.

St. Johannes-Kirche, Mechernich

Am Vorabend vom Johannestag war das alte Weiblein wieder zur verlassenen Kirche gehumpelt und hatte mit ein paar Feldblumen den Altar des Pfarrpatrons St. Johannes geschmückt. Dann hatte sie sich auf den harten Sandsteinboden gekniet und dem hl. Johannes aus ihrem besorgten Herzen heraus eine bewegende Klage vorgetragen:

„Heiliger Johannes! Siehst du nicht, wie alles in deiner Pfarre verludert und verkommt? Wenn du dich um den Herodes gekümmert hast, so sorge auch für deine christliche Gemeinde. Sag den Leuten: Das Lumpenleben ist euch nicht erlaubt!“ Inniger betete das alte Frauchen, ganz entrückt von allem. Das schwere Herzeleid um Kinder und Familien und alle Pfarrangehörigen quoll aus ihrer gequälten Seele, und der Schluß war: „Ja, hl. Johannes, und kommen sie nicht zu dir, dann komm du zu ihnen und läut' ihnen den Jüngsten Tag in die Ohren!“ Dann richtete es sich auf, nahm Weihwasser und stapfte heimwärts.

Die alte Kirche hatte die Sorgen und den Wehschrei des Mütterchens gehört. Ach Gott, wenn Kirchen erzählen könnten! Aber dieses Gebet ging ihr zu Herzen. In den Glocken war ein Wispern, ein Raunen und Raten. Das Kirchlein hielt Zwiesprache mit St. Johannes. „Dann komm zu ihnen!“ hatte die alte Frau gesagt. Die Glocken erklärten: „O, wir werden schon läuten!“ Dann wieder Ruhe. „Liebe Kirche, hör', wir wandern“, schmeichelte die kleinste Glocke, die Johannes Baptist geweiht war.

Da war er ausgesprochen, der stille Gedanke. Minutenlang glühte das rote Ewige Licht höher auf. „Zu ihnen wandern, soll's möglich sein? Die Glocken stießen sich an: „Sie will, sie will, sie will!“ Die Kirche meinte nur: „Ich weiß nicht, wie mir wird. Soll ich's wirklich wagen? Gott, wie du willst. Kommen meine Pfarrkinder nicht mehr zu mir, ja dann muß ich wohl...“

Mittlerweile war es Abend geworden. Der Mond schien hell und leuchtete auf die alte Straße, die sich nach Mechernich hinzog. Da kam – kaum zu glauben – die Kirche in Bewegung. Schritt für Schritt ging sie den alten Weg auf Mechernich zu. Die Glocken wisperten, und die Augen im Turmhaupt gaben sorgsam auf die Richtung acht.

Das Mönchstal lag bald zurück, und schon ging es an „Wacholder“ und am „Donnermaar“ vorbei. Da mußte sich die stille Wanderin nach links wenden, einem kleinen Pfade nach. Das ungewohnte Gehen fiel der alten Kirche schwer. Plötzlich fühlte sie ein Stechen in der Seite, so daß es schmerzte. Doch im Innersten, vom Johannesaltar, kam eine leise Stimme: „Nicht rasten, bis deine Aufgabe erfüllt ist!“ Auf einmal war sie an einem Abhang, zu dessen Füßen ein Dorf lag: Mechernich. Sie hielt im Wandern inne, es ging auch schier nimmer weiter. „Nun helfe Gott!“ mehr konnte die Müde nicht sagen. Dann wurde es still.

Der greise Pastor und der alte Küster waren es gewohnt, frühmorgens in aller Stille hinaus zur Kirche zu gehen. Am St. Johannestag waren sie noch früher als sonst aus den Federn. Die Pfarrkinder schliefen noch, ein Teil im Rausch, andere in Gottvergessenheit.

Als die beiden Alten, noch schlaftrunken und wortkarg, den Berg vom Dorf hinaufstiegen, holten sie die alte Frau ein und wollten eben ihr: „Morgen, Möhnetring“ sagen, da tat die einen Schrei und wies mit beiden zitternden Armen zur Höhe: „Alle heiligen Geister, ein Wunder!“ Pastor und Küster rieben sich die Augen: „Wahrhaftig, das ist unsere gute alte Kirche!“ Die ersten Sonnenstrahlen funkelten in den Fenstern, es war kein Zweifel. Als die alten Leute bergauf eilten, staunten sie und gingen voller Neugier um die Kirche herum. Der Küster schloß auf. Alles war in rechter Ordnung. Das Ewige Licht leuchtete geheimnisvoll. Die Blumen am Johannesaltar waren noch frisch und dufteten. Zu einem tiefempfundenen Dankgebet knieten sich die drei Alten an den Hochaltar. Dann tippte die alte Frau dem Küster auf die Schultern und zeigte auf die Glockenseile. Das verstand auch der Herr Pastor, faßte das Seil der großen Glocke, der Küster zog am Seil der mittleren und Möhnetring am Seil der kleinen. Alle drei brachten ein gewaltiges Läuten zustande.

Davon wurden die Leute unten in Mechernich wach. Auch die Leute oben an der Linde hörten den starken Ruf. Es gab ein Erschrecken und ein Staunen, als man das Wunder der Johannesnacht wahrnahm. Kein Fluch kam von den Lippen der Weltbetörten.

Zaghaft folgten zuerst die Kinder dem Ruf der Kirche. Ihnen folgten die Frauen und Mädchen und denen, sie mochten wollen oder nicht, die Männer und Burschen.

Die Glocken schwiegen. Die bekehrte Pfarrgemeinde verharrte in tiefem Gebet beim heiligen Meßopfer und empfing zum Schluß den Segen ihres glücklichen Pastors. Es waren andere Menschen, die in ihre Häuser zurückkehrten. Der greise Priester blieb noch lange und ging um seine Kirche herum. Am liebsten hätte er jeden Stein gestreichelt. Da entdeckte er am Turm eine Riß. Daran war die Anstrengung bei der nächtlichen Wanderung schuld. Die Wanderin hatte sich wirklich zu viel zugemutet. Aber Hochwürden holte den Doktor, der war Schmied und hat mit Klammern den Riß geheilt.

Die Mechernicher haben rings um das Gotteshaus eine Mauer gebaut, damit es nicht wieder von ihnen fortgehe. Aber die Kirche hatte nie mehr solche Gedanken.

(n. H. Roggendorf)

Die Schutzengelkapelle zu Aremberg

Als die Franzosen einmal plündernd durch die Wälder und Täler der Eifel zogen, kamen sie auch zum Arenberger Schloß auf dem Aremberg. Es gelang ihnen, den einzigen Sohn des Herzogs in ihre Gewalt zu bekommen, einen jungen, hübschen Prinzen, an dem seine Mutter mit zärtlichster Liebe hing.

Die französischen Söldner schleppten den Prinzen fort in die Gefangenschaft und verbannten ihn auf eine ferne, menschenleere Insel weit im Meer. Dort wäre er Hungers gestorben, wenn hier nicht zahllose Wildgänse gelebt und ihm von ihrer Beute, die meist aus Fischen bestand, mitgegeben hätten.

Währenddessen sandte die Herzogin weinend und flehend ihre Gebete zum Himmel und gelobte, dem hl. Schutzengel des Prinzen eine Kapelle zu bauen, wenn er das ihm anvertraute Kind gesund und heil wieder in seine Heimat bringe.

Nach wenigen Wochen schlief der Prinz eines Nachts, von Elend und Leid ermüdet, auf seinem harten Lager am Strand des Meeres ein. Im Traum war es ihm, als ob ein mächtiges Wesen mit großen Flügeln ihn hochhebe und durch die Luft bis zum Fuß eines fernen Berges trage.

Als der junge Arenberger zu sich kam, erkannte er, daß er nicht mehr auf einer öden, einsamen Insel war, sondern inmitten eines dichten Waldes im weichen Moos lag.

Noch war es Nacht. Als es dann zu dämmern begann, kletterte er auf einen Baum, um zu sehen, wo er sich befände. Welche Freude, als er, nicht allzu weit entfernt, seinen lieben Aremberg erblickte! Da nahm er sein Horn, das er umhängen hatte - man hatte es ihm zum Zeitvertreib gelassen - und blies aus Leibeskräften ein fröhliches Jagdsignal. Auf dem Schloß hörte man das Signal, und der Burgwächter auf dem Turm erwiderte mit dem gleichen Signal als Zeichen des Erkennens. Darauf blies der Prinz das herzogliche Signal. Nun erkannte der Wächter, daß ein Mitglied der herzoglichen Familie sich zu erkennen gegeben hatte, und machte Meldung im Schloß. Unverzüglich brach man auf unter ständigem Signalblasen und fand so den lange entführten Prinzen. Er war zwar noch ermüdet und erschöpft von den ausgestandenen Entbehrungen, aber gesund und wohlbehalten. In seliger Freude schloß die Herzogin ihren Jungen in die Arme.

Ihr Gelübde hat sie gehalten und an derselben Stelle, wo sie den Prinzen wiedergefunden hat, die Schutzengelkapelle erbauen lassen, die heute noch im Walde steht. Keinem anderen als seinem hohen himmlischen Engel schrieb die Herzogin die wundersame Rettung ihres Kindes zu.

(n. P. Spülbeck)

Hilfe bei Wasserflut

In früheren Zeiten waren die Verkehrswege von Dorf zu Dorf manchmal sehr schlecht. Um von Insul nach Schuld zu kommen, mußte man mehrmals die Ahr durchfahren.

Einmal befand sich ein Bauer aus Schuld zu später Abendstunde mit einer schweren Last Roggenmehl, die er in die Mühle zu Dümpelfeld aufgeladen hatte, auf der Heimfahrt. Hinter Insul, wo die Ahr gegen die Felsen braust, wollte er seinen Weg durch den Fluß nehmen. Hundertmal war er diesen Weg schon gefahren, und nichtsahnend trieb er auch diesmal sein Pferd an, den Wagen durch die Wasserflut zu ziehen.

Am späten Abend aber hatte es ungewöhnlich stark geregnet. Deshalb hatte die Ahr Hochwasser, und das Fuhrwerk geriet in eine starke Strömung. Für Fuhrmann, Roß und Wagen schien in einem Strudel das Ende gekommen zu sein. In dieser großen Not blickte der Bauer zum Himmel und rief die Jungfrau Maria um Hilfe an. Er versprach, auf dem gegenüberliegenden Berg ihr zu Ehren eine Kapelle bauen zu lassen.

Die Hilfe kam sofort. Der Mond zeigte auf einmal sein volles Licht. Nur eine letzte Anstrengung war nötig, und der sichere Weg wurde gefunden. Der Bauer hielt sein Versprechen. Zunächst wurde ein Kapellchen gebaut, das im Laufe der Jahre durch eine schöne, große Kapelle ersetzt wurde, die jetzige Schornkapelle.

(n. Casel/Steil)

Die drei Kreuze an der Nonnenley (B)

Von Ouren (B) führt ein schmaler Pfad über schroffe Felsen, an deren Fuß die Our vorbeirauscht, zur Nonnenley hinauf. An der höchsten und gefährlichsten Stelle dieses Pfades findet man in den Felsen drei sternartige Kreuze eingehauen. Ein Ritter von Ouren befand sich einmal mit einem benachbarten Ritter in einer Fehde und stand ihm mit seinen Knappen und Burgleuten in einem Gefecht gegenüber. Dabei unterlag er, und es blieb ihm nichts anderes übrig, als eiligst zu seiner Burg zu fliehen. Um Mitternacht gelangte er zwar auf dem gefährlichen Pfad schnell in ihre Nähe, aber seine Lage war verzweifelt. Beim Mondenschein sah er zu seiner Rechten steile Felsen, zur Linken den hoch angeschwollenen Fluß, und vor ihm sperrte ein Teil der Verfolger den schmalen Pfad, der andere Teil folgte ihm auf gleichem Pfad.

In dieser aussichtslosen Lage flehte der Ritter zu Gott um Hilfe und versprach, bei seinem Schloß eine Kapelle zu bauen. Zur Bekräftigung dieses Gelübdes schlug er mit seinem Schwert drei Kreuze in die hinter ihm liegende Felswand, lenkte dann rasch sein Roß einige Schritte aus dem Pfad zu einem nahen Felsenvorsprung und sprang von ihm in die schäumende Flut der Our.

Glücklich erreichte er das jenseitige Ufer und entkam mit seinen Reisigen den Händen seiner Verfolger. Der Ritter aber war säumig mit dem Bau der Kapelle und wurde erst durch einen ähnlichen Vorfall an sein Gelübde erinnert, worauf er die Peterskapelle bei seiner Burg erbaute.

(n. J.H. Schmitz)

Die Kapelle im Venn (B)

Zahlreiche Kreuze an Pfaden und Wegen im Venn geben uns Kunde, daß hier gar mancher Mensch im Laufe der Jahre einsam und verlassen sein Leben verloren hat, vielleicht in Ausübung seiner Pflicht oder im Dienst am Nächsten.

In der Nähe der Botrange, der höchsten Erhebung des Hohen Venns, steht die Kapelle Fischbach. Ein in Stablo wohnender Mann hatte einst an dieser Stelle den Weg verfehlt. Ringsum tobte ein Schneesturm. In großer Menge lagerte der Schnee über dem Moor und verdeckte jeden Pfad. Zu Tode ermattet, flehte der Unglückliche in heißem Gebet zu Gott um Hilfe und gelobte in seiner Not, an der Stelle eine Kapelle zu errichten, wenn er gerettet werde. Dann beseelte ihn neue Lebenskraft. Er nahm die Wanderung wieder auf und gelangte auch glücklich auf den richtigen Weg.

Seinem Gelübde getreu, ließ der Gerettete die Kapelle erbauen und stellte einen Mann an, der bei Nebel, Schneegestöber oder bei Einbruch der Dunkelheit eine Glocke ziehen mußte. In kurzer Zeit wurden zwölf Personen, die sich im Nebel verirrt hatten, vor dem Tod gerettet.

Zu einer Zeit, als keine Landstraße das Venn durchquerte und die öde Fläche noch unwirtlicher war als heute, gab es der Glockenhäuschen noch mehr. Gestaltete sich die Nacht gar zu unheimlich, wurden Laternenlichter daran aufgehängt. Der Schall der Glöckchen und der Glanz der Lichter vereinten sich, um dem bedrohten Vennwanderer die nahe Zufluchtsstätte anzuzeigen.

(n. M. Zender)

Der verirrte Ritter

Es war zur Winterszeit, als der Gutsbesitzer Heinrich Josef von Roesgen von Vellerhof nach Ripsdorf geritten war. Berg und Tal waren von einer Schneedecke eingehüllt. Der Besuch in Ripsdorf hatte länger gedauert als vorgesehen. Als Herr von Roesgen endlich aufbrach, hatte es zu schneien angefangen, und es wehte ein kalter Wind.

Nachdem der Reiter die Höhe zwischen Ripsdorf und Hüngersdorf erreicht hatte, war der Wind zum Sturm geworden und fegte Schneeböen über Wiesen und Felder. Der Schnee kam so dicht, daß man kaum ein paar Meter weit sehen konnte. Es dauerte nicht lange, und Roß und Reiter waren vom Wege abgekommen. Nirgends ein Haus oder rettendes Licht, und bald wurde es dunkel.

Nachdem der Gutsbesitzer mit seinem Pferd lange im Dunkeln umhergeirrt war, gelobte er, dem hl. Hermann Josef auf dieser Höhe eine Kapelle bauen zu lassen, wenn er den Weg nach Vellerhof wieder fände.

Sein Gebet wurde bald erhört. Ohne Schaden genommen zu haben, erreichte der Reiter wieder den heimischen Herd. Im Frühling begannen die Bauarbeiten. Heute kommt der Wanderer, zwischen Hüngersdorf und Ripsdorf, am Hermann-Josef-Kapellchen vorbei.

(n. Schule Hüngersdorf)

Klöster und Konvente

Wie das Kloster St. Matthias entstand

Zur Zeit, als der hl. Matthias noch auf Erden weilte und von Land zu Land zog, um das Evangelium zu verkünden, kam er auch in den Saargau. Hier fand er ein gar hartes Stück Arbeit vor.

Die Bauern nahmen zwar willig und gläubig die neue Lehre an; aber es fiel ihnen so unendlich schwer, sich von den heidnischen Gebräuchen zu trennen und den Aberglauben aus ihren Herzen zu reißen. Kaum hatte der Apostel seinen Stab weitergesetzt, so fielen sie wieder in den alten Wahn zurück. So hatte St. Matthias viel zu tun. Zahlreiche Dörfer des Saargaues dienten noch den Götzen. Auch mußte er immer wieder zu den Neuchristen zurückkehren, um sie zu mahnen und im christlichen Glauben zu stärken. Das rieb seine Gesundheit allmählich auf, und er mußte sich notgedrungen in die Einsamkeit zurückziehen, um sich für seine weitere Arbeit als Sendbote Christi zu stärken.

Eines Tages machte sich der Apostel auf an die Saar bei Mettlach und suchte dort einen Schiffer, der ihn auf seinem Kahn saarabwärts nach Trier mitnehmen sollte. Aber niemand fand sich, der dem armen Jünger Jesu diesen Wunsch erfüllen wollte; denn an der Saar lebten nur Heiden.

Schließlich aber schenkte ein alter Schiffer dem Apostel aus Mitleid eine große Bütte, die ihn saarabwärts tragen könne. Voll Vertrauen auf Gottes Schutz setzte sich der Apostel in das eigenartige Fahrzeug, stieß sich vom Ufer ab und ließ es ohne Ruder treiben. Als schon ein gutes Stück zurückgelegt war, die Nacht anbrach und die Gegend immer wilder und zerklüfteter wurde, ward es St. Matthias doch etwas ängstlich zumute. Wenn er dann am Ufer einen Lichtschein erblickte, rief er: „Hol über! Hol über!“ in der Hoffnung, eine gute Seele möchte sich seiner erbarmen. Aber nur das Echo gab eine Antwort.

So trieb denn der Apostel immer weiter und kam von der Saar in die Mosel. Als sich das seltsame Wasserfahrzeug am frühen Morgen der Stadt Trier näherte, geschah es, daß zur selben Zeit Trierer Frauen am Ufer ihre Wäsche zum Trocknen aufhingen. Diese hörten die Rufe des hl. Matthias und sahen voll Staunen das merkwürdige Gefährt auf dem Wasser.

Mitleidigen Herzens sprangen die beherztesten unter den Frauen in einen Kahn, fuhren damit nahe an die Bütte heran und brachten den müden, durchnäßten Insassen glücklich an Land. Sie schafften auch gleich trockene Kleider herbei, stärkten ihn gutmütigen Herzens und sorgten dafür, daß er sich ausruhen konnte. Der Heilige sagte ihnen ein herzliches: Vergelt's Gott!

Später baute der Apostel an der Stelle, wo die Frauen ihn gerettet hatten, das noch heute weithin bekannte Kloster St. Matthias, das Ziel vieler Fußwallfahrten.

(n. N. Lackas)

Kloster Malmedy (B)

Nachdem der hl. Remaklus die Einwilligung des Königs Sigibert erhalten und den Beistand der erforderlichen Gefährten gefunden hatte, begab er sich in das wilde und ausgedehnte Waldgebirge der Ardennen mit seinen Sümpfen und zerklüfteten Bergen, überquerte das Hohe Venn und erreichte das Bächlein Warchenne. Dort entdeckte er Anzeichen jener einst dem Götzendienst verfallenen Stätten, Quellen, die obschon für den menschlichen Genuß geeignet, wegen der Verseuchung durch die Dämonen immer noch schädlich waren. Remaklus beschwor daher den Namen Christi, hielt das Zeichen des hl. Kreuzes hin und reinigte diese Stätte vom Umgang der bösen Geister.

Als er nun sah, daß jene Gegend mit ihren fischreichen Gewässern wie auch mit den fetten Weiden eine günstige Wohnlage bot, ergoß er noch reichlicher über die Quellen den üppigen Segen des Gebets, meißelte in einen großen Stein das Zeichen des Kreuzes und goß es mit Blei aus.

Alsbald flossen die Wasser in gewaltiger Fülle. Hier errichtete er zunächst ein Bethaus, erbaute Wohnungen für Mönche und stellte in Fülle bereit, was der Verherrlichung Gottes dienlich war. Das Kloster erhielt den Namen Malmedy.

(n. L. Drees)

Kloster Malmedys Rettung (B)

Im 7. Jh. kam der hl. Remaklus, der Apostel der Ardennen, auf seinen Bekehrungsreisen auch in das Tal der Warche. Am Ufer des rauschenden Flüßchens gefiel es ihm so gut, daß er dort bald ein Kloster bauen ließ. Die Söhne des hl. Benedikt bezogen ihre neue Wohnstatt und begannen das Bekehrungswerk. Sie predigten dem Volk in Eifel und Ardennen den Glauben an den einen Gott und erzählten ihm vom Erlösungswerk Christi. Das Volk lauschte der frohen Botschaft, sagte sich los vom Bann des Heidentums und bekannte sich zum christlichen Glauben. Mit Wut und Schrecken hörte der Teufel vom Werk der Benediktiner. Er haßte die Priester, die ihm die Seelen entrissen, und schwor ihnen Tod und Verderben. Als er sich einen höllischen Plan ausgedacht hatte, suchte er am Rhein den schwersten Stein, den er tragen konnte, nahm ihn auf die Schulter und wanderte, nicht allzusehr des Weges kundig, auf Malmedy zu. Dort wollte er den Stein auf das Kloster schleudern, die Benediktiner zerschmettern und so das Christenwerk vernichten.

Die Mönche ahnten das Unheil; denn ein ungewöhnliches Sausen und Rauschen in der Luft zeigte die drohende Gefahr an. Der Abt und alle Ordensleute lebten in Angst und Bangen. Sie beteten und baten Gott um seinen Schutz. Was sollte man gegen Satans Tücke tun? Keiner wußte etwas Rechtes anzugeben.

Da meldete sich ein junger Mönch, ob er vielleicht etwas gegen den Teufel unternehmen dürfe. Erfreut sagte der Abt zu. Da sammelte der junge Mönch in aller Hast die alten und abgetragenen Schuhe im Kloster ein und steckte sie in einen Sack. Dann verließ er das sichere Kloster und ging mit dem Sack auf dem Rücken in Richtung des eigenartigen Windes.

Kaum war er eine Weile gegangen, da kam ihm schon der Höllenfürst fluchend, keuchend und wankend mit dem Felsblock entgegen. „He!“ rief der Teufel, „kennst du vielleicht Malmedy?“ – „Oh ja“, antwortete der Mönch. „Dann sage mir doch rasch“, schrie der Teufel, „wo der Ort liegt und wie lange ich noch bis dahin zu gehen habe.“ Ruhig erwiderte der Benediktiner, „Malmedy liegt gegen Sonnenuntergang noch schrecklich weit. Ich komme selbst von dort. Alle Schuhe, die ich unterwegs abgetragen habe, trage ich in dem Sack auf meinem Rücken.“ Als der Mönch ihn dem Teufel zeigte, brüllte er in höchster Wut: „Was, noch so weit? Bis dahin kann ich meinen Stein unmöglich tragen!“

Voller Zorn packte er ihn und warf ihn so heftig zu Boden, daß der Stein in drei Stücke sprang. Davon flog ein Teil auf Esperance zu, ein Teil hinter Robertville und das letzte Stück bis nach Kalterherberg bei Monschau. Die drei Steine liegen noch heute an den genannten Orten und werden „Schwarze Hügel“ genannt. Sie haben alle das gleiche Aussehen und die gleichen Bruchstellen.

(n. H. Hoffmann)

St. Hubert

Gründung der Abtei St. Hubert (B)

In der Mitte des Ardenner Waldes stand zur Römerzeit das Schloß Ambra. Nach der Völkerwanderung hießen dessen Ruinen Andain wegen der vielen und reichen Quellen, die hier flossen. Auf einer Reise, welche Plektrud, die Gemahlin Pipins von Herstal, mit einem zahlreichen Gefolge nach Amberloux unternommen hatte, hielt sie zu Andain ihre Mittagsruhe. Man nahm einige Erfrischungen zu sich, und alle überließen sich, von der Reise sehr ermüdet, einen erquickenden Schlaf.

Kaum war Plektrud jedoch eingeschlummert, als sie wieder erwachte und vom Himmel einen Zettel niedergleiten sah. Auf ihm stand mit goldenen Buchstaben geschrieben: „Dieser Ort ist zum Heile vieler Seelen von Gott auserwählt. Hier ist heilige Erde, wert, berühmt zu werden, den Dienern Gottes als Eigentum bestimmt. Er wird sich, von weltlicher Macht beschützt, vergrößern, erfährt aber auch Mißgeschicke. Möge derjenige, der sich an ihm vergreift, so in der Wurzel verdorren, daß seine Zweige niemals Früchte tragen.“

Auf den Rat eines Mönches beschlossen nun Pipin und Plektrud zu Andain eine Abtei zu errichten. Im Jahr 825 kamen die sterblichen Reste des hl. Hubertus von Lüttich an diesen Ort. Seit dieser Zeit tauschte die Abtei ihren ersten Namen gegen den von St. Hubert.

(n. Bertholet)

Der Pfeil

In Nordfrankreich lebte vor tausend Jahren nahe bei der Stadt Laon auf seinem Felsenschloß ein angesehener Ritter namens Nithard. Auf seinen überaus reichen Besitzungen herrschte er mit seiner edlen Gemahlin Erkanfrieda wie ein Vater recht milde und segensreich. Zwanzig Jahre waren sie schon verheiratet, ohne daß Gott ihnen ein Kind geschenkt hätte. Mit Freuden hätte der Graf einen Erben auf seinen Knien geschaukelt. Die Gräfin war schier untröstlich und flehte täglich zu Gott um die Gewährung ihres Herzenswunsches. Schon sahen die Ehegatten den Abend ihres Lebens herannahen, ohne daß sich ihre Wünsche erfüllt hätten.

Da faßte Nithard den Entschluß, sein Besitztum einem Kloster zu schenken, damit sein Reichtum dem Herrn geweiht und zu frommen Zwecken verwendet werde. Die Wahl des Klosters fiel ihm schwer, da es ihrer in der Umgebung nicht wenige gab. Auf Anraten eines befreundeten Geistlichen sollte er einen Pfeil aus sei-

Kloster Himmerod
O. Kerbing 1992

nem Köcher nehmen, die Schenkungsurkunde daran befestigen und ihn in die Lüfte schießen. Dem Kloster, in dessen Bereich er niederfalle, sollte er seinen Reichtum vermachen. Nithard freute sich über den Rat und beschloß, danach zu handeln.

An einem Festtag begab sich Nithard mit seiner Gattin und vielen Gästen auf eine Anhöhe, bestieg einen hohen Stein und schoß den Pfeil ab. Da ertönte vom Himmel wundersamer Gesang, und Engel fingen den Pfeil auf und verschwanden damit in den lichten Wolken.

Zur gleichen Stunde stand am Altar der Salvatorkirche zu Prüm der fromme Abt Ansbald und feierte mit einer andächtigen Volksschar das hl. Meßopfer. Plötzlich hörte man vom Gewölbe her silberhelle Gesänge wie von Engelsstimmen. Eine lichte Engelsgestalt schwebte zum Altar, reichte mit holdem Lächeln dem Abt den Pfeil aus Laon, neigte sich vor dem Allerheiligsten und verschwand.

Mit Staunen las Abt Ansbald die Urkunde und verkündete der versammelten Gemeinde die großzügige Schenkung.

Lange wurde das Kleinod im Kloster zu Prüm aufbewahrt, bis es in Kriegswirren verloren gegangen ist.

(n. M. Zender)

Gründung des Klosters Himmerod

Einst waren aus dem Mutterkloster des Zisterzienserordens in Clairvaux acht Mönche von Frankreich nach Trier gezogen. Dort hatten sie ein Haus und eine Kapelle in der Nähe der Liebfrauenkirche erhalten. Doch das laute Treiben in der Stadt störte die frommen Mönche bei ihrem Beten und Singen. Daher beschlossen sie eines Tages, aus der unruhigen Stadt fortzuziehen und irgendwo in den Eifelbergen eine neue, ruhige Bleibe zu suchen.

Nach einer Tageswanderung waren die Mönche am späten Abend in das Tal der Salm gekommen. Dieses lag zur damaligen Zeit öde und noch nicht bebaut mitten in einem großen Waldgebiet. Vergeblich suchten die Mönche nach Speise und Trank. Nirgends entdeckten sie eine Hütte, wo Menschen lebten, oder eine Quelle mit frischem Wasser. Da sehnte sich der jüngste Mönch wieder nach Trier an den lieblichen Moselstrand zurück.

Mit ernstem Blick wandte sich ein alter, weiser Mönch an den Unzufriedenen: „Vergiß nicht, der Vater Abt hat uns hierher geschickt! Ist die Gegend jetzt noch rauh und ungemütlich, so werden wir sie fruchtbar und wohnlich machen. Auch werden wir für unser Ausharren und die Entbehrungen reichen Lohn im Himmel ernten."

Kaum waren die Worte des alten Mönches gesprochen, da erstrahlte das gegenüberliegende Bachufer in einem hellen Schein, und die Dunkelheit des Waldes war auf wunderbare Weise erleuchtet. Frohgemut eilten die Mönche sogleich dorthin. Und siehe, in einem Seitental der Salm sprudelte in einer grünen Wiese eine Quelle mit klarem, erfrischendem Wasser. Rings war die Wiese von einem prächtigen Buchenwald umsäumt. Auch standen überall Obstbäume, an denen Früchte in Hülle und Fülle hingen. Um Hunger und Durst zu stillen, war von allem reichlich vorhanden.

Mit frohem Gebet und Gesang dankten die acht Zisterzienser dem lieben Gott für alle guten Gaben und faßten den Entschluß, an diesem lieblichen Ort bald das neue Kloster zu bauen.

(n. R. Wagner)

Die Verbannung der Nachtigallen

Als der hl. Bernhard von Clairvaux am Rhein zu einem Kreuzzug aufrief, weilte er auch kurze Zeit im Eifelkloster Himmerod. Eines Tages schloß er sich in seine Zelle ein und sank zum Gebet auf seine Knie. Der Tag ging eben zur Neige, und würzige Maienluft strömte durch das offene Fenster in seine Zelle. Als der Heilige in sein Gebet versunken war, drangen auf einmal die süßen Lieder von Nachtigallen, welche zahlreich in den Gebüschen rund um das Kloster nisteten, an sein Ohr. Da stockte des Heiligen Gebet; er wußte nicht, wie ihm geschah. Ohne es zu wollen, lauschte er dem lieblichen Gesang. Schon riefen die Glocken zum gemeinsamen Gebet in die Klosterkirche; aber St. Bernhard vernahm sie nicht, er hörte nur die Nachtigallen schlagen.

Dann drang der Brüder klangvoller Chor durch die hohen Kirchenfenster. St. Bernhard erschrak. Nun erst wurde ihm klar, daß die Nachtigallen ihn von seinen heiligen Betrachtungen abgehalten hatten. Weil er das gleiche für seine Mitbrüder befürchtete, hob er die Hand empor und verbannte die Nachtigallen für immer aus der Nähe des Klosters. Geschreckt von seiner Drohung, flatterte eine große Schar fort, zum Teil in die Umgebung, die meisten flogen an den Rhein. Ein liebliches Wäldchen nahe beim Drachenfels bei Rhöndorf nahm sie auf. Zur Frühlingszeit, sobald der Abend in die Täler des Siebengebirges sinkt, ertönt von Baum zu Baum und von Busch zu Busch der Schlag zahlreicher Nachtigallen. Das Wäldchen wurde nach den verbannten Sängerinnen Nachtigallenwäldchen genannt.

(n. K. Simrock)

Der Marienritter

Walter von Birbach, aus einem Ort in der Nähe von Löwen (B), war ein mächtiger und reicher Ritter aus dem Geschlecht des Herzogs Heinrich von Löwen. Der junge Ritter war nicht nur weltlichem Ritterdienst ergeben, sondern hegte eine besondere Verehrung und Liebe zur Mutter Gottes.

Einst wurde er zu einem ritterlichen Kampfspiel eingeladen, bei dem er sich mit einem gewandten Gegner messen sollte. Auf dem Hinweg kam er an einem Gotteshaus vorbei, stieg von seinem Pferd ab und empfahl sich drinnen in innigem Gebet der Fürbitte der hl. Jungfrau Maria. Während er noch in Andacht versunken am Altar kniete, trat diese für ihn auf dem Turnierplatz in die Schranken.

Beim Weiterritt begegneten ihm Leute, die bereits vom Turnier zurückkehrten. Sie riefen dem Ritter zu, er möge umkehren, der Kampf sei schon vorbei. Sie nannten ihm auch den Namen des Siegers: Walter von Birbach. Er ritt in die Stadt ein und auf den Kampfplatz. Hier schwenkte man ihm bunte Tücher und Fähnchen entgegen und feierte ihn als Helden. Die Unterlegenen baten um milde Behandlung und boten hohes Lösegeld.

Zunächst erschien dem Ritter Walter alles unglaublich; doch bald erkannte er, daß seine hohe Gönnerin statt seiner den Kampf gewagt und gewonnen hatte.

Als Walter späterhin erfuhr, daß der Mönchsorden der Zistenzienser besonders der Mutter Gottes geweiht sei, nahm er in Himmerod das Mönchsgewand, um ihr stetig dienen zu können. Hier lebte er seine weiteren Tage in aller Demut und Gottesfurcht und stand beim ganzen Konvent in hohem Ansehen.

(n. J.H. Schmitz)

Ritter Kuno von Malberg

In der Gegend von Kyllburg gehörte Ritter Kuno von Malberg zu den Raubrittern, von vielen gefürchtet. Als er viele Jahre sein Unwesen getrieben hatte, kam er in einer mondhellen Nacht in einen bei Himmerod gelegenen Wald. Da vernahm er in der nächtlichen Stille den Chorgesang der Mönche. Durch ihn wurde sein Herz wundersam erregt und sein Geist in ernste Gedanken versenkt. „Ach“, sprach er bei sich, „wie friedlich und selig ist doch das Leben dieser Mönche; wie streitvoll und unselig fließt das meinige dahin! Mein Leben und Treiben möchte ich mit dem der Mönche in diesem Kloster da vertauschen. Umkehren möchte ich von meiner bösen Bahn und fortan auf einer besseren und Gott wohlgefälligeren wandeln. Aber das ist ebenso unmöglich, als daß ich mit meinem Roß durch diese dicke Buche reite, die da vor mir steht." Im gleichen Augenblick teilte sich die Buche in zwei Hälften, und Roß und Reiter konnten durch die gespaltene Buche reiten.

Kunos Entschluß war nun gefaßt. Er stieg von seinem Roß, legte Waffen und Rüstung ab und schritt dem nahen Kloster zu.

Als er nun zu mitternächtlicher Stunde an die Pforte klopfte und der Bruder Pförtner seinen Namen hörte, befiel diesen Furcht und Schrecken, und es dauerte eine Weile, ehe er sich entschließen konnte, dem Ritter das Tor zu öffnen. Erst nachdem Kuno wiederholt und feierlich beteuert hatte, daß er nicht als Ritter und Räuber, sondern als Büßer komme, der sich den niedrigsten Diensten unterwerfen wolle, öffnete man ihm das Klosterpförtchen.

Der Ritter fand so im Kloster Aufnahme und hielt treu sein Wort. Mehrere Jahre hütete er die Schweine, flehte fort und fort zu Gott um Gnade und bat auch die Brüder, für ihn zu beten. Jeder erbaute sich an seinem frommen Wandel.

Nachdem Kuno mehrere Jahre in solchen Bußübungen verbracht hatte, starb er im Kloster. Sein letzter Wille war, daß sein Erbe unter die Armen verteilt werde und der ihm gehörende und in der Nähe des Klosters gelegene „Kuno-Wald" als Eigentum an das Kloster falle.

(n. J.H. Schmitz)

Bruder Schweinehirt

Im Kloster Himmerod lebte einst der Bruder Liffard. Er stammte aus einem adligen Geschlecht, verrichtete aber im Kloster die niedrigste Arbeit: Tag für Tag kümmerte er sich um die Schweineherde. Morgen für Morgen trieb er die Borstentiere auf die Weide und achtete darauf, daß sie nicht auf die Felder der Bauern liefen. Ehe die Tiere abends heimkehrten, mistete Bruder Liffard die Schweineställe aus. Er tat seine Arbeit gern und dachte nicht an seine vornehme Herkunft. Eines Tages trat der Teufel an den Bruder heran, um ihn vom rechten Weg abzubringen. „Bruder Schweinehirt", so redete er ihn an, „warum suchst du den Weg zum Himmel im Schweinemist? Du bist doch von einem edlen Geschlecht. Warum überläßt du die schmutzige Arbeit nicht anderen?"

Diese Worte des Teufels gingen dem Bruder wieder und wieder durch den Kopf, wenn er beim Ausmisten des Schweinestalles war und arg nach Schweinemist stank. Auch in der Nacht fand er keinen Schlaf und sann immerfort über sein Schicksal nach.

Einmal war die Versuchung so stark, daß er kurzerhand den Entschluß faßte, das Kloster zu verlassen. Kaum hatte er sich dafür entschieden, da leuchtete seine Zelle in einem überirdischen Licht auf, und eine große, ehrwürdige Gestalt stand mitten in dem kleinen Raum. Sie forderte ihn auf, mit ihm zu kommen. Bruder Liffard stand auf und folgte ihr durch die geöffnete Tür. Als die beiden draußen den Friedhof erreicht hatten, blieb die Gestalt stehen und blickte den Bruder an. Auf ein Zeichen hin, öffnen sich alle Gräber, ein eisiger Wind wehte aus ihnen, und ein aufdringlicher Geruch nach Tod und Verwesung stieg aus ihnen empor. Da sprach die Gestalt: „Siehst du die Toten, die dort verwesen? Schon bald wirst du ihnen gleich sein. Alle haben im Vergleich zur Ewigkeit nur ein kurzes Leben gehabt, und doch war es ihnen gleichgültig, ob sie über Teppiche oder Schweinemist gingen. Was willst du nun tun?"

Da erkannte Bruder Liffard, daß er vom Teufel versucht worden war, und verstand, daß es nicht wichtig ist, auf welchem Weg man das Himmelreich erlangt. Er kniete nieder, bat Gott um Vergebung und fiel schließlich in einen tiefen Schlaf.

Ein schöner Morgen mit fröhlichem Vogelgesang weckte Bruder Liffard am andern Tag. Mit größerer Freude als jemals zuvor führte er die klösterliche Schweineherde auf die Weide. Treu und zuverlässig diente er als Bruder Schweinehirt bis an sein Lebensende und fand nach einem zufriedenen Leben auf dem Klosterfriedhof die letzte Ruhe.

(n. R. Wagner)

Mit voller Rüstung ins Kloster

Ein Ritter Walewan kam auf seinem Streitroß völlig bewaffnet zum Kloster Himmerod, ging in voller Rüstung mitten durch den Chor der Kirche und weihte sich zum Erstaunen des Konvents am Altar dem Dienste Gottes. Dann erst legte er seine Rüstung ab und nahm das Ordenskleid. Es schien ihm nämlich angemessen, dort dem weltlichen Kriegerstande zu entsagen, wo er in den geistlichen Kriegerstand einzutreten beabsichtigte. Er wurde ein bußfertiger Mönch und wollte später aus Demut nur ein Laienbruder sein, der die niedrigsten Arbeiten verrichtete.

Als wieder einmal drei adlige Kölner im Himmerod eingetreten waren, besuchte ein früherer Freund sie im Kloster und sagte zum Abt Gisilbert: „Ich kann mich nicht genug wundern, wie so verwöhnte Weltleute Euer ungewürztes Gemüse, Eure Erbsen und Linsen genießen können." Der Abt erwiderte: „Ich gebe drei Pfefferkörner hinzu, welche dieses geschmacklose Gemüse so würzen, daß fast

Klosterruine Heisterbach
G. Kersting '94

nichts in den Schüsseln übrigbleibt. Das erste Pfefferkorn sind die langen Nachtwachen, das zweite ist die Handarbeit, das dritte aber, daß sie nichts Besseres bekommen. Diese Pfefferkörner machen das Essen so schmackhaft.“

(n. M. Zender)

Gründung von Kloster Heisterbach

Im Jahre 1188 standen im Eifelkloster Himmerod zwölf Mönche im weißen Zisterziensergewand vor den Stufen des Altars der Klosterkirche. Nach feierlichem Gebet wurde dem Mönch Hermann ein Kruzifix in die Hand gegeben. Dies bedeutete, daß er mit den elf übrigen Mönchen als deren Abt ausziehen sollte, um an einem anderen Ort eine neue Klostergemeinschaft zu gründen.

Zunächst wanderten die Zwölf zur Mosel und folgten ihr bis Koblenz. Dann bestiegen sie, nach kurzer Einkehr in Sankt Kastor, ein kleines Schiff und fuhren mit ihm stromabwärts, bis sie nach zweitägiger Fahrt zur Rechten das Siebengebirge aufragen sahen. Hier landeten sie am Fuß des Drachenfels, bestiegen ihn, um sich auf ihm niederzulassen.

Bald merkten sie jedoch, daß ihre Wahl vorschnell und nicht die richtige gewesen war. Dort oben mangelte es nämlich an Wasser. Auch waren sie hier allen rauhen Stürmen ausgesetzt. Noch mißlicher empfanden sie es, daß sie auf der Bergeshöhe nicht so segensreich wirken konnten, als wenn sie ihr Kloster im Tale und nahe bei den Menschen errichtet hätten.

Nachdem sie drei Jahre auf dem Strom- oder Petersberg verbracht hatten, beschlossen sie, diesen wieder zu verlassen. Sie waren jedoch unschlüssig, wohin sie sich wenden und wo sie ihr Kloster endgültig bauen sollten. Lange berieten sie darüber, ohne zu einem festen Ergebnis zu kommen. Dann beschlossen sie, dem Himmel alles weitere zu überlassen.

Die Mönche beluden einen Esel mit ihren Reliquienschätzen und kamen überein, dort bleiben zu wollen, wo das Tier innehalten und seine Bürde abwerfen werde. Der Esel trabte alsbald munter durch den dichten Wald bergabwärts, während die Mönche ihm in einiger Entfernung folgten. Schließlich kamen sie nach einer kurzen Wanderung in ein anmutiges Tal, das beiderseits von schön bewaldeten Bergzügen eingeschlossen war und von einem kristallklaren Bach durchflossen wurde. Am Bachrand blieb der Esel stehen und begann zu saufen. Als er danach den Bach übersprang und dabei stürzte, warf er am anderen Ufer seine Bürde ab.

Nach einer hochgewachsenen Heister (d.i. eine Buche), die am Bachrand stand, nannte man das von den Mönchen erbaute Kloster kurzweg „Heisterbach“.

(n. N.N.)

Gründung der Abtei Maria Laach

Heinrich und Adelheid, das gräfliche Ehepaar der Burg Laach, hatte lange den Wunsch, zur Ehre Gottes ein Kloster zu stiften. Über den Ort, wo es errichtet werden sollte, waren sie sich jedoch unschlüssig. Da wurde er ihnen durch himmlische Hinweise angedeutet.

Von der Burg aus sahen sie einst bei Nacht das ganze waldumgrenzte Ufer und den See selbst von Lichtern und Flämmchen erhellt, besonders aber die eine Seite, wo sich das Ufer eine größere Strecke flacher als sonst hinzieht. Auf die so genau bezeichnete Stelle beschloß das fromme Ehepaar, die Kirche und daneben ein Kloster bauen zu lassen. Die ganze Stiftung wurde der Mutter Christi und dem hl. Nikolaus geweiht.

(n. Brewerus)

Die Lilie von Laach

Einst wurde in Laach zur Einkleidung eines jungen Mönches ein erhebendes Fest gefeiert. Ein junger Mann hatte die Probezeit bestanden und war in den Konvent aufgenommen worden. Nun sollte ein frohes Festmahl die Feier beschließen. Dem jungen Mönch war mitgeteilt worden, daß der Abt am Tag nach der Weihe jedem neuen Mitglied der Mönchsgemeinde ein in Laach seit alter Zeit bestehendes Geheimnis mitteilen werde. Da der neue Mönch der Mitteilung mit größter Spannung entgegensah, konnte er die Zeit kaum erwarten und bat den Abt schon beim Festmahl, ihm das Geheimnis zu offenbaren. In feierlichem Ernst gab der Abt bekannt, daß Gott einem Mönch vorher anzeige, wann der Sterbetag gekommen sei. Und zwar liege dann morgens im Chor auf seinem Stuhl eine Lilie.

Diese Offenbarung ließ bei allen Zuhörern die Feststimmung weichen, und mit unruhigen Träumen verbrachte der junge Mönch die Nacht.

Als erster erschien er am folgenden Morgen in der Abteikirche und stellte mit Entsetzen fest: Auf seinem Platz im Chor lag eine Lilie. „Soll ich schon in der Blüte meiner Jugend sterben?" so rief er schreckensbleich, „ich will und muß leben!" Schnell ergriff er die Blume und schleuderte sie über die Sitze. Vor dem Stuhl des ältesten Mönchs fiel sie nieder. Schon glaubte der junge Mann, das Schicksal von sich abgewendet zu haben.

In würdevollen Schritten erschienen bald die anderen Mönche, und die Hallen des Gotteshauses füllten sich mit Gläubigen. Gefaßt und fast heiter schaute der älteste Mönch auf das Zeichen des nahen Todes vor seinem Sitz; er war bereit, ins Jenseits einzugehen. Schon bereiteten sich seine Mitbrüder auf die Totenfeier vor und übten Trauergesänge ein zur würdigen Bestattung ihres Seniors. Doch blieb der Greis frisch und froh, aber der Jüngling siechte dahin. Sein Sträuben half ihm nichts, in Fieberträumen wälzte er sich auf seinem Lager hin und her, die Sinne trübten sich, die Kräfte schwanden, und das dritte Morgenrot schien auf seine Leiche.

(N. M. Zender)

Stiftung des Klosters Steinfeld

Zur Zeit Kaiser Heinrich I. lebte im Kölner Land ein edler und vornehmer Graf mit Namen Sibodo von Hochstaden, Herr von Altenahr. Schon von Jugend an tat er sich durch christliche und ritterliche Tugenden hervor und erwarb viele Kenntnisse in gelehrten Dingen. Mit der Zeit merkte jedoch der Teufel voller Freude, daß sich Sibodo im rauhen Kriegsleben eifrig zeigte, weniger eifrig jedoch im Gebet.

Da nahm der Teufel die Gestalt eines schönen jungen Mannes an, kleidete sich wie ein Knappe, meldete sich bei dem Grafen und bot ihm seine Dienste an. Diesem gefiel der frische, gewandte Bursche, und da er eben einen Knappen suchte, nahm er ihn mit auf seine Burg an der Ahr. Und er bereute es nicht; denn niemals hatte er einen so unermüdlichen Diener gehabt, der ihm jeden Wunsch von den Augen ablas. Er war der stete Begleiter des Grafen Sibodo auf allen Jagden, Turnieren und Kriegszügen, er rettete ihn aus Gefahren und warnte ihn rechtzeitig vor heranziehenden Feinden. Durch allerlei Kurzweil wußte er jedoch auch, seinen Gebieter zu erfreuen.

Der Ruhm des Grafen nahm mit seinen Jahren zu. Niemand übertraf ihn in ritterlicher Gewandtheit, und er blieb bei allen Turnieren Sieger.

Fromme Ritter unternahmen einst einen Zug gegen die Ungläubigen. Sibodo schloß sich ihnen an, und überall blieben die Christen siegreich, wenn er sich bei ihnen befand.

Einmal brach am Rhein ein Krieg aus, und die Feinde fielen ins Eifelland ein. Alsbald griff der Graf zu den Waffen; die Gegner wurden mit blutigen Köpfen nach Hause geschickt, und der Sieger zog mit seinen Kampfgenossen auf das jenseitige Ufer des Rheins. Gegen Abend entfernte sich Sibodo etwas von seinen

O. Kersting '79
Kloster Steinfeld

Leuten und setzte sich, vom raschen Ritt ermüdet, unter einen Baum, wo er einschlief. Das war aber von den Feinden erspäht worden, und sie beschlossen, ihn gefangenzunehmen oder zu töten. Schon waren sie dem Schlafenden ganz nahe, als sein (teuflischer) Diener herbeieilte, den Grafen weckte und ihn im Nu auf den Rücken lud. Das kam Sibodo ganz sonderbar vor, und halb erschrocken, halb verwundert rief er: „Was willst du, Fant?" Im gleichen Augenblick traf der Waffenlärm der herbeieilenden Feinde an sein Ohr, und er merkte, wie sein Diener sich in die Luft erhob, höher immer höher, bis er endlich den Rhein wie ein silbernes Band unter sich glänzen sah. „Gott sei mir gnädig!" kam es von Sibodos zitternden Lippen; und als sie sich der Stadt Köln näherten und der Graf beim Klang der Glocken den Angelus beten wollte, vernahm er die fast unkenntlich gewordene Stimme seines Dieners, die ihn rauh anfuhr: „Schweige mit deinem Geplärre und halte dich ruhig; sonst gebe ich dir im Rhein eine Taufe, daß du für dein Leben lang davon genug hast." Da wurde es dem Grafen klar, mit wem er sich eingelassen hatte; er schwieg und beendete, an die Schultern seines vermeintlichen Dieners geklammert, die luftige Fahrt, die ihn sicher zum anderen Ufer des Rheins brachte.

Auch nach dieser Begebenheit verweilte der Knappe weiter auf Burg Altenahr. Sibodo hatte zwar eine gewissen Scheu vor ihm, und die alte Herzlichkeit war geschwunden. Aber da durch den langen Umgang mit dem Bösen seine Zweifel und seine Ungläubigkeit zugenommen hatten und er an ihm stets einen gehorsamen Diener fand, suchte er seine Gewissensbisse dadurch zu unterdrücken, daß er sich selbst beschwichtigte und sagte, er habe mit dem Bösen nie einen Pakt geschlossen, und dieser besitze keine Macht über ihn. Das Verhältnis zwischen dem Grafen und seinem Diener blieb dasselbe. Auch tat dieser alles Mögliche, um die Gunst seines Herrn zu bewahren.

Es traf sich, daß beide eines Tages nach Köln ritten und dort in einer Herberge einkehrten. Sibodo hatte sich schon längst zur Ruhe begeben, als sein Begleiter in die Kammer kam und ihn mit den Worten weckte: „Steht auf, Herr, oder Ihr seid verloren!" In großer Angst sprang der Graf von seinem Lager, hatte kaum Zeit seinen Mantel umzuwerfen und ins Freie zu laufen, als das ganze Haus schon einstürzte und alle unter seinen Trümmern begrub, die es bewohnten.

Jahre waren unterdessen vergangen, und Sibodo war in allen weltlichen Dingen glücklich gewesen. Eines Tages erkrankte seine Gattin schwer, und die herbeigerufenen Ärzte machten besorgte Gesichter und sagten dem Grafen, er möge alle Hoffnung aufgeben, sie wieder gesund zu sehen. Schließlich kam noch ein Arzt und sagte: „Ich kenne eine Arznei, welche die Kranke sicher retten kann, aber es wird unmöglich sein, sie zu erhalten. Es ist Milch von Löwinnen, vermischt mit Drachenblut."

Als Sibodo das vernahm, wurde er sehr betrübt; denn nun hielt er seine edle Ehefrau für verloren. Sein Diener tröstete ihn mit den Worten: „Wenn das die Gräfin retten kann, verlaßt Euch auf mich, und sie soll wieder gesund werden." Damit war er verschwunden. Es dauerte kaum zwei Stunden, da trat er wieder ins Zimmer mit der gewünschten Arznei. Kaum hatte die Gräfin sie genommen, war sie wieder völlig gesund und konnte sich von ihrem Krankenlager erheben.

Wo der Diener gewesen war, erfuhr nur sein Herr. Um die Löwenmilch zu erhalten, war der Knappe in die heiße Zone nach Abessinien geflogen, hatte dort eine Löwin niedergeworfen und sie gemolken. Dann hatte er einen Drachen in seiner Höhle aufgespürt, ihn mit dem Schwert getötet und sein Herzblut aufgefangen.

Der edlen Gräfin aber war doch das Ganze etwas verdächtig vorgekommen, und sie drängte ihren Gemahl so lange, bis er ihr anvertraute, was es mit dem angeblichen Diener für eine Bewandtnis habe. Da erschrak die gottesfürchtige Frau und bat ihren Mann, den gefährlichen Diener zu entlassen. Das aber wollte Sibodo nicht und hielt ihr vor, wie pflichtgetreu und dienstbereit sich der Diener immer wieder gegen ihn benommen und daß er ihr das Leben gerettet habe. Der Graf versuchte seine Frau mit dem Versprechen zu beruhigen, er wolle dem Herrn als Sühne eine Kirche und ein Kloster bauen.

Der größte Teil der Eifel war damals mit einer dichten Waldung bedeckt, die eine Fortsetzung des Ardenner Waldes bildete. In dieser Waldung lag eine öde Anhöhe, welche man das Steinfeld nannte, weil der Boden felsig war und nur wenig Gras und Gestrüpp aufwies. Diesen Ort wählte die Gräfin zur Ausführung des Planes, zu dem sie ihren Gemahl veranlaßt hatte und wodurch sie seine Seele zu retten hoffte.

Der Eifeler Wald hatte damals einen guten Wildbestand, und Sibodo pflegte dort oft zu jagen; denn er war ein großer Freund des Waidwerks. Als er sich nun eines Tages im Bereich der Urft auf der Pirsch befand, lenkte er sein Pferd zum Steinfeld hin, begleitet von seinem Diener. Als sie dort ankamen, erklärte er ihm: „Dieser Wald ist von unserer Burg sehr weit entfernt. Hier haben wir Mühe, ein Unterkommen zu finden. Daher habe ich beschlossen, auf jenem Hügel, den wir dort von uns sehen, ein Jagdschloß zu erbauen, in dem wir fröhliche Gelage halten wollen. Wenn wir hier in der Eifel auf der Jagd gewesen sind, können wir abends nach Herzenslust trinken und Karten spielen bis in die Nacht hinein. Ich denke, du wirst an dem Bau treu mitarbeiten."

Als der Teufel hörte, zu welchem Zweck das Gebäude dienen sollte, freute er sich und war sofort bereit, dabei mitzuhelfen.

Kalk und Steine waren bald herbeigeschafft und ein felsenfestes Fundament gelegt. Obwohl der Teufel der einzige Bauarbeiter war, erhoben sich bald die Mauern in die Höhe. In kurzer Zeit stand auf dem Steinfeld ein stattliches Gebäude mit geräumigen Gemächern und Gängen.

Als nur noch wenig zur Vollendung fehlte, erschien es dem Grafen an der Zeit, die eigentliche Bestimmung des Bauwerks als Gotteshaus zu kennzeichnen. Er stieg auf die höchste Spitze und pflanzte dort ein Kreuz auf, das er zu diesem Zweck vorbereitet und verborgen gehalten hatte. Kaum war das geschehen, kam der Teufel keuchend mit einem schweren Stein heran, den er als Schlußstein einbauen wollte. Als er das Kreuz, das Zeichen der Erlösung, erblickte, stieß er einen lauten Fluch aus und schleuderte in großer Wut den Felsblock mit aller Wucht auf das Gebäude, um es zu zertrümmern. Doch der Stein nahm, von einer unsichtbaren Hand getragen, eine andere Richtung ein, rollte über den Boden weg und blieb bei Dieffenbach liegen.

Das Kloster zu Steinfeld wurde bald vollendet. Sibodo schenkte dem Kölner Erzstift einen großen Teil seiner Güter, um die Nonnen des Benediktinerordens, welche es bezogen, reich mit Ländereien auszustatten.

Die großartigen Gebäude des Klosters liegen auf einem Hügel im Schleidener Land und überraschen noch in unseren Tagen durch ihren Umfang und ihre schöne Anlage.

(n. A. Reumont)

Bruder Albans letztes Orgelspiel

Ostern war gekommen. Vom Turm der Klosterkirche zu Steinfeld riefen die Glocken zum Auferstehungsamt und verkündeten allen, die es hören wollten: „Christus, der Herr, ist auferstanden!“

Viele Gläubige folgten dem Ruf und nahmen von nah und fern den Weg zum altehrwürdigen Eifelkloster. Der Abt las mit frohem Herzen die Auferstehungsmesse, Mönche, Brüder und Leviten saßen im alten Chorgestühl. Unzählige Kerzen strahlten im Gotteshaus und wahre Weihrauchwolken zogen durch den Kirchenraum, während die Orgel mit Gebraus ertönte.

Bruder Alban hörte in seiner Zelle das Allelujasingen, und der Jubelklang der Orgel drang auch zu ihm, der sonst die Orgel zum Preise Gottes hatte erklingen lassen, nun aber im Sterben lag. Vierzig Jahre hatte er bei vielen tausend Messen, bei Vesper und Komplet, auf der Orgelbank gesessen. Nun aber hielt ein böses Fieber ihn ans Bett gefesselt.

Als in der Basilika das „Ite missa est!“ verklungen war, raffte er sich mühsam von seinem Lager auf und fand trotz vieler Beschwerden den Weg zur Orgelbank.

Zuerst erklang die Orgel nur leise, dann aber in vollen Akkorden. Erschrocken vernahm es der Abt und sprach: „Das ist Bruder Albans Weise.“

Dieser griff nun voll in die Tasten, helle Orgelpfeifen schmetterten durch die Kirchenhalle, voll klangen die Bässe. Wahrer Osterjubel drang bis zu den höchsten Kapitellen. Alle Register waren gezogen. Selbst der heilige Hermann Josef in seinem Marmorgrab schien zu lauschen.
Ein letztes Halleluja – dann Stille –.

Der Abt sprang auf und stürmte die Orgeltreppe hinauf. Da lag Bruder Alban. Auf seiner Stirn stand kalter Schweiß und zeugte von letzter Kraft. Verstreut lagen Blätter und Noten.

Bruder Alban hatte die Reise in das Reich des ewigen Alleluja angetreten.

Betrauert von Abt, Mönchen und vielen Gläubigen, die sein Orgelspiel bei vielen Gottesdiensten erlebt hatten, wurde Bruder Alban zu Grabe getragen. Als der Sarg ins Grab gesenkt wurde, horch! – spielte da die Orgel nicht leise Sterbelieder? War sie von selbst erklungen und sang ihrem Meister voll Weh das „Requiescat – oder hatten gar Himmelsgeister sie zum Klingen gebracht?

(n. V. Baur)

Die Klosterbrüder Cölestinus und Flavus

Im Eifelkloster Martental lebte einmal ein Bruder, der bei allen beliebt war. Sein Name war Cölestin; er hatte eine hohe, heitere Stirn und zwei Augen, die kindlich in die Welt blickten. Cölestin war ein Dichter. Wenn ein Fest die Klosterfamilie versammelte, gab er aus seinem lautren Herzen erquickende Weisen zum besten. Er sammelte auf Wunsch des Propstes hin die Lieder in einem Büchlein. War auch mancher Vers nicht eben und klang mancher Reim nicht recht, so pries man den frommen Bruder und seine Lieder, soweit das Büchlein drang.

Im Kloster wohnte noch ein Dichter, der Bruder Flavus. Der dichtete glatt und eben und wog jede Silbe, bügelte jeden Reim. Aber es fehlten dem Bruder Flavus die kindliche Einfalt und die Inbrunst des Herzens, die Cölestinus auszeichnete. Die Lieder des Flavus waren kalt, wie ohne Seele, und um den Mangel zu verbergen, umhing er sie mit glitzerndem, bestrickendem Wortprunk. Sie fanden zwar Bewunderer, aber sie drangen niemals in Sinn und Herz wie die Lieder des schlichten Bruders Cölestin.

Allmählich nagte an Bruder Flavus der gelbe Neid. Bisweilen suchte er sich über den Kindersinn seines Mitbruders lustig zu machen. Mit Vorliebe dichtete er Lieder des Cölestinus um, so daß sie nunmehr Lachen erweckten.

Am Waldhang gegenüber lag eine Höhle, in der früher einmal Straßenräuber hausten. Hier hatte Cölestin ein Steinbild der Muttergottes angebracht. Das war sein Lieblingsplatz; von hier aus übersah er Kloster und Kirche, das Tal mit einem weißschäumenden Wasserfall, und weit über die Mosel hinweg konnte das Auge bis zu den Hunsrückhöhen wandern. An jedem Frühlings- und Sommertag war Cölestin hier zu finden.

Eines Tages nach der Vesper des ersten Ostertages stand er hier, um die Schmerzensmutter zur Auferstehung ihres Sohnes zu beglückwünschen. Er öffnete sein Brevier und begann zu singen. Und siehe da: Ein Engel im glänzenden weißen Gewand trat mit einem goldenen Himmelsbrevier ihm zur Seite. Cölestin erschrak beim Anblick des Himmelsboten über die Maßen; aber mit höchster Lieblichkeit winkte ihm der Engel, weiterzusingen. Nach dem Lied „Regina coeli" (= Königin des Himmels) vereinigten sie ihre Stimmen und sangen gemeinsam „Alleluja, alleluja, alleluja."

Die Vögel hörte man da nicht mehr, der Wasserfall vergaß zu rauschen, alles lieh mit stillem Atem sein Ohr dem Himmelsostergesang Alleluja!

Einer hatte am besten gelauscht: Das war Bruder Flavus, der zufällig am Waldhang spazieren ging. Aber sein neidisches Herz hatte für die Himmelsweisen keinen Sinn. Triumphierend sprang er beim Schluß des Gesanges an den Eingang der Höhle. Was er jedoch zu sehen hoffte, sah er nicht. Er sah nur Cölestinus allein. Doch glaubte er, genug zu wissen, lief zum Kloster und erzählte dem Abt mit entrüsteter Miene: „Vater, nun ist klar, was Cölestinus im Walde treibt. Er trillert und singt dort mit einer verführerischen Waldhexe. Ich sprang in die Höhle, um die Teuflin zu ertappen, aber sie war im Gebüsch verschwunden. Ich sah nur mehr das verräterische Rot im Gesicht Cölestins."

Am Abend versammelte der Abt die ganze Klostergemeinde. „Brüder", begann er, „ein Unwürdiger weilt in unserer Mitte, ein Unwürdiger, der sich mit einer Hexe singend im Wald umhertreibt. Dieser Unwürdige ist – Bruder Flavus hat es beschworen – Bruder Cölestinus."

Als der treue Bruder seinen ehrlichen Namen hörte, stockte sein Atem, und er fiel in Ohnmacht. Niemand aus der Reihe seiner Mitbrüder rührte ihn an, denn der Zeuge hatte es beschworen, und der Vater Abt hatte es gesagt. Als der arme Bruder wieder an Kraft gewonnen hatte, fuhr der Abt fort: „Cölestinus, betrachte deine Ohnmacht als eine Art Tod, mit dem dein Leben im Kloster endet. Behalte deine Kutte und dein Brevier, aber verlaß das Kloster noch in dieser Stunde." Und Cölestinus ging schweigend hinaus.

Als der Verstoßene vor der Klosterpforte stand, überfiel ihn unsägliches Leid. Es wurde Nacht, und er wußte nicht, wohin er sich wenden sollte. Endlich kam ihm der Gedanke, zum Muttergottesbild zu gehen. Während der Nacht schlief er in der Höhle. Als er am Ostermontagmorgen aufwachte und zum letzten Male, wie er meinte, alles überschaute, was ihm zu Füßen lag: die Kirche, das Kloster, das Tal und vornehmlich das Muttergottesbild in der Höhle, da wurde ihm weh ums Herz. Dann war es ihm, als riefe ihm alles die Worte des Tagesevangeliums zu: „Bleibe bei uns." Er besah sich die Höhle genau und beschloß, als Einsiedler dort zu bleiben.

Die braven Leute der Gegend vergaßen Bruder Cölestin nicht und brachten ihm Geld und Nahrungsmittel im Überfluß, so daß er sogar manchem Armen helfen konnte. „Messen kannst du nicht lesen", sagten solche, die Geld brachten, „dafür sing vor dem Muttergottesbild Lieder zu Ehren der Jungfrau Maria." Diese, so dachten sie, sind dem lieben Gott lieber als die Gebete und Gesänge des so leichtgläubigen, ungerechten Abtes. Und, o Wunder: So oft Cölestin seine Lieder anstimmte, kamen Engel und sangen abwechselnd mit ihm.

Im Kloster sah man sich bald durch die Ehre, die Cölestin in der ganzen Umgebung genoß, sehr geschädigt. Die Wallfahrer mit Geld und Gaben mieden das Kloster und gingen zum Muttergottesbild des frommen Bruders. Dieser lud niemand ein, sie kamen alle aus eigenem Antrieb.

Im Kloster aber meinte man, das sei die Rache des verstoßenen Bösewichts und überlegte, wie man seiner habhaft werden könnte. Unter Führung des scheinheiligen Flavus zog eines Abends eine starke Brüderschar zur Gefangennahme Cölestins aus. Er sang gerade den „Lobgesang Mariens", da stürzten sie triumphierend auf ihn los. Aber da waren plötzlich Engel zwischen Cölestin und den irregeleiteten Brüdern. Ein Schlag traf Bruder Flavus, so daß er zu Boden stürzte. Zu aller Entsetzen tat sich die Erde auf, und eine schwarze Hand mit Krallen zog den argen Sünder in die grausige Tiefe.

Als die Brüder diese Strafe für ihren Anführer und Verführer sahen, da nahmen sie reuevoll und froh zugleich Cölestin auf ihre Schultern und trugen ihn im Triumph ins Kloster zurück.

Der Abt, dem man alles erzählte, was geschehen war, versammelte die ganze Klosterfamilie in der Kirche, um ihren braven Bruder wieder feierlichst als Mitbruder aufzunehmen. Die Feier wurde dem Abt sehr schwer, denn er mußte sich selbst anklagen. Bei seiner Ansprache kam er daher in ein peinliches Stottern. Er blieb immer wieder stecken, wußte aber das Amen nicht zu finden. Mit einem Mal drängten sich Engel in die Kirche, läuteten die Glocken, hüpften über die Orgeltasten, und ein „Großer Gott, wir loben dich" brach los, rauschend, wogend und jubelnd wie noch nie eins im Kloster Martental gesungen worden war. Zwei Engel führten den Abt begütigend aus aller Verlegenheit hinaus in die Stille der Sakristei.

Seit jenem Tag lebte Cölestin wieder im Kloster, vom Abt und den Brüdern geschätzt und geliebt. Die Engel ließen ihn nicht mehr lange auf Erden. In seiner heiligen Ewigkeit braucht der liebe Gott viele Sänger. Daher führten die treuen Engel unsern Bruder Cölestin an einem schönen Maimorgen für immer ins himmlische Paradies.

(n. B.M. Steinmetz)

Gründung des Klosters Schwarzenbroich

Graf Werner von Merode war ein großer Liebhaber der Jagd. Damals hausten in den Wäldern noch Bären und Wölfe.

Eines Tages pirschte er auf der Jagd einen Hirsch auf, ein schönes Tier, dem er durch das Dickicht über Berg und Tal nachjagte, ohne ihn erlegen zu können. Die Sonne stand hoch am Himmel, als er die Verfolgung des Wildes aufgab. Er befand sich in einer Gegend, in einer Wildnis, die sein Fuß noch nie betreten hatte. Ermüdet legte er sich ins weiche Gras unter einem schattigen Baum nieder und versank in einen tiefen Schlaf.

Im Traum hatte er eine Erscheinung. Er sah vor sich den hl. Matthias stehen, und hinter ihm sah er Männer in weißen Mänteln mit einem roten Kreuz auf dem Rücken. Der hl. Matthias sprach: „Graf Werner, an dieser Stelle sollst du mir ein Kloster bauen und die Männer, die hinter mir stehen, darin aufnehmen!“

Darauf verschwand die Erscheinung, und der Graf erwachte. Er erhob sich, und in tiefem Nachsinnen über das Traumgesicht, begab er sich auf den Rückweg zu seinem Schloß, fand sich zunächst in der Wildnis kaum zurecht und kam erst nach langen Irrwegen auf den Heimweg.

Gräfin Elisabeth, die Gattin des Grafen Werner, war über das Ausbleiben ihres Mannes tief bekümmert. Die Sonne neigte sich bereits dem Untergang zu, und noch immer sah sie mit Besorgnis von ihrem Zimmer nach dem Walde hin. Aber ihr Gatte kam nicht. Mit Einbruch der Dunkelheit wurde es ihr im Schloß zu eng, und sie machte sich voll Unruhe auf den Weg zum Wald. Plötzlich stieß sie auf den Grafen, der mit ernster Miene auf sie zukam. Er erzählte ihr von der Erschei-

Klosterruine Schwarzenbroich

nung, die er während des Schlafes im Walde gehabt hatte. Darauf erwiderte die Gräfin: „Auch mir ist während des Mittagsschlafes der hl. Matthias erschienen und hat mir das gleiche aufgetragen.“

Die beiden gingen auf ihr Schloß zu und überlegten, was sie tun sollten. Sie beschlossen, den Burgkaplan um Rat zu fragen. Dieser lachte und glaubte, es sei nur ein Traum. Er trug ihnen auf, zu beten, damit der hl. Matthias ihnen noch einmal erscheine. In der Nacht erschien der Apostel dem Grafen wieder und sprach: „Graf Werner, säume nicht länger. Du kennst den Willen Gottes. Führe aus, was ich dir aufgetragen habe!“ In großer Hast kam am anderen Morgen der Burgkaplan zum gräflichen Paar gelaufen und rief schon von weitem: „Der hl. Matthias ist mir auch in dieser Nacht erschienen und sprach erzürnt: ‚Du Zweifler! Wie kannst du so verächtlich von einem guten Werk sprechen, das gute Menschen ausführen wollen. Der Herr wird dich strafen, wenn du auf diesem Sinn beharrst.'“ Er ermunterte den Grafen, das Werk umgehend in Angriff zu nehmen.

Die Bäume wurden an der Stelle gefällt, wo der hl. Matthias dem Grafen erschienen war, das Strauchwerk wurde beseitigt, und dann begann man mit dem Bau des Klosters. Als der Bau vollendet war, zogen Kreuzbrüder in das Kloster ein; wie der hl. Matthias befohlen hatte. Das Tal, in dem der Bau stand, nannte man von nun an Matthiastal und das Kloster Kreuzherrenkloster.

(n. H. Hoffmann)

Das Kloster im Steinseifen

Wer von Kelberg nach Beinhausen unterwegs ist, die Höhe oberhalb von Kelberg hinter sich läßt und sich jetzt allmählich dem anmutigen Tal der Lieser nähert, sieht, wenn er ein guter Beobachter ist, rechts der Fahrstraße einen Hohlweg, der von einem hohen Buchenwald überwölbt ist. Hier und da ragen verwitterte Mauerreste, Scherben und Schieferplatten aus dem Erdreich unter Laub und Streu hervor.

Vor langer Zeit stand hier ein Kloster, fromme Frauen lebten in dieser Abgeschiedenheit und dienten ihrem göttlichen Herrn durch gute Taten, andachtsvolles Gebet und Gesang.

Die Menschen in den benachbarten Dörfern fanden in der Not Rat, Beistand und barmherzige Hilfe. Zog in die Häuser der Bauern die Geißel der Krankheiten ein, waren die Schwestern zur Stelle und linderten die Not des Leibes und der Seele.

Gegen Ende des neunten Jahrhunderts schickte Gott eine harte Prüfung über das Kloster. Zu dieser Zeit zogen die Normannen raubend und plündernd nach Süden und verschonten auch das Gebiet der Eifel nicht.

Es war Nacht, von Sturmböen gepeitschte Regenwolken ließen alles noch dunkler und gespenstischer erscheinen. Auch in den Klosterzellen waren nach und nach die Lichter erloschen, nur in der Kammer der Mutter Oberin flackerte ein spärliches Licht. Plötzlich schlugen die Wachhunde so wild und scharf an, daß die Betende aufschrak, vom Tisch zum Fenster eilte und in den Hof vor der Klosterpforte spähte, um zu sehen, wer in der Nacht noch so spät Hilfe suchte.

Doch was ihre Augen erblickten, ließ ihr Blut erstarren. Immer mehr verwegene Gestalten drangen im Schein unruhiger Fackelflammen in den Hof ein, erstachen und erschlugen die Hunde, brachen das schwere Holztor auf und schlichen auf das Klostergebäude zu.

Im Tal der Lieser loderten weithin brennende Häuser und Hütten gegen den dunklen Himmel.

„Gott, gnädiger Herr, hilf uns!" brach es wie ein Schrei aus der frommen Frau heraus. Von Todesangst getrieben, hastete sie von Zelle zu Zelle und weckte die schlafenden Schwestern. Währenddessen ließen dröhnende Schläge gegen die Klosterpforte das Haus und die Herzen der Frauen erzittern. Aber in wenigen Augenblicken waren alle Nonnen beisammen und im Kellerverlies versammelt. Rasch öffnete die Oberin eine Geheimtür, die zu einem unterirdischen Gang führte. Die Klosterfrauen waren gerettet.

Inzwischen hatte die schwere Tür den wütenden Schlägen der Eindringlinge nachgegeben. Johlend drang die Horde in die Klosterräume ein. Nichts blieb verschont. Was nicht mitgenommen wurde, fiel der blindwütigen Zerstörungswut anheim. Geweihte, goldene Kelche und Schalen, Leinen und Geschirr, die Vorräte an Wein und Schinken, alles schleppten die Plünderer fort. Dann suchten sie die Nonnen, sie suchten in den Zellen, im Betsaal und im Keller. Nirgendwo entdeckten sie eine Menschenseele. In ihrer mörderischer Wut warfen sie Brandfackeln in die Räume des Klosters.

Doch kaum hatten sie das Frevelwerk begonnen, als die Mauern und Balken der Gebäude bebten und auseinanderbrachen. Wie von einer Riesenfaust angehoben, stürzte das riesige Haus bis zu den Grundmauern zusammen und begrub die verbrecherischen Eindringlinge unter sich.

Weit entfernt vom Kloster waren die Nonnen durch einen unterirdischen Gang ins Freie gelangt. Von tiefem Glück erfüllt, knieten sie nieder und dankten Gott für ihre wunderbare Errettung.

(n. R. Luxen)

Die Wohltätigkeit des Klosters Wenau

Das Kloster Wenau galt in der ganzen Gegend als sehr reich. Nur adlige und meist reiche Jungfrauen, die ihr Hab und Gut vielfach dem Kloster vermachten, zogen sich dort von der Welt zurück, um Gott zu dienen. Aber von seinem Überfluß teilte das Kloster gern und freudig an die Armen der ganzen Umgebung aus.

Jeden Mittag erschienen die Armen mit ihren „Brühtöpfen", um die Suppe und ein großes Brot in Empfang zu nehmen. Die Brühtöpfe nannte man auch Henkelmänner, weil an den Töpfen ein Henkel war, an dem die Töpfe getragen wurden. Die Suppe und das Brot verabreichte man von einem Schiebefensterchen aus. Die Schwestern achteten nicht darauf, wer vor dem Fensterchen erschien, jedem gaben sie, ob reich oder arm. Manche mißbrauchten die Güte der Schwestern. Es erschienen nämlich auch solche, die es gar nicht nötig hatten. Man erzählte sich, daß sogar einige Leute ein Geschäft daraus machten, indem sie die erhaltene Suppe an andere verkauften. Große Freude herrschte bei den Klosterschwestern, und es schmeckte ihnen ihr eigenes Essen noch mal so gut, wenn die Zahl der Beschenkten, die an manchen Tagen zweihundert betrug, recht groß war.

Auch in sonstiger Weise stand das Kloster den Notleidenden und Hilfsbedürftigen bei. Es galt bei den heiratsfähigen jungen Leuten, wenn beispielsweise ein junger Mann aus Langerwehe ein Mädchen aus Heistern, Hamisch oder Schevenhütte heiraten wollte, das geflügelte Wort: „Du hast ja Wenau, und ich habe Schwarzenbroich, so können wir heiraten."

Die beiden Klöster hatten sich später die Unterstützung der Armen so geteilt, daß die Hilfsbedürftigen von Langerwehe und Umgebung nach Schwarzenbroich gingen, während die Bewohner von Heistern, Hamich und Schevenhütte, wo damals viel Armut herrschte, auf Wenau angewiesen waren.

Viele Hilfsbedürftige aus den letztgenannten Ortschaften, so wird erzählt, sind lange Jahre hindurch auf dem sog. Brotpfädchen, das von Krichelsmühle ausging, durch den Wald zum Kloster Schwarzenbroich gewandert, um sich dort ihr Brot zu holen. Der gute Ruf von der großen Wohltätigkeit des Klosters Wenau veranlaßte sie, künftig nach Wenau zu gehen.

(n. H. Hoffmann)

Das Kloster von Hochkelberg

Wo sich der steile Kraterwall des ehemaligen Mosbrucher Maares allmählich in sanften Erdwällen dem ehemaligen Kraterschlund nähert, stand vor vielen Jahren ein Frauenkloster. Fromme Nonnen waren einst die Eifelhöhe hinangestiegen und hatten mit Hilfe der hier seßhaften Bevölkerung auf den Trümmern einer römischen Villa ihrem Herrgott und sich eine Wohnung gebaut.

Viele Jahre waren seitdem vergangen. Schon rauschten im stillen Klosterhof mächtige Linden zum lebhaften Plätschern des aus dem Brunnen fließenden kristallklaren Wassers. Vom nahen Kirchlein, dessen Turm sich im Maar spiegelte, stiegen Gebete und Gesänge der Klosterfrauen zum Allerhöchsten auf. Und wenn der Schall des Aveglöckchens durch den Frieden des Abends zitterte und die Menschenherzen im nahen Mosbruch zum Himmel lenkte, dann betete manches Herz auch für das Wohlergehen der hilfreichen Klosterfrauen.

Lange Jahre eines segensreichen Friedens und Gottes und der Menschen Huld verliehen den Nonnen einen Reichtum, der es ihnen gestattete, mit vollen Händen den Armen zu helfen. Kein Wanderer verließ die gastliche Schwelle des Klosters ohne Leibes- und Seelenstärkung. Überall waren sie Engel der Barmherzigkeit, wo es galt, Schmerzen zu lindern oder Verzagte aufzurichten. Kein Weg war den Nonnen zu weit, keine Aufgabe zu schwer, kein Menschenkind zu gering.

Aber dem Bösen war Gewalt gegeben, den Frieden der Hocheifel zu stören. Eines Tages brachten umherziehende Händler die Schreckensnachricht, daß im Land Bruderkrieg tobte. Der große Religionskrieg war ausgebrochen, den man später auch den „Dreißigjährigen" nannte.

Vierzehn Jahre lang währte schon das Morden, da sollte auch der Eifel die Schicksalsstunde schlagen. Die Schweden kamen und mit ihnen Not und Tod. Durch fahrendes Volk, das über Ulmen zur Mosel fuhr, kam die Schreckenskunde ins stille Kloster.

Die Klosterfrauen richteten sich zur Flucht, um den Gewalttätigkeiten verrohter Soldaten zu entgehen. Bald war der Tag gekommen, an dem die Schwestern Psalmen singend, die Stätte ihres stillen Glücks und ihrer edlen Tätigkeit für immer verließen.

Eines Abends durchhallte das Lärmen und Grölen der ins Kloster eingedrungenen Schweden den bisherigen Frieden. Die verängstigten Bauern des nahen Kolverath verließen ihr Dorf, um in einer bewaldeten Erdsenke Zuflucht zu suchen. Sie heißt bis auf den heutigen Tag „Flühkaul" (= Fliehkaul).

Betend hatten die Nonnen ihren Weg gesucht. Da erinnerte sich plötzlich eine an das Allerheiligste, das man im Drange der Flucht im Tabernakel auf dem Altar zurückgelassen hatte: „Jesus, das Allerheiligste in den frevelnden Händen der Glaubensfeinde." Sofort erklärten sich zwei mutige Schwestern bereit, zu versuchen, es zu retten. Sie traten den gefahrvollen Rückweg an. In der Nähe des Klosters bogen sie von der Straße ab und suchten auf einsamen Waldwegen an das Kloster heranzukommen. Schon hörten sie das Grölen der betrunkenen Soldaten, und lähmende Angst hemmte ihren Fuß. Doch die Angst um das Allerheiligste war stärker als die Furcht vor der Soldateska. So schritten sie weiter. Inzwischen hatte der Himmel den dunklen Mantel der Nacht ausgebreitet. Nun konnten die ihrer Heimat beraubten Nonnen nach den Schrecken des Tages die Ruhe des

Schlafes einigermaßen finden. Die Horden des Krieges aber machten die Nacht zum Tage, indem sie Feuerbrände in die Klosterkirche warfen, wo unversehrt auf dem Altar das Allerheiligste gerettet werden sollte. Am Rande des Waldes angekommen, erblickten die beiden Klosterschwestern ihr brennendes Kirchlein. Wehmut erfüllte ihr frommes Herz, das den Himmel um Vergebung für die Frevel bat, die dort im Heiligtum ihres Herrn geschahen. Plötzlich erfüllte lautes Krachen die Nacht. Haushoch schlugen die Flammen. Ein Funkenregen ergoß sich über das gesamte Kloster und seine Umgebung. Den Lärm der Soldaten übertönend, brach der brennende Dachstuhl zusammen, unter sich den Klosterkelch mit dem Allerheiligsten begrabend. Die beiden Nonnen mußten erkennen, daß sie zu spät gekommen waren, und enteilten dem Ort des Schreckens, um die weiterfliehenden Mitschwestern zu erreichen.

Am anderen Tag verließen die Schweden die rauchenden Trümmer des Klosters am Hochkelberg.

Nach vielen Jahren kam ein Hirte mit seiner Schafherde an die Überreste des Klosters. Es hatte von den Leuten erfahren, was einstmals geschehen war, und ihn gelüstete nach dem Besitz des Kelches. Als er aber zu graben anfing, zitterte die Erde unter donnerähnlichem Grollen. Entsetzt floh der Hirte und kehrte nie wieder an die Stelle zurück, wo einmal das Kloster gestanden hatte.

(n. Radermacher)

Ein Vorbild der Nächstenliebe

Im Kloster zu Burtscheid lebte einmal ein Mönch, der war ein außergewöhnlich großer und kraftvoller Mensch, doch gänzlich unwissend und von einer geradezu kindlichen Vertrauensseligkeit, kurz: ein reiner Tor. Wer auch immer in diesem Kloster den Versuch gemacht hatte, ihn in die Anfangsgründe der Gelehrsamkeit einzuführen, war bald davon abgekommen und vergaß nie, wie hilflos verwirrt und tiefunglücklich der gutherzige Riese dreinschaute, wenn er alles wieder einmal vergessen hatte, was ihm stundenlang zuvor mit äußerster Geduld eingedrillt worden war. Weil er aber bei seinem ungewöhnlich hohen Wuchs ein so kindlich guter Mensch war, hatten ihn selbst jene Mönche gern, die ihn im geheimen wegen seiner Unwissenheit und Einfalt etwas verachteten, und er war folglich bei jedermann beliebt.

Damals sprudelten dicht beim Kloster noch die vielgerühmten warmen Quellen von Burtscheid aus dem Boden und wurden alltäglich von vielen Kranken zu ihrer Heilung aufgesucht. Die sah man dann in aller Öffentlichkeit in flachen Erdwannen sitzen und sich mit den heilsamen Wassern bespülen.

Eines Tages bemerkte ein vorübergehender Mönch, der ein sittenstrenger und etwas kaltherziger Mensch war, daß jener riesenhafte Bruder halbnackt zwischen den Badenden hockte, diesen eifrig die grindigen Köpfe oder die gichtigen Glieder wusch, freundlich auf die Ächzenden einsprach und ihnen zuletzt gar noch in die Kleider half. Das empörte den beobachtenden Pater sehr, weshalb er sich sogleich zu seinem Abt begab und diesen auf das „skandalöse" Verhalten des Einfältigen hinwies. Da ließ der Abt den Riesen zu sich rufen und tadelte ihn hart wegen seiner unziemlichen Aufführung. Der Gescholtene aber, vor dem gestrengen Abt auf den Knien liegend, sah mit ganz unglücklich verstörten Augen zu diesem auf und fragte dann klagend: „Ja, wenn ich mein Tun lassen muß, wer wird dann die Armen, die sich so schlecht rühren können, im Bade pflegen?"

Als der Abt diese fast vorwurfsvoll klingenden Worte vernahm und zugleich das unglückselige Gesicht des vor ihm knienden Bruders sah, begriff er, daß mit diesem Mitbruder die Liebe des Herrn war, und er hatte nicht mehr den Mut, ihm den Samariterdienst zu verbieten. Gerührt hob er ihn auf und sagte hierbei: „Tu, was dich drängt!"

Eine Stunde später kam wieder ein Mönch zu ihm und rief, der einfältige Bruder hocke aufs neue halbnackt zwischen den nackten Bauern und wasche sie. Da entgegnete der Abt gelassen: „Laß ihn seinem Herzen folgen; denn so erfüllt er Christi Gebot: Liebe deinen Nächsten wie dich selbst!"

Einer der Mitbrüder meinte, man hätte den Bruder nimmer in den Orden aufnehmen dürfen; denn in all seiner Beschränktheit vermöchte er nicht einmal die üblichen lateinischen Gebete auswendig zu behalten.

Aber sehr bald sollten alle durch ein unbegreiflich wundersames Geschehnis erfahren, daß der Himmel ganz anders über den einfältigen Bruder dachte.

Mit der wohlgemeinten Erlaubnis des Abtes begab sich der samaritergleiche Bruder auf eine Wallfahrt nach dem „heiligen Köln", wo er in der Nähe des Domes eine Unterkunft fand. Als eines Nachts zur Matutin (nächtliches Stundengebet) geläutet wurde, erwachte der fest schlummernde Bruder erst im letzten Augenblick. Ganz schlaftrunken lief er aus der Stube, um möglichst noch zeitig in die Kirche zu kommen. In seiner Verwirrung fand er in der düsteren Stube nicht den rechten Ausgang und schritt zu einem offenstehenden großen Fenster im zweiten Stockwerk des Hauses. Der Bruder stürzte nicht jäh in die Tiefe, sondern lief, ohne daß es ihm bewußt wurde, durch die nachtdunkle Luft wie auf festem Boden zur Straße hinab und diese entlang zur Kirche. Nach der Matutin kam er zu seinen Gastgebern zurück und klopfte an die verschlossene Tür. Niemand ahnte, wie er zur Peterskirche gelangt war. Doch bald kam ein Priester und erzählte, er habe ganz deutlich gesehen, wie der Bruder aus einem Fenster des zweiten Stockes hervorgekommen und durch die Luft zur Straße heruntergekommen sei. In wenigen Stunden verbreitete sich die Kunde davon in ganz Köln. Im Volk erzählte man sich schon, ein ganzer Schwarm von Engeln habe den riesigen Mönch durch die Luft getragen und so vor einem tödlichen Absturz bewahrt.

Der Burtscheider Mönch flüchtete sich durch den Garten ins Freie und machte sich auf den Heimweg. Er wollte von niemand befragt werden. Als er jedoch im Kloster ankam, wußte man dort bereits, was geschehen war. Doch dies alles nutzte ihm nichts. Er habe seinen Abt mit Tränen in den Augen angefleht, dafür zu sorgen, daß niemand ihn über das ihm selbst noch unfaßbare Wunder befrage. „Wer bin ich, daß der Himmel so an mir gehandelt haben soll?!“ sagte er ganz verstört. Und der Abt begriff, daß der liebenswerte Bruder nach nichts anderem verlangte, als seinen Seelenfrieden wiederzugewinnen und kranke Menschen draußen im Bade unbelastet und munter weiter pflegen zu können, wie schon zuvor.

(n. W. Diethmar)

Kloster Kalvarienberg

Jenseits der Ahr liegt in einer Entfernung von etwa zehn Minuten von Ahrweiler das Kloster Kalvarienberg. Es wurde auf einem mäßig hohen Bergvorsprung erbaut. Auf ihm befand sich am Ausgang des Mittelalters eine Richtstätte. Der Hügel wurde „Kopp“ genannt.

Im Jahr 1440 kam ein deutscher Ritter von einer Pilgerfahrt aus dem Heiligen Land zurück und machte bei Bekannten in Ahrweiler halt. Dem Pilger fiel die große Ähnlichkeit der Lage des „Kopp“-Berges mit der Gegend um Jerusalem auf. Er maß die Entfernungen und fand, daß der Weg von der Pfarrkirche zu Ahrweiler bis auf die Spitze des Hügels genauso lang war wie der Weg vom Haus des Pilatus bis nach Golgotha. Die Ahr schien ihm in ihren Windungen durch das Tal Ähnlichkeit mit dem Cedron zu haben.

Diese Entdeckung machte er bekannt, und die Bürger bestürmten den Rat der Stadt, sich der Sache anzunehmen und zur Erinnerung an jenen heiligen Ort in Palästina eine ähnliche Stätte der Andacht hier zu gründen.

Die Richtstätte wurde nun auf die andere Seite der Ahr verlegt und auf dem Hügel eine Kapelle erbaut. In der Folge suchten viele Wallfahrer diesen „Kalvarienberg“ im schönen Ahrtal auf. Hundert Jahre später war die Kapelle zu klein, und anstelle des hölzernen Kapellchens begann der Stadtbaumeister, ein frommer Mann, mit dem Bau einer Kirche.

(n. M. Zender)

Entstehung des Klosters St. Thomas

Der Ritter Ludwig von Deudesfeld machte von seinem Schlosse aus häufig Besuche in Malberg. Auf dem Rückweg sah er einst fromme Frauen, die vor einem Kreuz beteten. Als er nun über ihre Frömmigkeit spottete, vernahm er ein donnerartiges Getöse, und urplötzlich stand eine feurige Gestalt vor ihm. Der Ritter erschrak so, daß er ohnmächtig zu Boden fiel. Als er wieder zu sich gekommen war, hörte er eine Stimme rufen: „Laß ab von deinem bösen Tun und diene Gott, sonst ist deinem Leben bald ein Ende gesetzt."
Der Ritter nahm sich das zu Herzen und wurde ein anderer, besserer Mensch. An der Stelle, wo er die folgenschwere Erscheinung gehabt hatte, gründete er das Kloster St. Thomas.

(n. J.H. Schmitz)

Wallfahrtsorte

Der hl. Rock zu Trier und die hl. Helena

Die bedrängten Christen in Trier waren erleichtert und freuten sich sehr, als Kaiserin Helena, die Mutter des großen Konstantin, ihren Wohnsitz in ihrer Heimatstadt nahm. Ihr hat Trier unendlich viel zu danken. Mit unermüdlicher Sorgfalt wachte die Kaiserin über das Wohl der Kirche, spendete den Armen Almosen, baute Kirchen und rief den hl. Agritius als Erzbischof von Belgien und Germanien nach Trier.

Im Jahr 325 schrieb die fromme Frau an Bischof Makarius in Jerusalem wegen einer Kirche, die sie auf dem Kalvarienberg bauen wollte. Obgleich sie damals doch schon achtzig Jahre alt war, machte sie sich auf den ungemein beschwerlichen Weg dorthin und war in der Tat glücklich, das Hl. Kreuz zu finden. Man war allerdings im Zweifel, welches der drei Kreuze, die man auf dem Kalvarienberg fand, das Kreuz Christi sei. Man brachte sie nacheinander mit einem Kranken in Berührung. Als er mit dem zweiten Kreuz in Berührung kam, konnte er plötzlich gehen und pries Gott für das Wunder. Das Heilige Kreuz wurde darauf unter großen Feierlichkeiten zu Jerusalem in einer eigens erbauten Kirche aufgestellt. Daran erinnert heute noch das Fest der Kreuzauffindung, das am 3. Mai gefeiert wird.

Den Leibrock Christi wollte sie nebst drei Nägeln, mit denen Jesus ans Kreuz geschlagen worden war, nach Rom bringen. Unterwegs erhob sich auf dem Meer ein gewaltiger Sturm, und das Schiff drohte unterzugehen. In ihrer Todesangst warf die hl. Helena einen dieser Nägel ins Wasser, und im nächsten Augenblick legte sich der Sturm, die Wellen ebneten sich, und sanft glitt das Schiff dahin. Den anderen Nagel ließ sie ihrem Sohn, dem Kaiser Konstantin, von einem Kunstschmied in den Helm einarbeiten, um ihn gegen seine Feinde zu schützen. Der dritte wird neben anderen Reliquien, darunter auch ein Stück vom Kreuz Christi, noch heute im Trierer Dom gezeigt. Die wertvollste Reliquie ist jedoch der Leibrock Christi, um den, wie die Hl. Schrift sagt, die römischen Kriegsknechte unter dem Kreuz würfelten, weil sie ihn nicht zerteilen wollten. Er wurde anfangs im Chor der Domkirche aufbewahrt, heute in einer Seitenkapelle. Im Lauf der Jahre wurde der hl. Rock öffentlich gezeigt, und Hunderttausende sind nach Trier gepilgert, um ihn zu verehren.

(n. C. Trog)

Die Aachener Heiligtumsfahrt

Eines Tages kam aus Konstantinopel die Nachricht, daß die Heiden das Heilige Land erobert hätten. Der Kaiser des Oströmischen Reiches bat Karl den Großen, das Land des Erlösers für die Christenheit zurückzuerobern.

Karl zögerte nicht lange, zog mit einem Heer nach Osten und rang den Heiden das geraubte Land wieder ab. Bei der Rückkehr besuchte er den Kaiser Konstantin in Konstantinopel und wurde dort sehr freundlich empfangen. Zum Dank für die Hilfe bot der Kaiser von Ostrom dem Kaiser des Heiligen Römischen Reiches viel Geld und edle Steine an.

„Nicht um irdischer Güter willen bin ich ins Heilige Land und gegen die Heiden gezogen", sagte Karl. „Wenn du mir eine Freude machen willst, so gib mir bitte etwas, womit ich die Kirche Unserer Lieben Frau, das Münster zu Aachen, bereichern kann."

Das schenkte ihm Konstantin das Lendentuch des gekreuzigten Herrn, die Windeln des Jesuskindes, das Kleid Mariens aus der Heiligen Nacht und das Enthauptungstuch Johannes des Täufers. Diese Heiligtümer brachte Karl vom Kreuzzug mit nach Aachen und ließ im ganzen Reich verkünden, wann sie im Aachener Münster zu sehen und zu verehren seien.

Viele Pilger kamen in die Stadt, taten Buße und konnten mit reinem Herzen die Heiligtümer schauen. Mit der Zeit kam es dazu, daß die Aachener Heiligtumsfahrt nur noch alle sieben Jahre gehalten wurde. Selbst aus Ungarn kamen Pilger nach Aachen.

(n. P. Weitershagen)

Der Wallfahrtsort Kevelaer

In den letzten Jahrzehnten des Dreißigjährigen Krieges zog ein armer Krämer aus Geldern mit seiner Kiepe über Land und verkaufte seine Ware.

An einem frühen Abend im Advent kam er an einem Wegkreuz vorbei, das nicht weit von Kevelaer einsam auf einer Heide stand. Er kniete nieder und verrichtete ein Gebet. Da hörte er plötzlich eine Stimme, welche rief: „Baue mir hier ein Heiligenhäuschen!" Der Krämer schaute verwundert um sich, sah aber keinen Menschen.

Fast hatte er dieses Erlebnis schon vergessen, als er acht Tage später an derselben Stelle vorbeikam und wieder die gleiche Stimme hörte. Da machte er sich doch Gedanken und nahm sich vor, trotz seiner Armut der Bitte nachzukommen und ein Heiligenhäuschen zu bauen. Er beauftragte nun seine Frau, jeden Tag etwas Geld für den Bau zurückzulegen. Als ein paar Tage später beim alten Wegkreuz von neuem der Ruf an ihn erging, stand es für ihn fest wie das Amen in der Kirche, daß er das gewünschte Heiligenhäuschen bauen werde.

Um dieselbe Zeit kamen zwei hessische Reiter durch Geldern, die ihm zwei Bildchen Unserer Lieben Frau von Luxemburg zeigten. Wer damals ein solches Bildchen besaß, schätzte sich glücklich, denn man erzählte allerorts von den Wundern, die in der Gnadenkapelle der Gottesmutter in Luxemburg geschehen seien. Die Reitersoldaten wollten ihrem Leutnant die Bildchen geben. Da ihnen aber das Geld ausgegangen war, wollten sie ihre Schätze verkaufen und boten sie der Krämersfrau an, jedes Bildchen für zwei Silbergroschen. Frau Mechthild aber war der Preis zu hoch, und die Reiter zogen weiter.

In der folgenden Nacht hatte die Frau eine Erscheinung. Ihre Kammer erstrahlte in einem hellen Licht. Mitten darin sah sie ein Heiligenhäuschen, in dem ein Bildchen stand, genauso wie die, welche die Reiter gezeigt hatten. Morgens erzählte sie ihrem Mann von dem seltsamen Traum. Der glaubte ihr erst dann, als die Nachbarn kamen und fragten, was für ein helles Licht nachts in seinem Haus gestrahlt habe. Der Krämer eilte nun den Reitern nach, doch die hatten die Bildchen ihrem Leutnant gegeben, der in Kempen in Gefangenschaft saß.

Der Krämer ließ sich nicht beirren und baute unverdrossen an der Kapelle weiter. An dem Tag, an dem er den Schlußstein setzte, kam die Nachricht, daß der Leutnant wieder frei sei. Frau Mechthild suchte ihn auf, um ein Bildchen zu kaufen, aber der Leutnant wollte sich nicht von seinen Schätzen trennen. Als die Frau ihm aber von dem Traumgesicht erzählte, schenkte er ihr eins von den Bildchen. Sie übergab es dem Pfarrer von Kevelaer, der es in dem Heiligenhäuschen aufstellte.

Bald kamen Pilger von nah und fern, und es geschahen Wunder vor dem Bild Unserer Lieben Frau von Luxemburg. In der Folgezeit bis heute wurde Kevelaer der bedeutendste Marienwallfahrtsort links des Rheins, wohin alljährlich auch viele Pilger aus der Nordeifel ihre Schritte lenken.

(n. A. Antz)

Die große Reliquienprozession

Von Karden an der Mosel wurden vor über 1000 Jahren die Gebeine des hl. Potentinus und seiner Söhne Felicius und Simplizius in einer großen Reliquienprozession zum Eifelkloster Steinfeld gebracht. Die drei Heiligen waren Gefährten des hl. Castor, hatten mit ihm ihn Karden gelebt und wurden dort von ihm in einem Kirchlein beigesetzt. Graf Sibodo von Are wollte für die neugebaute Klosterkirche in Steinfeld Reliquien haben und bat den Erzbischof Rüdiger von Trier deshalb um die Gebeine des hl. Potentinus und seiner Söhne. Rüdiger erfüllte den Wunsch des Grafen. Die Überführung der drei Heiligen von der Mosel bis in die Nordeifel gestaltete sich zu einer Prozession, an der sich viele Gläubige beteiligten.

Die erste Station wurde auf dem Fressenhof bei Ochtendung gemacht. An diese Begebenheit erinnert noch heute eine Hauskapelle auf dem Hof.

Der Weg führte dann weiter nach Wehr bei Maria Laach, wo die zweite Station gemacht wurde. Oberhalb des Ortes Wehr entsprang durch ein Wunder eine Quelle. Graf Sibodo schenkte das Dorf dem Kloster Steinfeld. Später wurde in Wehr vom Kloster eine Propstei gegründet und von Steinfelder Mönchen verwaltet.

Die dritte Station der Reliquienprozession war Nettersheim. Hier machte man wegen der großen sommerlichen Hitze eine Rast. Viele Gläubige kamen zusammen, auch aus den Nachbardörfern, um die Reliquien zu verehren. Man betete und sang. Priester und Mönche stimmten das Tedeum an.

Da geschah in Nettersheim ein Wunder: Ein Mann, der des Weges kam, stieß einen Eschenstab in den Boden und sagte: „Wenn Ihr Heiliges mit Euch führt, soll hier eine Quelle entspringen, an der alle Durstigen, Menschen und Vieh, trinken können." Bald sahen alle den Boden feucht werden, und es bildete sich ein Wassertümpel mit klarem Wasser, an dem alle sich satttrinken konnten. Der Stab wurde zu einem Baum. Alle, die dieses Wunder sahen, staunten und lobten Gott in seinen Heiligen.

Mit größter Ehrfurcht geleitete man die Gebeine nach Steinfeld, von wo aus eine große Prozession entgegenkam. Schließlich brachte man die Reliquien in die Klosterkirche, wo sie noch heute ruhen und verehrt werden.

Die Quelle in Nettersheim ist bis heute erhalten und speist dort das Herz-Jesu-Kloster. Sie hat den Namen „Eschepütz" erhalten, später auch „Potentinus-Brunnen". Von der Esche, die an der Quelle gewachsen war, ist nichts mehr zu sehen. Aber das Wissen um diesen Baum war bei den Vorfahren immer noch lebendig.

(n. F.J. Schruff)

Klausen

Im Dorf Esch an der Salm wohnte ein frommer Bauer namens Eberhard. Von allen Heiligen liebte er Maria am meisten. Wie freute er sich, als er einmal beim Besuch der Bischofsstadt Trier ein Bild der Schmerzhaften Mutter zum Geschenk für seine Frömmigkeit erhielt.

Bald darauf baute er ein Heiligenhäuschen und für sich daneben eine Klause. In das Heiligenhäuschen stellte er das Muttergottesbild, hängte ein Glöckchen auf und stellte vor dem Bild einen Leuchterstock auf. Wenn der Klausner das Glöckchen läutete, kamen die Gläubigen aus der Umgebung und beteten mit dem Klausner zur Muttergottes, vor allem den Rosenkranz. Bald erzählte man überall von Wundern und Heilungen. Schließlich begann Eberhard mit dem Bau einer Kirche.

Eines Tages sandte der Papst den gelehrten Kardinal Nikolaus von Cues aus, um eingerissene kirchliche Mißstände zu suchen und einzustellen. Man hatte Cusanus besonders gegenüber neuen Wallfahrten mißtrauisch gemacht. Als er in Trier hörte, zu Klausen sei eine neue Wallfahrtskirche im Bau, wollte er diese besichtigen. Eberhard, der fromme Knecht, erfuhr von dem hohen Besuch und gab sich alle Mühe, den Kardinal würdevoll zu empfangen. Dieser schalt den Bauern wegen der Wundererzählungen und verbot den Weiterbau der Kirche. Dann ritt er in sein

Heimatdorf Cues. Eberhard reiste ihm in seiner Not dorthin nach und bat innig um die Aufhebung des Verbots. Der Kardinal jedoch hörte ihn gar nicht an. Betrübt wanderte Eberhard nach Klausen zurück, wo er der Gottesmutter sein Herzeleid klagte.

Von Cues reiste der Kardinal nach Aachen. Hier erkrankte er schwer, so daß er seine Schwester zur Pflege herbeirief. Diese machte ihm an seinem Krankenbett bittere Vorwürfe und sagte, der Himmel strafe ihn, weil er den frommen Eberhard so ungnädig behandelt habe. In ihrem treuen Diener habe der Kardinal die Gottesmutter selbst beleidigt.

Von den Worten seiner Schwester war der Kranke sehr beeindruckt. Er sah seinen übertriebenen Eifer ein und sandte umgehend einen Boten nach Klausen mit dem Auftrag, Eberhard den Weiterbau der Wallfahrtskirche zu erlauben und seiner Unterstützung zu versichern. In wenigen Tagen war Kardinal Cusanus wieder ganz gesund. Mit der Hilfe vieler Umwohner wurde die Wallfahrtskirche bald fertig.

(n. M. Scherer/SW)

Eberhards Fäßchen

Als der fromme Klausner Eberhard die kleine Kapelle, die er in Klausen der Himmelskönigin und auf ihre Anweisung hin erbaut hatte, niederriß, um seiner „himmlischen Magd", wie er die Jungfrau Maria nannte, eine größere zu bauen, fand er bei den Leuten der Nachbarschaft viel Hilfe. Mit großem Eifer wirkten sie unentgeltlich bei dem gottgefälligen Werk mit.

Eberhard wollte diesen Arbeitern seinerseits seine Anerkennung bekunden und sie bei der großen Hitze, bei der sie ihr Tagewerk verrichteten, durch einen kühlen Trunk erquicken. Er ließ daher von der nahen Mosel ein Fäßchen Wein holen. Der Arbeiter aber waren viele. Da das Fäßchen klein war, ging der Wein bald aus. Zwar hatte der fromme Klausner rechtzeitig wieder einen Boten zur Mosel geschickt, um erneut Wein zu holen, aber dieser blieb gar zu lange aus.

Die Arbeiter, von der Tageshitze erschöpft, fingen zu klagen an, als sie erfuhren, daß nichts mehr im Fäßchen war. Eberhard beruhigte sie: „Meine himmlische Magd wird Euch nicht im Stich lassen." Darauf eilte er zu seinem Gnadenbild und sprach: „Meine liebe Magd, ich habe das Meinige getan, die Reihe ist jetzt an dir. Hilf mir und den Meinigen in dieser Not!" Als Eberhard und sein Freund zum Fäßchen kamen, fanden sie es zu ihrer und der Arbeitsleute Freude und Erstaunen mit köstlichem Wein gefüllt.

Nachdem das Fäßchen schon lange, lange Wein gespendet hatte, beschlich den Klausner ein Zweifel, ob es wohl noch lange so fortgehen werde. Neugier trieb ihn, den Inhalt durch ein Meßgerät zu erfahren. Da aber versiegte der Wein in dem Fäßchen. Heute noch wünschen sich Arbeitsleute, wenn der Durst sie quält, ein „Eberhards Fäßchen".

(n. Klar/Kleinemann)

Klausen und die Riesenkerze

Als der Graf Engelbert von Nassau-Dillenburg mit Karl dem Kühnen die Stadt Nancy belagerte und jede Nachricht von ihm fehlte, da gelobte seine fromme Ehefrau, sie wolle zu Klausen eine Wachskerze opfern, so schwer, wie ihr Mann Engelbert wiege samt Harnisch und Waffen, wenn er gesund heimkehre. Am zweiten Tag danach kam ein Bote und meldete, ihr Mann sei heil in Straßburg, wenn auch gefangen. Ein gefordertes Lösegeld zahlte die Gräfin mit Freuden und schenkte auch die Kerze, was keine Kleinigkeit war, denn Graf Engelbert war ein überschwerer Mann. An die hundert Jahre, jedesmal bei Festen, leuchtete die Riesenkerze in der Wallfahrtskirche von Klausen.

(n. G. Henßen)

Das Haupt der hl. Mutter Anna kommt nach Düren

Ein Steinmetzgeselle fand im Dom zu Mainz unter altem Gerümpel ein Reliquiar mit dem Haupt der hl. Anna. Gleich war sein Entschluß gefaßt, es seiner Mutter in Kornelimünster zu bringen. Kaum hatte diese aber das Heiligtum gesehen, drängte sie ihn, es wieder zu seinem alten Ort zurückzubringen.

Nach kurzer Rast machte sich der Geselle auf den Rückweg. Die kostbare Reliquie trug er auf dem Rücken in einer Kiepe. Zunächst spürte er die Last kaum. Als er aber auf Düren zukam, wurde sie immer schwerer. Beim Betreten der Stadt mußte er immer wieder innehalten. Wie wunderte er sich, als von allen Türmen die Glocken zu läuten begannen. Die Leute stürzten aus ihren Häusern, um festzustellen, was das feierliche Geläute zu so ungewohnter Stunde bedeute. Da fand man den Gesellen, der unter seiner Kiepe zusammengesunken war. Als man erfuhr, was er in der Kiepe trug, geleitete man das Heiligtum in einer feierlichen Prozession zur alten Franziskanerkirche.

Als der Küster am nächsten Morgen die Kirche betrat, vermißte er sofort das Haupt der hl. Anna. Es befand sich in der St. Martinskirche. Man brachte es wieder in die Franziskanerkirche, aber es stand anderntags erneut in der Martinskirche.

Nun beschloß man, das Reliquiar auf einen Wagen zu stellen, ihn mit Ochsen zu bespannen und diesen die Augen zu verbinden. Dort sollte der Schatz bleiben, wo die Tiere stehenblieben. Sie fuhren zur Martinskirche, blieben vor dem Kirchenportal stehen und waren nicht mehr von der Stelle zu bringen. Daraus erkannte man, daß das Annahaupt in dieser Kirche bleiben wollte.

Der Verlust der St. Anna-Reliquie wurde jedoch in Mainz bekannt. Die Dürener wollten gutwillig das Reliquiar nicht herausrücken. Daraufhin strengten die Mainzer einen Prozeß beim päpstlichen Stuhl an. Schließlich wurde entschieden, das Annahaupt solle wieder auf einen Wagen gestellt werden, der mit zwei Ochsen bespannt werde, denen man die Augen verbinden solle. Wohin die Tiere das Reliquiar brächten, dort solle es für ewige Zeit bleiben. Das geschah auch wie festgesetzt. Man führte die Tiere vor die Stadttore und ließ sie dann gewähren. Doch siehe da! Die Ochsen fuhren mit ihrer Last durch das Stadttor in die Stadt hinein und hielten an der Martinskirche. In dieser Kirche blieb nun für immer das Haupt der hl. Anna. Die Kirche hieß fortan St. Annakirche und wurde das Ziel vieler Wallfahrer.

(n. H. Hoffmann)

ANNAHAUPT AUF EINER MEDAILLE DÜREN, 19. Jh.

Unsere Liebe Frau von Moresnet (B)

Im Aachener Wald bei Moresnet stand früher eine alte Eiche, deren mächtige Krone gen Himmel ragte.

Als eines Tages ein Wanderer an dem Baum vorüberkam, hörte er ein Flüstern, sah aber niemanden. Er wartete einen Augenblick und wollte dann weitergehen, weil er meinte, er habe sich geirrt. Doch da rief es zwar leise, aber deutlich: „Wandersmann, bleib' stehen und höre mich!" Er schaute und schaute, sah aber nichts und glaubte, er sei nicht recht bei Sinnen. Da hörte er in liebevollem Ton: „Dein Sinn ist nicht verrückt. Ich bin es, die einst Gottes Sohn gebar."

Da erblickte der Wanderer am Stamm der Eiche ein Muttergottesbild, von lichtem Glanz umhüllt. Der Mann sank in die Knie, und wie aus einem Traum erwacht, dachte er darüber nach und konnte alles kaum glauben.

Dann jedoch eilte er nach Aachen und erzählte von dem Wunder. Kaum hatten einige Mitbürger alles vernommen, machten sie sich auf nach Moresnet und fanden an der alten Eiche wirklich ein kleines, mit Grün geziertes Bild.

Bald zogen nun auch jung und alt in Prozessionen mit Kreuz und Fahnen zum neuen Gnadenort; und es dauerte nicht lange, da baute man „Unserer Lieben Frau von Moresnet" eine Kapelle. Hier geschah manches Wunder, und Jahr für Jahr pilgern Leute von nah und fern zu diesem Ort, insbesondere aus Aachen.

(n. H. Hoff)

Das Gnadenbild im Kermeter

Einst lebten in Heimbach zwei Brüder, die sich vom Fischfang ernährten. Der eine war von Grund auf fromm, der andere aber betete nicht gern. Als die beiden eines Tages in Köln eine Traglast selbst gefangener Fische verkauft hatten, sah der Fromme in einem Bildergeschäft eine Statue der Schmerzhaften Mutter. Sie fesselte seine Aufmerksamkeit. Wohin er sich auch stellen mochte, der Blick der Schmerzensmutter schien ihn zu verfolgen. Schließlich betrat er das Geschäft und erkundigte sich nach dem Preis. Aber der Erlös des Fischverkaufs reichte nicht aus. Deshalb bat er den Händler, das Bild für ihn zurückzustellen, bis er das nötige Geld zusammenhabe, um das Bild erwerben zu können. Das geschah auch bei der nächsten Gelegenheit, und frohen Herzens kehrte er mit dem Kleinod nach Heimbach zurück.

Der fromme Bruder stellte dann das Bild in einen dichten Hainbuchenstrauch im Kermeter auf. Die überstehenden Äste hieb er in einem Viereck ab. Täglich wollte er hier das Muttergottesbild verehren, bevor er wie sein Bruder zum Fischen an die Urft ging. Obschon er immer später als sein Bruder zum Fischfang kam, war die Zahl der gefangenen Fische bei ihm stets größer. Darüber ärgerte sich der Bruder: „Wo bleibst du immer so lange aus, und wie kommt es, daß du in kürzerer Zeit mehr fängst als ich?“ Der Fromme wollte ihm das nicht sagen. Er fürchtete, der andere würde ihn beim Beten stören.

Gnadenbild in Heimbach

O. Kersting '92

Am Abend dieses Tages nahm er das Bild mit nach Hause und verbarg es in einem Takenschrank. Wie wunderte sich der Fischer aber, als er am nächsten Morgen das Bild nicht fand.

Betrübt machte er sich auf den Weg zum Fischfang. Wie groß wurde dann sein Erstaunen, als er das Bild an der alten Stelle im Kermeter fand. Als er es abends noch einmal nach Hause mitnahm, wiederholte sich das gleiche Ereignis. Am Morgen fand er das Bild wieder im Hainbuchenstrauch.

Das geheimnisvolle Tun des Frommen fiel dem Bruder schließlich auf. Eines Morgens schlich er ihm nach und fand ihn kniend vor dem Muttergottesbild. Darüber geriet er in Zorn, griff nach einem naheliegenden Dornenzweig und schlug auf den Beter ein. Dabei traf er jedoch zugleich das Bild, das er mit einem Dorn etwas ritzte. Wie groß war sein Schrecken, als, o Wunder! aus der verletzten Stelle frisches Blut floß. Augenblicklich war sein Zorn verraucht, er ging in sich und störte von nun an seinen Bruder nicht mehr.

Später trug der fromme Bruder Bruchsteine zusammen. Er errichtete im Kermeter ein Heiligenhäuschen und stellte das Bild zur Verehrung darin auf. Die Zahl der Wallfahrer von nah und fern wuchs immer mehr an. Eines Tages ließen sich fromme Mönche dort nieder und legten den Grund zum Kloster Mariawald.

(n. H. Hoffmann)

Heimbach wird Wallfahrtsort

Das Kloster Mariawald war von den Franzosen verkauft worden. Von den Mönchen blieb nur noch einer übrig, der von der Bevölkerung liebevoll „Pater Peterchen“ genannt wurde. Eines Tages wollte er den kostbaren Schatz, das Gnadenbild, dem das Kloster seine Entstehung zu verdanken hatte, zur Pfarrkirche nach Heimbach bringen.

Zur Übertragung hatten sich zahlreiche Heimbacher und Leute aus der Umgebung in der Klosterkirche von Mariawald versammelt. „Pater Peterchen“ stieg die Altarstufen hinauf. Doch er bemühte sich vergebens, das Bild von der Schmerzhaften Muttergottes von seinem angestammten Platz wegzubringen. Dreimal machte er den Versuch. Den Leuten standen die Tränen in den Augen; offensichtlich wollte das Bild den gewohnte Platz nicht verlassen.

Nach langer Anstrengung brachte „Pater Peterchen" seine Aufgabe doch zustande. In einer feierlichen Prozession brachte man das Bild unter Gebet und Gesang auf einer geschmückten Trage hinunter ins Tal. Dort steht es noch heute auf einem kostbaren Altar der Pfarrkirche von Heimbach, wohin alljährlich Tausende von Gläubigen aus der Nordeifel wallfahrten.

(n. H. Hoffmann)

Unsere Liebe Frau mit der Lilie

Barweiler gehörte ursprünglich zur Pfarre Üxheim. Vermutlich während der Reformationszeit wurde ein Madonnenbild von Üxheim nach Barweiler gebracht. Im Jahre 1726 hatten Mädchen an diesem Ort eines Sommertages die Altäre ihrer Pfarrkirche mit Blumen geschmückt. Der Muttergottesstatue gab man eine Lilie in die rechte Hand, die man bis zum Verwelken, ja bis zum gänzlichen Verdorren dort stecken ließ. Plötzlich, im September, fing diese schon verdorrte Lilie wieder zu grünen und zu blühen an. Dieses Lilienwunder wiederholte sich im nächsten Jahr um die gleiche Zeit.

Bald nach Bekanntwerden des Lilienwunders machten sich Pilger von nah und fern auf den Weg nach Barweiler. Vom Fest Mariä Geburt an, wenn die Wochen der Ernte vorbei sind, wenn die Herbstzeitlosen auf den Wiesen blühen und die Wälder bunt werden, kommen Prozessionen aus den Dörfern der Nordeifel in das sonst so stille Dorf Barweiler in der Nähe des Nürburgrings, um das Bild Mariens mit der Lilie zu verehren.

(n. kath. Pfarramt Barweiler)

Schutz beim Gnadenbild

Im Wallfahrtsort Barweiler brach einmal ein Feuer aus, welches verheerend um sich griff. Da die Leute fürchteten, ihre Pfarrkirche würde auch ein Raub der Flammen, eilten sie dorthin, um vor allem das Gnadenbild „Unsere Liebe Frau mit der Lilie“ in Sicherheit zu bringen.

Aber alle Mühe war umsonst; das Bild ließ sich nicht von der Stelle bringen. Daraus schlossen die Bewohner von Barweiler, daß ihr Gotteshaus von der Feuersbrunst verschont bleiben würde. Sie beeilten sich daher, ihre Habe in der Kirche unterzubringen und sie dem Schutz der durch ihre Fürbitte mächtigen Lieben Frau anzuvertrauen. Ihre Hoffnung wurde nicht enttäuscht. Wurde auch das ganze Dorf ein Raub der Flammen, die Kirche mit dem Gnadenbild blieb unversehrt.

(n. J.H. Schmitz)

Das Marienbild in der Linde

An der Stelle, wo jetzt in Aldenhoven die Gnadenkapelle steht, wuchs in alter Zeit eine mächtige Linde. Eines Tages ging von diesem Baum ein heller Lichtschein aus. Darüber wunderten sich die Leute, schauten nach, konnten aber zunächst nicht finden, woher der Lichtglanz stammte.

Bei genauem Hinsehen fand man jedoch im Innern der Krone ein Marienbild. Man trug es in die Kirche und stellte es zur Verehrung auf. Am folgenden Morgen war es jedoch aus der Kirche verschwunden und befand sich wieder im Baum.

Da baute man an dieser Stelle eine Kapelle, zu der nun bald Wallfahrer von allen Seiten herbeiströmten. Seitdem ist Aldenhoven, wo man die Maria als Refugium peccatorum (Zuflucht der Sünder) verehrt, ein Wallfahrtsort.

(n. H. Hoffmann)

Der Junge mit dem Apfel

Im 12. Jh. wurde armen, aber braven und gottesfürchtigen Schusterleuten in Köln, nahe bei der Kirche Maria im Kapitol, ein Junge geboren, der in der Taufe den Namen Hermann erhielt. Die Eltern hatten viel Sorge, ihren Sohn vor Hunger und Kälte zu bewahren. Schon als kleines Kind hatte jedermann ihn gerne, weil er ein offenes und gefälliges Wesen hatte.

Mit großer Freude ging Hermann mit sieben Jahren zur Schule. Er lernte gerne, aber war auch gerne mit anderen Jungen zusammen, um zu spielen. Ehe er morgens zur Schule ging, aber auch beim schönsten Spiel schlich er sich heimlich davon, um in der Kirche Maria im Kapitol vor einem Bildnis der Muttergottes zu beten und Hilfe in seinen kleinen Sorgen zu erbitten. Die Himmelskönigin mit dem Jesuskind hatte sicher Gefallen am unverfälschten Wesen des Jungen. Oft genug sprach dieser mit der Himmelsmutter wie mit seiner Mutter zu Hause.

Als Hermann eines Tages einen schönen, rotbackigen Apfel bekommen hatte, ging er mit klopfendem Herzen zur Marienkirche und bot dem Jesuskind den Apfel an. Da ließ Gott ein Wunder zu: Das Bild aus Stein, vor dem Hermann so oft andächtig gebetet hatte, nahm Leben an und bewegte sich. Die Muttergottes neigte sich etwas, das Jesuskind streckte seine Ärmchen aus, nahm den Apfel und segnete den Jungen. Ein goldener Schein verklärte das ganze Gotteshaus.

Einmal im Winter hatten Hermanns Eltern kein Geld, um Schuhe für ihn zu kaufen. Als die Kälte gar zu weh tat, klagte er der himmlischen Mutter sein Leid. Sie wies ihn auf eine Steinplatte in der Kirche hin, unter der er stets das notwendige Geld finden werde. Nun hatte alle Not ein Ende. Hermann konnte sich Schuhe und auch Kleidung kaufen.

Die Mitschüler wunderten sich sehr, woher der sonst so arme Junge das Geld hatte. Als Hermann eines Tages, wie gewohnt, in die Marienkirche ging, schlichen seine Kameraden ihm nach und beobachteten ihn. Doch als sie später die Steinplatte aufhoben, fanden sie keinen Heller und gingen beschämt nach Hause.

Hermanns Liebe zur Gottesmutter steigerte sich immer mehr und mehr. Ihr galt sein erster Gruß, wenn die Morgensonne mit hellem Schein durch das kleine Fenster seines ärmlichen Kämmerchens strahlte, und ihr galt sein letzter Gedanke, wenn der Mond auf sein Nachtlager schien. Als Hermann zwölf Jahre alt war, verließ er seine Vaterstadt Köln und trat in den Orden der Prämonstratenser zu Steinfeld ein. Hier zeigte sich erst recht seine außergewöhnliche Verehrung der Himmelskönigin. Sie wählte ihn in einer Vision zu ihrem geistigen Bräutigam. Seit der Zeit nannte man ihn Hermann Josef.

Im Kloster hatte er manchmal so viel Arbeit, daß er oft nicht genügend Zeit für seine Gebete fand. Als er Maria seine Not vortrug, lächelte sie mild und sagte: „Wisse, es gibt keine höhere Pflicht, als den Brüdern zu dienen. Damit lobst du meinen Sohn und mich am besten."

Hermann Josef erhielt eines Tages die Aufgaben des Sakristans in der Klosterkirche. Vor dem Gottesdienst zündete er die Kerzen an und rief mit der Glocke die Ordensbrüder herbei. In stillen Stunden dichtete er Lieder zum Preise der himmlischen Mutter. Als er einmal über dem Werk sein Amt als Sakristan vergaß, entflammten die Kerzen von selbst, und die Klosterglocke schwang im Turm, ohne daß jemand das Glockenseil berührte. Die roten und weißen Blumen vor dem Marienbild blühten, ohne zu verwelken.

Mit dem armen Eifelvolk kam er in Verbindung, wenn er bald hier, bald dort bei der Seelsorge aushalf. Er war auch ein praktischer Mann, der die Uhren der Bauern reparieren konnte und mit Ochsengeschirren und Holzpflügen umzugehen wußte.

Im Alter von 91 Jahren wanderte Hermann Josef von Steinfeld zum Kloster der Zisterzienserinnen in Hoven bei Zülpich. Nachdem er Gott und der Gottesmutter so viele Jahre treu gedient hatte, starb er hier im Jahr 1241 während des Karwochengottesdienstes.

Alljährlich pilgern Gläubige, besonders Eifeler aus der näheren und weiteren Umgebung, zum Grab des Eifelheiligen Hermann Josef in der Klosterkirche zu Steinfeld, wo seine Gebeine in einem Sarkophag aus Urfter Marmor ruhen. Früher kamen im Lauf eines Jahres bis zu 72 Prozessionen dorthin.

(n. H.J. Scheeben)

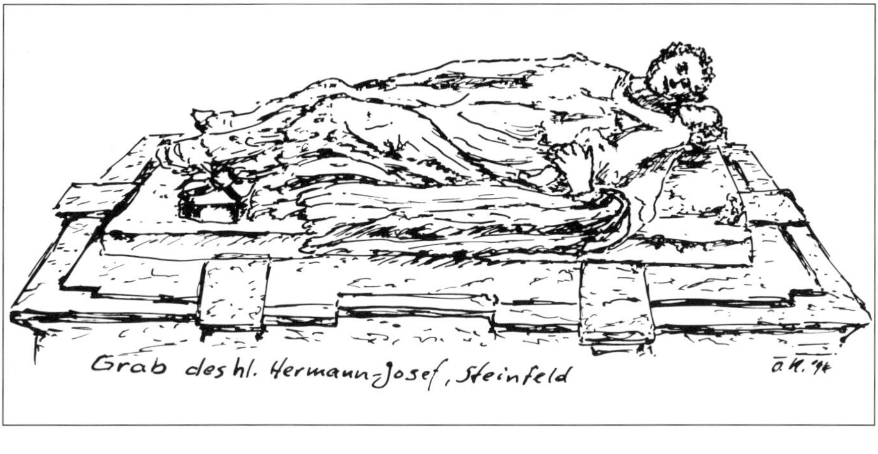

Der Kerzenverbrenner

Im Kloster Steinfeld hat früher der hl. Hermann Josef gelebt. Um vier Uhr nachmittags wurde in der Klosterkirche zu Steinfeld die Vesper gesungen und immer nahm der Heilige daran teil. Eines Nachmittags trug es sich zu, daß die Mönche im Tal bei der Heuernte waren. Da läutete es zur Vesper. Hinter einem Weiher arbeitete Hermann Josef. Zu beiden Seiten des Weihers waren Knechte beim Heumachen, die sagten: „Heute soll er nicht in die Vesper kommen!“ und wollten ihn daran hindern. Da schritt Hermann Josef trockenen Fußes über das Wasser.

Daran erkannten die Knechte, daß sie es nicht mit einem gewöhnlichen Sterblichen zu tun hatten, und haben ihn von da an in Ruhe gelassen.

Einmal hatten die anderen Mönche sich beschwert, daß Hermann Josef die Messe zu lang lese; sie nannten ihn daher „Kerzenverbrenner“. Als man jedoch einmal die Kerzen vor der Messe gewogen hatte und auch nachher, stellte man fest, daß sie schwerer waren als zuvor. Von der Zeit an haben sie nichts mehr gesagt.

(n. G. Henßen)

Sankt Just

Eine Stunde von Langenfeld entfernt liegt in einem Waldtal die als Wallfahrtsort bekannte Kapelle des hl. Jodokus, vom Volke auch St. Just genannt.

Hier lebte in alter Zeit der hl. Jodokus mit seiner Schwester. Er wünschte jedoch, als Einsiedler allein in dem Tal seinen Aufenthalt zu haben. Deshalb sollte sich seine Schwester von ihm trennen. In einem Traum wurde ihm kundgetan, daß die Schwester so weit von ihm wohnen sollte, wie er mit einem Stein werfen würde. Jodokus stieg aus dem Nitztal auf die Höhe, wo jetzt noch ein Kreuz steht, griff nach einem Stein und warf ihn bis nach Ueß. Dort hatte fortan die Schwester des Heiligen ihren Aufenthalt.

Wiederholt hat man das Bild des hl. Jodokus in die Kirche des Pfarrortes Langenfeld gebracht, doch jedesmal war es am nächsten Morgen nicht mehr dort, sondern stand an seiner gewohnten Stelle in der St. Just-Kapelle bei der Mühle im Nitztal. Deshalb hat man es dort stehenlassen.

Nach St. Just wallfahren besonders jene Menschen, die an Halsübeln leiden. Der Heilige wird auch als Schutzheiliger der Ernte und der Feldfrüchte verehrt. Besonders in den Herbstmonaten suchten Wallfahrer aus der Eifel und dem Moselland die Gnadenkapelle im Nitztal auf.

(n. J.H. Schmitz)

Kreuze, Bilder und Quellen

Das Kreuz im Hombusch

Ein schöner Herbsttag war angebrochen. Nur etwas Westwind strich durch den morgendlichen Wald, der bis dicht an den Hof heranreichte. Die meisten Gäste waren schon am Vortag von Hubertus eingetroffen. Siebzehn Edle wurden gezählt, aber auch andere von Rang und Namen waren dabei. Gerhard von Kessel hatte selbst die Führung übernommen. Ihm zur Seite stand der Tapetenfabrikant Groß aus Bonn, ein Freund des Hofes zu Bech, der dem Herrenhaus der Kessels wie auch dem Schloß zu Schleiden und zahlreichen Patrizierhäusern, z.B. in Eupen und Malmedy an Stelle der farbenprächtigen, handgedruckten Wandbekleidung die ersten Stofftapeten lieferte.

Lebhaft zerrte die Hundemeute an den ledernen Riemen, das Zeichen zum Aufbruch konnte ihre Ungeduld nur noch steigern. In langer Reihe zogen die wetterfesten Gestalten der Jäger an der „Tausendjährigen" (Eiche) und dem Burgfeyer Hof vorbei zur Westseite des Hombusches. Er war vor 300 Jahren ein weites, fast nicht endenwollendes Waldgebiet. Prachtvolle, alte Schläge, ein buntes Gemisch aller möglichen Baumarten, aber auch Niederwald und junge Kulturen machten ihn zu einem wirklich schönen Wald, mit verstreut im Sonnenlicht glitzernden Weihern. Am Ufer des Feybaches wucherten Farn und Schilf. In der „Diefenbach" bestrafte, wie man erzählte, der Geist eines Hingerichteten, den man ungerechterweise an der Königsstraße zu Lorbach an den Galgen gebracht hatte, alles Unrechte. Willig folgten die Jäger den Anweisungen Gerhards. Dann wurden die Vierbeiner losgelassen, die Jagd begann. Das Gekläff der Jagdhunde echote bald an den Hängen der Katzensteine, von denen der Volksmund sagt: „Wer sich auf die Katzensteine flüchtet, dem ergeht es wie Noah in der Arche."

Der Wildreichtum des Hombusches war unerschöpflich. Reich war daher auch die Jagdbeute. Auf langen Wagen brachten die Knechte die Beute auf den Hof zu Bech: Hirsche, Rehe, Wildsauen, Füchse und viel Kleinwild. Auch mehrere Wölfe sollen darunter gewesen sein. Die Jagd dauerte bis in die späten Nachmittagsstunden hinein. Dann ließ Gerhard sie abblasen. Oberhalb der Burgfeyer Weiher, an der Feyermühle, war der Sammelpunkt. Aus allen Richtungen kamen Jäger und Treiber herbei. Eine kräftige Erbsensuppe brachte die erste Stärkung, und dann sollte der Heimweg angetreten werden.

Doch da geschah das Furchtbare – die Dämmerung hatte die Helle des Tages vertrieben. Gerhard aber glaubte, im Dunkeln noch ein Stück Wild zu erkennen, vermutlich einen angeschossenen Keiler. Er legte an, und ein letzter Schuß hallte durch den Wald, augenblicklich aber auch ein entsetzlicher Aufschrei. Was war geschehen? Gerhard eilte in Richtung des Schreies. Er zitterte und ließ sein Gewehr fallen, leichenblaß wurde sein Gesicht. Er hatte Dietrich, seinen Bruder, den er so sehr liebte, erschossen. Hastig überstürzten sich die Worte seiner Selbstanklage. Dietrich hörte sie nicht mehr. Die Kugel hatte ihn ins Herz getroffen.

Mühsam schleppte sich Gerhard nach Bech. Ein freudvoller, aber mehr noch ein leidvoller Tag war zu Ende gegangen. Im Kreise seiner Jagdfreunde schwor Gerhard, ein Steinkreuz dahin zu setzen, wo das Blut des toten Bruders das Gras näßte. Es sollte so gehalten sein, daß es lange Zeiten überstehen könnte.

Bald stand das Kreuz im Hombusch, aber Gerhard konnte seines Lebens nicht mehr froh werden. Er verließ seine Eifelheimat, zog nach Hildesheim und kehrte nie wieder zurück.

Das Kreuz im Hombusch blieb bis in unsere Tage erhalten und gibt der Nachwelt Kunde von einem unglückseligen Jagdtag in diesem Wald.

(n. P. Esser)

Das bequeme Gelübde

Am Wege von Büchel nach der Moselstadt Kochem zu stand vor langer Zeit das Haykreuz. Eine arme, kinderreiche Witwe namens Hay hatte es ihrem Mann zu Ehren, der hier verunglückt war, errichten lassen. Manches Jahr stand es da und wurde von Vorübergehenden fromm gegrüßt. Als es aber eines Tages umfiel, weil es morsch geworden war, ließ eine Frau aus Büchel es wegbringen. Sie hatte im letzten Winter, als sie ein Reißen in allen Knochen spürte, dem lieben Gott versprochen, das morsche, alte Kreuz durch ein weit schöneres zu ersetzen. Einstweilen fütterte sie ihren Ofen mit dem Holz des alten Kreuzes und ihre alten Glieder fühlten sich bei der behaglichen Wärme recht wohl.

Es gingen viele Jahre ins Land, und ein neues Kreuz war immer noch nicht errichtet. Erst als der Sensenmann bei der Frau mit Gicht und Husten anpochte, erinnerte sie sich wieder ihres Gelübdes. Nun sann sie über die Ausführung nach und sah, wie gerufen, vor dem Haus ihres Nachbarn ein Eichenstämmchen liegen, das sich für ein Kreuz nicht schlecht zu eignen schien. Sie bat den guten Nachbar, ihr das Stämmchen zu überlassen. „Es ist für einen guten Zweck“, sagte sie und bekam es umsonst.

Der Frau gegenüber wohnte ein Schreiner. Hier ließ sie das Kreuz anfertigen. Nach ein paar Tagen schon brachte es der tüchtige Meister und verlangte zwei

Taler. „Kannst du es nicht unentgeltlich machen?“ fragte die Frau, „es ist für einen guten Zweck.“

„Gewiß, gewiß“ sagte der Schreinermeister verständnisvoll. Ein Nachbar der Frau war Anstreicher. Bei ihm ließ sie das Kreuz streichen, und auch er erhielt für seine Arbeit kein Geld. Die Stifterin meinte: „Es ist für einen guten Zweck. Überhaupt braucht es ja gar nicht gestrichen zu sein. In zwei Jahren sieht man nicht mehr viel von der Farbe.“

Das fertige Kreuz warf die Frau einem gutmütigen Bauersmann, der gerade vorbeifuhr, auf den Wagen und ließ es durch ihn am Weg aufstellen.

Einen Monat später nahm der Herrgott die Kreuzstifterin zu sich. Als sie nun im Himmel zum Gericht schritt, sah sie den Ewigen mit ihrem Kreuz in den Händen auf sie warten. Voller Freude ging sie weiter. Wie war doch ihr Kreuz, wie war sie doch geehrt! Kaum kniete sie aber vor dem Allerhöchsten, da legte dieser das schwere Kreuz auf ihre zitternden Schultern und sprach: „Nun zieh mit deinem Kreuz zur Haykreuzflur! Dort trage deine Last bei Winterfrost und Sommerglut. Von deinen Schultern soll sie nicht sinken, bis mir wieder jemand ein Kreuz dort errichtet, so selbstlos und opferfroh, wie das erste dort aufgestellt worden ist. Von deinem Kreuz will ich nichts wissen. Du hattest zwar ein gutes Gelübde gemacht, aber erfüllt haben es andere Leute.“

(n. B.M. Steinmetz)

Das Spinnerkreuz

In Mehring an der Mosel lebte einmal ein Mann mit dem Namen Spinner, der eines Tages mit anderen zusah, wie ein Verurteilter vom Henker an den Galgen geknüpft werden sollte. Das grausige Schauspiel betrachtend, sagte er laut vor sich hin: „Ich möchte doch gar zu gerne wissen, wie es dem da auf der Leiter jetzt zumute ist.“ Als der Verurteilte das hörte, rief er: „Haltet ein, ich sehe noch einen Mitschuldigen!“ Dabei wies er auf Spinner. Beide, der arme Sünder wie auch der fälschlich Angeklagte, wurden vor Gericht geführt. Obwohl Spinner seine Unschuld beschwor, wurde er verurteilt, mit seinem Ankläger gemeinsam am Galgen zu sterben.

Als nun der Ärmste mit schlotternden Knien unter dem Galgen stand und ihm als erstem der Strick um den Hals gelegt wurde, schrie der andere: „Dieser Mann ist unschuldig; ich wollte ihm nur nach seinem Wunsch die Gelegenheit geben, zu fühlen, wie es einem zumute ist, wenn man gehenkt wird.“

Auf diese Aussage hin wurde Spinner freigelassen. Zum Dank für seine Rettung ließ er an der Stelle, wo er in Todesangst gestanden hatte, ein Kreuz errichten.

(n. A. Antz)

Das Kreuz mit den vier Hundepfoten

Mitten im Kottenforst (b. Bonn) erhebt sich an der Villiper Allee ein Kreuz aus Basalt. Auf dem senkrechten Kreuzesbalken sieht man vier Hundepfoten. Das hat seinen Grund.

Kurfürst Clemens August ging sehr gerne zur Jagd. Eines Tages schickte er seinen Forstmeister nach England, um dort einige gute Jagdhunde zu holen. Bei der Rückkehr übers Meer brach ein heftiger Sturm los, und dem Schiff drohte der Untergang. In seiner Not versprach der Forstmeister, in Kottenforst ein Kreuz zu errichten, wenn er glücklich wieder seine Heimat erreichen würde.

Der Sturm ließ nach, und er wurde gerettet. Doch er vergaß sein Versprechen. Im folgenden Jahr sollte er wieder eine Schar Jagdhunde holen. Als er nun erneut in Seenot geriet, versprach er endlich, das versprochene Kreuz zu errichten. Nach seiner Rettung erfüllte er dankbar sein Gelübde.

(n. J. Dietz)

Das Bonner „Hochkreuz“

An der Straße von Bonn nach Godesberg erhebt sich das „Hochkreuz“, wahrscheinlich im 13. Jh. vom Erzbischof Walram von Köln errichtet. Freundlich grüßt das Steinkreuz den Wanderer, der am hellen Tage seine Straße zieht. Am Abend dagegen macht das verwitterte Wahrzeichen einen ernsten, schauerlichen Eindruck, zumal bei dem, der mit der Sage vertraut ist.

Es war zu jener Zeit, als auf dem nahen Godesberg noch ein stolzes Ritterschloß in den Bonngau hinunterschaute. Damals lebte auf der Godesburg ein alter Ritter, weit bekannt in rheinischen Landen. Seine Ehefrau war gestorben; doch in zwei stattlichen Söhnen lebte ihr Bild fort. Der ältere war mit Leib und Seele das Abbild seiner Mutter, er hatte jedoch das Gemüt eines Kindes. Daher ruhten des Vaters Augen wohlgefälliger auf ihm als auf dem jüngeren, der trotz seiner Jugend schon manches tolle Wagnis und auch schon manches unritterliche Abenteuer unternommen hatte. Doch der Greis hoffte, nach einer stürmischen Jugend werde er Herz und Hirn ernsteren Dingen zuwenden. Die Mutter hatte immer gehofft, den Zweitgeborenen werde dereinst der Kölner Bischofsring schmücken, während Erich, der ältere, Herr auf der Godesburg sei. Oft spann der Greis an jenem frommen Wunsch und richtete manches Gebet zum Himmel, wohl wissend, daß droben seine verstorbene Frau sich mit seinen Bitten vereinigte. Doch der Jüngling verschloß sich diesem Wunsch.

Dann kam der Tod schweren Schrittes auf die Godesburg. Der alte Ritter segnete seine beiden Söhne und erflehte ihnen Gottes reichen Segen, diesem auf der Burg der Väter, jenem vor dem Altar des Herrn.

Im hohen Ahnensaal der Godesburg saßen eines Tages die beiden Brüder beim gewohnten Mahl. Nur spärlich flossen die Worte. „Ich nahm nur", erklärte der ältere, „was mir uraltes Väterrecht beschert hat. Nicht Herr bin ich, sondern nur Hüter meines Besitzes. Dir aber ward ein höheres Erbe vor dem Altar des Herrn verbrieft." Doch trotzig entgegnete der jüngere: „Nie beuge ich mich starrem Zwange, der dem älteren die Rüstung, dem jüngeren die Kutte auflegt. Böte man mir Bischofsring und Kardinalshut, ich wäre nicht gewillt, ein Priesterkleid zu tragen, sonder das eiserne Kleid, das ich bislang trug."

Bedrückt hörte ihn der andere an. Still war's im Ahnensaal der Godesburg.

Vom Fuß des Godesberges bis zu den Toren der Stadt Bonn erstreckte sich dazumal ein Wald mit vielerlei Wild. Eines Tages schmetterten wieder einmal Jagdhörner in den waldigen Gefilden. Gemeinsam oblagen die beiden Brüder dem edlen Waidwerk. Der jüngere hatte dem älteren angedeutet, daß er gedenke, den Erzbischof von Köln aufzusuchen und ihm den Brief zu übergeben, den der Vater für seinen jüngsten Sohn hinterlassen hatte.

Darüber freute Erich sich gar sehr. Wohlgemut durchstreifte er den Wald, und das Jagdglück war ihm sehr hold. Mehrere ansehnliche Keiler und einen starken Hirsch hatte er erlegt. Mager war dagegen seines Bruders Beute. Ein seltsames Feuer glomm in seinen Augen. Als er einem mächtigen Keiler auf der Fährte war, half ihm der Bruder, das Tier zu verfolgen. Plötzlich brach der Keiler durch das Geäst. Aus der Hand des jüngeren schwirrte der Jagdspieß, verfehlte aber das Ziel und blieb tief in einem Baum haften.

„Deine Hand ist mehr geeignet, fromme Christen zu segnen", scherzte lächelnd Erich. „Und unbequemer Brüder sich zu entledigen!" knirschte jener, riß blitzschnell den Degen von seiner Seite und stieß den Stahl in die Brust des Bruders. Ein Schrei gellte durch den Wald, in dem der Brudermörder schnell verschwand. Eilends stürzten die Knappen herbei: In seinem Blut lag der Graf, auf seinen Augen die Schleier des Todes. In einem tiefen Seufzer: „Mein Bruder", erstarben seine letzten Worte. Erschüttert wiederholten es die Knappen. Großes Leid herrschte auf der Godesburg, wo man den jungen Schloßherrn in die frische Gruft seines Vaters bettete. Die Burg war vereinsamt. Durch die rheinischen Lande ging die Kunde von dem unglücklichen Godesberger, der von Bruderhand gefallen war.

Eines Nachts entzündete ein Blitz den Turm der Godesburg. Ehe man von drunten Hilfe brachte, hatte das züngelnde Feuer alles vernichtet. So wurde die stolze Godesburg zur trauernden Ruine.

Jahre schwanden dahin. Da klopfte eines Tages an die Pforte des Klosters Heisterbach im Siebengebirge ein fremder Wanderer, halb Pilger, halb Bettler, das Gewand verschlissen, das Antlitz fahl, der Leib gebrochen. Murmelnd bat er den Bruder Pförtner, sich eines armen Sünders zu erbarmen. Er komme aus dem Heiligen Land, seine Füße trügen ihn nicht weiter. Als der Prior ihn sah, erkannte er in ihm den Brudermörder von der Godesburg. Doch in zwei Jahrzehnten hatte er im Heiligen Land seine Tat gesühnt. Nun bat er um einen Platz hinter den Klostermauern, wo er hinübersehen konnte auf die Trümmer der Godesburg und beten und büßen, bis der Tod seine arme Seele von hinnen trug. Der Prior, der den Heimgekehrten als Knabe und Jüngling gekannt hatte, legte dem Armen mild die Hände aufs Haupt.

Dort aber, wo der Brudermord geschah, ließ der Kölner Erzbischof eine Kreuzespyramide errichten.

(n. W. Ruland)

Das spitze Kreuz

Während der Dreißigjährige Krieg wütete und die Menschen von Hunger heimgesucht wurden, herrschte in Bodenbach die Pest. Schon die Hälfte der Dorfbewohner hatte sie als Opfer gefordert, und noch immer war das Ende des Schreckens nicht abzusehen.

Eines Tages wurde Pitzens Hannes mit dem nächtlichen Abtransport eines Pesttoten nach Kelberg betraut. Als sein trauriges Gefährt den letzten Höhenzug im „Suhrbösch“ erreicht hatte, hielten seine mageren Ochsen, denen die Hungerkur der letzten Jahre fast alle Kräfte geraubt hatte, plötzlich auf dem Wege inne. Hannes gönnte ihnen gern etwas Ruhe, zumal der Weg bis Kelberg nur mehr wenige Minuten betrug. Ihm selbst versagten die Beine auch fast den Dienst.

Mit einem tiefen Seufzer ließ er sich im Waldmoos nieder und überdachte, den Kopf in die schwieligen Hände gestützt, das Elend der Zeit.

Auf einmal lenkte Hannes den Blick zum nächtlichen Sternenhimmel. Die groben Fäuste falteten sich, seine Lippen fingen an, sich zu bewegen, und aus tiefinnerstem Herzen sprach er: „Herrgott im Himmel, hilf doch! Nimm die Pest hinweg! Sollte dies der letzte Pesttote aus unserm Dorf sein, so verspreche ich dir, hier an dieser Stelle ein Kreuz errichten zu lassen.“

Getröstet fuhr Hannes weiter. Auf dem Heimweg erneuerte er sein Versprechen. Einige Tage später ging die Krankheit zurück. Der Herrgott hatte Hannes erhört. Getreu seinem Versprechen ließ der Dankbare an der genannten Stelle ein Steinkreuz aus rotem Sandstein errichten, dessen Kopfstück zu einem spitzen Dach ausgearbeitet ist und dem Kreuz seinen Namen gab. Es steht noch heute und ist ein Erinnerungszeichen an Gottes Hilfe.

(n. Britz)

Spitzes Kreuz bei Kelberg

Das Kreuz im Perlbachtal

Vor vielen Jahren gab es in Kalterherberg einmal einen Förster, der ein sehr unglücklicher Mensch war. Er lebte ganz für sich allein und ging nicht zur Kirche. Wenn am Sonntagmorgen die Leute zum Hochamt gingen, zog er mit seinem Hund in den Wald. Er sah immer finster drein und zeigte sich gegenüber den Dorfbewohnern unbeherrscht, so daß er von den Leuten gemieden wurde. Wenn sie ihm mit seinem zottigen Hund, der vor jedermann die Zähne fletschte, im Walde unverhofft begegneten, fuhr ihnen jedesmal der Schreck in die Glieder, daß sie versucht waren, sich zu bekreuzigen und ein kurzes Gebet zu verrichten.

Der Förster zechte wieder einmal stundenlang im Wirtshaus, sicher, um seine Einsamkeit zu vergessen. Einige Bauern, die ihm anfangs noch mit scheuem Lächeln zugeprostet hatten, rückten von ihm ab und saßen dicht beieinander in einer Ecke. Der Förster hatte sich inzwischen einen Rausch angetrunken, war darüber erbost und begann wild zu fluchen. Um es nicht zu einer Schlägerei kommen zu lassen, rief der Wirt mit zitternder Stimme: „Ich bitte Euch, Herr Förster, mäßigt Euch, denkt an Euren Tod! Gott möge Euch gnädig sein!“

Da schlug der Förster, den diese Worte wohl tief getroffen hatten, in ohnmächtiger Wut auf den Tisch, daß die Biergläser klirrten und der Hund, der am Tischbein angebunden war, aufsprang und wütend bellte. „Bei meinem Tod“, so rief der Förster aus, „möchte ich meinen Hund bei mir haben und nicht Euren Pastor!“ Dann bezahlte er seine Zeche und torkelte hinaus.

Draußen hatte es inzwischen stark geregnet. Als der Förster mit seinem Hund durch den Wald ins Perlbachtal hinabstieg, kam er mehr als einmal auf dem glatten Waldboden zu Fall. Dann stieß er einen wilden Fluch aus, zerrte seinen Hund an der Leine herbei, als sei er schuld an seinem Fall, drohte ihm mit der Faust und trottete weiter.

So kam er schließlich an den „Mertessteg“ (Martinssteg), eine kleine, recht wackelige Brücke aus jungen Fichten über den Perlbach. Über sie führt der Weg durch den gegenüberliegenden Hochwald nach Höfen. Die Hölzer, aus denen der Steg zusammengesetzt war, hatte der Regen glitschig gemacht. Da der Förster in seinem Ärger wie blind drauflosschritt, merkte er nicht, daß sein Fuß plötzlich ins Leere glitt. Er verlor das vom Alkohol stark angeschlagene Gleichgewicht, stürzte kopfüber in den stark angeschwollenen Perlbach und ertrank in den Fluten. Als der Hund ohne seinen Herrn winselnd nach Kalterherberg kam, war allen klar, daß Gott den Förster für seine Vergehen gestraft hatte.

Zur Erinnerung und Mahnung wurde am „Mertessteg“ ein schlichtes Holzkreuz errichtet.

(n. H. Prümmer)

Das „Chrestnachtskröz“

Zwischen den beiden Höhendörfern Berescheid und Harperscheid liegt in einem idyllischen Tal die Schafbachmühle an einem rauschenden Bach, umgeben von dunklen Fichten und sumpfigen Wiesen. Die Einheimischen meiden meist diese uralte Mühle, weil es dort zu mitternächtlicher Stunde spuke. Bereits die Vorfahren haben vor dem Schafbachtal gewarnt und von Greueltaten erzählt, die sich hier zugetragen haben sollen.

Manche Leute haben noch heute Angst, wenn sie abends oder nachts an der unheimlichen Mühle vorbei müssen. Größer aber noch wird die Angst, wenn sie jenen steinigen Hohlweg betreten, der von der Mühle aus sich steil den Schafberg hinaufschlängelt und nach Berescheid führt; denn hier soll im 13. Jh. ein unheimlicher Einsiedler gehaust haben, der als „Berggeist“ einsame Wanderer überfiel und ermordete. Dieser Berggeist stand im Bunde mit zehn weißen, gespenstischen „Juffern“. Mit Vorliebe hielten sie sich im Schafbachtal und am Schafberg auf, denn dort war damals nur Heidelandschaft mit einem spärlichen Graswuchs. Wenn auch die ganze Gegend als idealer Weideplatz galt, so kamen die Schäfer doch nur ungern dahin; denn sie wußten, daß es hier manchmal nicht geheuer war. Ältere Schäfer mieden sogar die Gegend. Seitdem hüteten im Schafbachtal nur noch junge Burschen die Schafe. Die jungen Schäfer lachten über die angeblichen Greueltaten des Berggeistes und der „Juffern“. Dieses Hohngelächter über sie aber sollte bald verstummen.

In der Christnacht 1259 jagten sie einen jungen Schäfer durch Gehölz und Gestrüpp, über Stock und Stein, bis er in einem kleinen sumpfigen Wiesental, etwa ein Steinwurf von der Mühle entfernt, zu Tode dahinsank. Sie ließen den Toten einfach liegen. Als dann später der zu Tode gehetzte Schäfer von seinen Kollegen aufgefunden wurde, war sein Blut, das aus dem Mund geflossen war, bereits geronnen und hatte eine bräunliche Farbe angenommen. Zur Erinnerung an das schreckliche Geschehen gab man dem kleinen Seitental den Namen „Brongsief“ (brauner Seifen).

Die Leute hatten fernerhin in den Tagen von Weihnachten bis Dreikönige eine besondere Scheu davor, den Schafberg im Dunkeln zu begehen. An der Mordstelle stellte man ein Holzkreuz auf, das jeden Vorübergehenden an den Tod des armen Schäfers erinnern sollte. Weil der Mord in der Christnacht geschah, wurde das Kreuz allgemein „Chrestnachtskröz“ genannt.

(n. EVZ)

Franzosenkreuz bei Nöthen

Das Franzosenkreuz

Als vor vielen, vielen Jahren französische Truppen in Münstereifel einquartiert waren, wollte ein Offizier mit seinem Burschen an einem Karfreitag nach Nöthen reiten. Nachdem die beiden Reiter durch das Heisterbacher Tor die Stadt verlassen hatten, begann bald der Anstieg zum Nöthener Berg. Hier mußten sie unmittelbar an einem Kreuz vorbeireiten. Der ungläubige Offizier sah das Kreuz und gab seinem Burschen den Befehl, dem Gekreuzigten in den Leib zu schießen. Der Bursche jedoch war ein tiefgläubiger Christ und weigerte sich entschieden, den frevelhaften Befehl auszuführen. Da riß der Offizier ihm das Gewehr von der Schulter, lud es und schoß. Die Kugel traf den Gekreuzigten mitten in den Leib.

Plötzlich öffnete sich dort, wo der Offizier den frevelhaften Schuß abgegeben hatte, die Erde und verschlang Roß und Reiter. Der Bursche versuchte noch, seinem Herrn zu helfen, aber vergebens, von ihm war nichts mehr zu sehen.

Seither hat das Kreuz den Namen „Franzosenkreuz". Lange konnte man an der Stelle, wo der Kreuzschänder gestanden hatte, in der Wiese eine Vertiefung erkennen.

(n. J.M. Ohlert)

Die Heilige Stiege und der Kreuzberg von Bonn

Vor über 300 Jahren lebte in seinem Schloß zu Bonn der Kurfürst Ferdinand. Nach einem Krieg sagte er zu seinen Leuten, auf dem Kreuzberg, wo seit alter Zeit ein Kreuz stand, wolle er eine große Kirche bauen. Eines Tages ritt er mit seinem Hofstaat den Berg hinauf, um einen passenden Platz zu finden. Als er nicht so recht wußte, welche Stelle wohl die beste sei, blieb auf einmal das Pferd des Kurfürsten stehen und scharrte mit seinem Huf ein Loch in die Erde. Darauf dachte der Kurfürst: „Gott will uns ein Zeichen geben. Hier soll die Kirche gebaut werden." Bald legte der Kurfürst den Grundstein und im nächsten Jahr stand die Kirche bis auf den Hahn fix und fertig da. Neben die Kirche ließ der Kurfürst noch ein Kloster bauen. Hier wohnten die Mönche, die für die Kirche sorgten.

Hundert Jahre später lebte der Kurfürst Clemens August. Er war nicht nur fromm, sondern auch reich. Jeden Freitag, besonders in der Fastenzeit, ging er mit vielen Leuten zum Kreuzberg. Ein Diener trug einen Ledersack mit tausend Gulden in kleinen Münzen. Die ließ der Kurfürst an die Armen verteilen, die betend mit ihm auf den Kreuzberg stiegen.

Eines Tages sagte der Kurfürst: „Damit die Leute noch mehr an das Leiden des Heilands erinnert werden, will ich eine Marmortreppe mit 28 Stufen bauen lassen; sie soll gerade so aussehen, wie die Treppe am Haus des Pilatus. Weil der Heiland über sie gegangen ist, soll sie „Heilige Stiege“ heißen. Deshalb darf kein Mensch sie mit Stiefeln oder Waffen betreten.“

Bald stand die „Heilige Stiege“ fertig da, und Tausende pilgerten in der Karwoche zum heiligen Berg.

Als aber die Franzosen um 1800 nach Bonn kamen, mußten die Mönche ihr Kloster verlassen. Eines Tages ritt Napoleon mit seinem Schimmel zum Kreuzberg. Er sah die „Heilige Stiege“ und dachte: „Was soll's, die reite ich hinauf.“ Es wurde ihm von den Leuten gesagt, das dürfe er nicht. Napoleon aber lachte und gab seinem Schimmel die Sporen. Der aber wollte nicht und schlug mit seinen Hufen so hart auf den Marmor, daß ein paar Stücke losbrachen.

Als die Russen Napoleon und sein großes Heer geschlagen hatten, sagten die Leute: „Seht, das ist die Strafe für ihn, weil er die „Heilige Stiege“ hinaufgeritten ist!“

(n. J. Dietz)

Das „Stadtkyller Schnapskreuz“

Vor 150 Jahren lebten in Hammerhütte bei Stadtkyll die Brüder Karl, Arnold und Heinrich Kremer, die um diese Zeit eine gutgehende Brennerei unterhielten. Ihre klaren Getränke wurden faßweise in alle Himmelsrichtungen verkauft und die Fuder mit einem dreispännigen Pferdefuhrwerk von Ort zu Ort transportiert.

Einmal, in der Frühe eines kalten Wintertages war es, als Karl und Arnold ihren Wagen bespannten, um zwei Fuder Branntwein nach Weismes zu fahren. Die Fässer lagen, mit Ketten gesichert, auf dem Wagen und vermochten sich selbst auf der holprigsten Straße nicht zu rühren.

Bei schönstem Winterwetter ging die Fahrt über Kronenburg und Losheim nach Weismes bei Malmedy, das nach fast achtstündiger Fahrt am Spätnachmittag erreicht wurde. Nachdem die „geistreiche“ Flüssigkeit bei den Gastwirten abgesetzt worden war, wurde im letzten Gasthaus Quartier bezogen, und Menschen und Pferde konnten sich Ruhe gönnen.

Über Nacht aber änderte sich das Wetter. Ein scharfer Westwind wehte über die Eifelberge, und die Wolken, die er vom Meer herübertrieb, überschütteten Wälder, Wiesen und Wege mit Schnee, so daß am folgenden Morgen die ganze Landschaft in eine weiße Fläche verwandelt war.

Die Brüder Kremer rüsteten zeitig zur Heimfahrt. Zunächst kamen die Pferde trotz des Schnees mit den geleerten Fässern einigermaßen schnell voran. Aber als vom grauen Himmel die Schneeflocken ununterbrochen weiterfielen, wurde das Fahren allmählich mühsamer, und bald konnte nur ein Ortskundiger sich noch in Wegen und Richtung zurechtfinden. Zwar hatten manche Gemeinden an den Landstraßen Stöcke mit Strohbündeln als Wegzeichen aufstellen lassen; aber viele waren von Sturm und Schnee umgeworfen worden. So wurde die Orientierung immer schwieriger. Mit Schrecken dachten die Brüder daran, wie wohl die lange Fahrt bei diesem hohen Schnee enden würde.

Es war Nachmittag, und bald breitete sich die Dämmerung wie ein dunkelgrauer Schleier über die weiße Landschaft aus. Längst hätte man daheim in Hammerhütte sein müssen. Ein bange Ahnung wurde allmählich zur Gewißheit: „Wir haben den Weg verfehlt.“ Es dunkelte mehr und mehr, und kein Licht war zu sehen, das ihnen die Richtung zu einem Ort hätte weisen können. Überall stand der Wald finster zur Seite.

Die Brüder überlegten in dieser Situation, wie sie die Nacht, in irgendeiner Weise vor Kälte und Schnee geschützt, zubringen könnten. Nachdem die ermüdeten Pferde bei schützenden Fichten untergestellt und gefüttert waren, kam ihnen der Gedanke, in einem der großen Fässer die Nacht zu verbringen. Sie stießen einem Faß den Boden aus und füllten es innen mit Stroh. Bevor sie sich darauf zum Schlafe niederlegten, gelobten sie in ihrer Not, an der Haltestelle ein Kreuz zu errichten, sollten sie ohne Schaden am anderen Tag den Weg nach Hause finden. Als sie frühmorgens erwachten, war es noch dunkel; doch das blasse Licht des Mondes hatte über den Wald einen weihnachtlichen Glanz gebreitet. Da erklang auf einmal von ferne Glockengeläut. „Gott sei Dank! Das sind die Glocken von Olzheim, nun sind wir gerettet!“ meinte Karl.

Schnell wurden die Pferde geschirrt, und nach einem weiten Umweg, immer dem Klang der Glocken entgegen, wurden bald die rötlich schimmernden Lichter von Olzheim sichtbar. Obgleich noch an manchen Stellen des Heimweges starke Schneeverwehungen zu überwinden waren, kamen Karl und Arnold gegen Mittag in Hammerhütte an.

Das Gelöbnis wurde verwirklicht, und im folgenden Frühjahr stand auf der Höhe an der Straße Olzheim – „Halbmeile“ ein großes Kreuz als Dank für die Rettung aus großer Not. Das Kreuz wurde, für die Nichteingeweihten sehr unverständlich, seit jeher von den ältesten Bewohnern der Gegend „Stadtkyller Schnapskreuz“ genannt.

(n. H.D.)

Das Kreuz der Mutter

Ein Knecht aus Hoven mußte in der Armee Napoleons dienen. Als er von seiner Mutter Abschied nahm, überreichte sie ihm ein schlichtes, kleines Holzkreuz. Wie sie ihm sagte, stammte das Holz des Kreuzleins von einem alten Eibenbaum, der hinter dem Dorfkreuz stünde. Er solle das Kreuzlein mit Vertrauen auf Gottes Hilfe immer bei sich tragen, so werde er glücklich wieder zu ihr zurückkommen. Der Knecht tat so und zog zuversichtlich mit den Truppen Napoleons fort. Überall in Europa kämpfte er mit Tapferkeit und Glück. Das kleine Holzkreuz trug er unter dem Waffenrock in seinem Brustbeutel.

Schließlich kam er nach Spanien. Hier aber geriet er in Gefangenschaft und wurde mit zweien seiner Kameraden zum Tode verurteilt. Nun hatte aber der General, der das Todesurteil zu verhängen hatte, eine Ehefrau aus dem Rheinland. Als diese von den zum Tode Verurteilten hörte, erkundigte sie sich, aus welchem Land sie stammten. Da erfuhr sie nun, daß ein Soldat aus ihrer Heimat dabei sei. Sie bat ihren Mann inständig, diesem Soldaten eine Begnadigung zu erwirken. Sie hatte Erfolg, und sie war es, die dem Hovener die frohe Kunde seiner Freilassung überbrachte.

Der Gerettete sagte: „Das wußte ich schon, hohe Frau!" Darüber war sie höchst erstaunt und verlangte eine Erklärung. Darauf erzählte der Hovener ihr die Geschichte von dem Kreuzchen, das ihm die Mutter beim Abschied gegeben hatte. Gerührt von dem kindlich festen Glauben und Vertrauen dieses Soldaten, entließ die Generalsfrau ihn reich beschenkt und froh, einem guten Menschen ihrer alten Heimat geholfen zu haben. Wohlbehalten kam er in seine Heimat zurück und wohnte seitdem in Zülpich.

(n. P.H. Pesch)

Der Dreifaltigkeitsbildstock

In dem Dorf Niederlützingen gab es im achtzehnten Jahrhundert ein großes Viehsterben. Die schlimme Seuche sprang rasch von Stall zu Stall, und jeden Tag gab es auf dem Schindanger, wo die Tierkörper verscharrt wurden, traurige Arbeit genug.

In dieser Not machte ein Bauer und Winzer, der bis dahin von der Seuche verschont geblieben war, das Versprechen, zum Lob der Heiligen Dreifaltigkeit einen Bildstock errichten zu lassen, falls die entsetzliche Plage an seinem Viehstall vorübergehen würde.

Allmählich erlosch die Seuche. Kein Tier dieses Bauern war krank geworden. Der Mann hatte bei seinen irdischen Sorgen um Feld und Weinberg sein Versprechen zwar nicht vergessen, aber mit der Erfüllung hatte er es gar nicht eilig.

Da traf eines Tages den Bauern ein Unglück. Seine beste Kuh lag morgens tot im Stall. Nun wurde es ihm heiß und kalt unter seinem Hut. Sein Gewissen und seine Frau ließen ihm keine Ruhe. Noch am gleichen Tag wanderte er nach Andernach und bestellte dort bei einem Steinmetzmeister den Bildstock.

Bald war der fertig, und der Bauer fuhr selbst mit dem „Braunen" in die Stadt, um ihn abzuholen. Als er an den „Winnweg" kam, brachte das Tier die Last nicht mehr voran. Der Müller aus der benachbarten Mühle spannte bereitwillig seine Gäule vor, doch vergeblich.

Jedermann sah: Das ging nicht mit rechten Dingen zu, denn der Bildstock wog höchstens zwei Zentner. Leute aus den nahen Weinbergen wußten auch erst keinen Rat. Endlich aber schlug jemand vor: „Wir wollen einmal drei Vaterunser beten, dann packen wir alle an." So geschah es, und man kam ein Stück voran, und der Bauer rief: „Weiter beten!"

Betend ging es nun langsam und mühsam aufwärts bis an den Hohlweg am oberen Ende des Weges. Hier aber kam man nicht mehr weiter. Man hob den Bildstock vom Wagen und richtete ihn hier auf, wo er heute noch steht.

(n. K. Schäfer)

Die „Trösterin der Betrübten" zu Luxemburg (L)

Studenten aus dem Jesuitenkollegium zu Luxemburg, die zur Erholung auf den damals noch bewaldeten Cristpinusberg gewandert waren, entdeckten unvermutet an einem Baum ein Muttergottesbild. Sie brachten das Bild in ihr Kollegium. Am andern Morgen war es dort jedoch verschwunden. Nach langem Suchen fand man es schließlich dort, wo man es entdeckt hatte. Das geschah ein zweites und drittes Mal.

Nun war jeder davon überzeugt, daß die heilige Jungfrau eine besondere Vorliebe für diesen Platz hatte. Bald wurde darauf die bekannte Muttergotteskapelle vor den Toren der Stadt Luxemburg gebaut. Später wurde durch einen Krieg die Kapelle zerstört, seitdem thront die Statue der „Trösterin der Betrübten", der Schutzpatronin des Luxemburger Landes, auf dem Hochaltar der Domkirche.

Seit Jahrhunderten wird alljährlich im Maimonat zum Schluß der Muttergottesoktav in der Stadt Luxemburg zu Ehren der Stadtpatronin eine Prozession gehalten. Niemals war in Kriegszeiten oder bei Unwetter die Prozession verschoben oder gar eingestellt worden.

Einmal jedoch geschah es, daß die geistliche Behörde, obwohl die Gläubigen zur Prozession schon bereitstanden und sich in Bewegung setzten, die Durchführung der Prozession auf den folgenden Sonntag verlegte, weil das Wetter umgeschlagen war und man mit einem heftigen Regen rechnete.

Wie aber staunten die Luxemburger, als man zur Morgenmesse in den Dom kam und feststellen mußte, daß das Muttergottesbild vom Hochaltar verschwunden war. Nach langem, vergeblichen Suchen fand man die Madonna endlich vor den Toren der Stadt mit nassem, verschmutzten Gewand. Fromme Seelen hatten in der Nacht eine himmlische Musik gehört, die aus der Höhe zu kommen schien. Maria war mit ihrem Kind den gewohnten Prozessionsweg allein und zu Fuß gewandert.

Seit dieser Zeit wurde die Muttergottesprozession zu Luxemburg niemals mehr verschoben.

(n. Cederstolpe)

Der „Bildchesbaum“

Nicht weit von der Burg Falkenstein befindet sich im Wald der sogenannte „Bildchesbaum“. Das Bild der „Schwarzen Muttergottes“ steht hier neben einer mächtigen Eiche. Die Sonne soll Maria so dunkel gebrannt haben, als sie einst über ein Gebirge ging. Zu dieser dunklen Muttergottes hat das Volk ein ganz besonderes Vertrauen und nennt sie „Notmarie“, weil sie in jeder Not Hilfe gewährt.

Ein Ritter von Falkenstein soll dieses Bild von einer Fahrt ins Heilige Land mitgebracht und hier aufgestellt haben. Wie der Ritter von Vianden freite auch er um das Burgfräulein von Neuerburg. Als dieses sich für ihn entschied, zog er sich den tödlichen Haß seines Nebenbuhlers zu.

Eines Tages war er zu seiner Braut unterwegs. Da lauerte der Ritter von Vianden ihm auf. Als nun die Reiter von allen Seiten auf ihn zusprengten, gelang es ihm zwar zunächst, auf seinem schnellen Roß zu entkommen. Doch auf der Flucht brach das Pferd ein Bein. Nun mußte er hören, wie die Gegner näher und näher herankamen. Da sank er neben einer Eiche nieder und flehte Maria inständig um

Hilfe an. Im gleichen Augenblick trat eine Frau hinter dem Baum hervor, faßte ihn rasch bei der Hand und führte ihn um den Stamm herum zu einer Höhlung in dem alten Baum. Dann verschwand sie.

Kaum hatte sich der Ritter in der Höhlung verborgen, da erschienen auch schon die feindlichen Reiter. Einer von den Leuten des Viandeners meinte, der Falkensteiner müsse in dem Baum sitzen. Das könne nicht sein, erwiderte ein anderer, vor der Höhlung habe ja eine Spinne ihr Netz gebaut. Darauf eilten sie weiter.
Als die Gefahr vorüber war, verließ der Falkensteiner die schützende Stelle. Er machte das Versprechen, ein Bild der Muttergottes aus dem Heiligen Land zu holen und es hier aufzustellen, wo sie ihn vor dem sicheren Tod gerettet hatte. Von der Pilgerfahrt brachte er das Bild der „Schwarzen Muttergottes" mit, das noch heute am „Bildchesbaum" zu sehen ist.

(n. G. Henßen)

Die Marienkapelle am Fuhrbach

Das Ziel vieler Muttergottesverehrer im Maimonat ist die Marienkapelle am Fuhrbach. Abends ziehen die Gläubigen einzeln und in Gruppen dorthin, um die Himmelskönigin um ihre Fürsprache zu bitten. Auf den Bänken in der kleinen Anlage um das alte Heiligtum ruhen sie von des Tages Arbeit aus, und unter dem mächtigen Kastanienbaum wird auch die Geschichte der Kapelle wieder wach, die ihre Entstehung einem Gelübde verdankt, das der Rentmeister Prange aus Niederehe vor über 200 Jahren abgelegt hat.

Jener Rentmeister, der infolge seines Amtes viel Land sein eigen nennen konnte, hatte in seinem Heimatort Niederehe sein väterliches Erbe abgeholt, eine beträchtliche Summe blinkender Dukaten. Auf dem Heimweg lauerten ihm nicht weit von Leudersdorf zwei Landstreicher auf, um ihn seiner Habe zu berauben. Ihre Absicht hatte der Rentmeister bald erkannt. Da die schützende Dämmerung noch nicht hereingebrochen war, wagten die beiden es nicht, ihr Vorhaben auszuführen, sondern folgten ihm in Sichtweite.

Pranges Herz schlug schneller. Er beschleunigte seine Schritte, um noch vor Dunkelheit das rettende Dollendorf zu erreichen. Seine Geldlast behinderte ihn beim Gehen. Als er am Michelsbach anlangte, bemerkte er seine Verfolger in bedrohlicher Nähe. Steil war der Berg, der nun vor ihm lag. Die Zeit kroch, sie wurde ihm zur Ewigkeit.

Angstschweiß trat auf die Stirn des Rentmeisters. doch die Gedanken an Frau und Kinder, an Hab und Gut gaben ihm wieder neuen Mut. Er rannte aus Leibeskräften. Dabei machte er das Gelübde: „Wenn ich den Schnappener Berg erreiche, werde ich dort ein Kreuz errichten."

Glücklich gelangte er auf die Höhe und wollte dort kurze Zeit verschnaufen. Doch seine Verfolger ließen ihm keine Ruhe und hetzten ihn weiter. Im Weiterhasten flehte er: „Heilige Maria, Mutter Gottes, laß mich bis zum Fuhrbach kommen, dann will ich dir dort ein Heiligenhäuschen errichten."

Der Rentmeister hat sein Versprechen gehalten und sowohl auf dem Schnappener Berg ein Kreuz aufgestellt als auch am Fuhrbach ein Heiligenhäuschen zu Ehren der Mutter Gottes bauen lassen.

(n. P.C. Ettighofer)

Der Klausner von Kobern

Auf der Felsenkuppe von Kobern stehen zwei alte Burgen. Am Felsenhang unten im Tal zeigt man die Reste einer Klause. In der Nähe sprudelt eine Quelle, und daneben grüßt ein Muttergottesbild.

Hoch oben auf der Burg wohnte Schön Elsa, die Tochter des Edlen Robin von Kobern, verehrt und umworben von manchem stolzen Ritter. Doch ihre Liebe galt nur dem Ritter von Ehrenberg, der eines Tages gegen Koblenz zog und die Stadt anzündete. Wegen dieser Freveltat wurde er vor Gericht gestellt und durch den Schirmvogt von Kobern des Landes verwiesen. Nichts blieb ihm als seine Harfe. Mit ihr zog er als fahrender Sänger durch die deutschen Lande und pries in seinen Liedern, was seine Brust empfand.

Lange irrte er in der Fremde umher. Da zog es ihn eines Tages wieder mächtig ins schöne Moselland zurück. Schön Elsa hatte um ihren Liebsten viele Tränen vergossen. Nichts konnte sie beruhigen, noch der Vater sie trösten.

Da saßen eines Abends Ritter und Edle in froher Tafelrunde bei Wein und Spiel auf Burg Kobern zusammen, auch Elsa war da.

Plötzlich trat grüßend ein Sänger ein. Als er die schöne Jungfrau sah, klangen seine Lieder froh und mächtig auf. Schön Elsa erkannte ihren Geliebten, wollte ihn aber nicht verraten, erbebte und sank totenbleich zu Boden.

Der Sänger aber kehrte dem Schloß den Rücken und wandte sich dem Tale zu. Hier fand er ein Muttergottesbild und flehte im Gebet um Frieden. Dann baute er sich eine Klause und weihte sich dem Herrn.

Als eines Abends wilde Räuberhorden durch das Tal zogen, hörte er einen Räuber sagen: „Schlag 12 Uhr wird die Pforte gesprengt, und Elsa ist unser." Da entflammte der Mut des Ritters von Ehrenberg. Schnell eilte er zur Burg, um die Ritter des Schlosses zur Gegenwehr zu wecken. Doch kaum hatte er die Burg erreicht, waren die Räuber ihm schon auf den Fersen. Mit Löwenmut warf er sich ihnen entgegen. Bald nahte auch Hilfe, die Feinde flohen, aber über Feindesleichen sank der Klausner hin. Elsa erkannte ihn sofort. „Auf Wiedersehen dort oben!" sagte er mit schwacher Stimme und starb.

Die Burgen sind zerfallen, die Klause liegt in Trümmern. Nur das Muttergottesbild blieb stummer Zeuge ritterlicher Liebe.

(n. F. Pferdemenges/C. Schlipköter)

Das Marienbild von Hall

Es war an einem Spätherbstmorgen, als Graten Johann droben „auf Hall" die blanke Pflugschar auf seinen Acker setzte und „Bleß" und „Schwitt" mit steifem Nacken geduldig Furche um Furche zogen.

Johann war Junggeselle und wohnte drunten im Tal in einem kleinen, strohbedeckten Haus. Arbeit und Alter hatten den Rücken des Bauern schon etwas gebeugt. Aber trotzdem führte er noch gern den Pflug und achtete darauf, daß die Ackerfurchen gerade und gleichmäßig wurden. Nach dem Pflügen würde er das Feld eggen und dann zuerst mit Korn ein großes Kreuz aussäen, bevor er das übrige Saatgut dem Acker anvertraute. So hatte er es vom Vater gelernt.

Plötzlich wurde Johann aus seinen Gedanken herausgerissen, weil seine beiden Tiere mitten auf dem Feld stehenblieben. Ein Peitschenknall zerriß die Morgenstille und ein anfeuerndes Rufen: „Jöh, Bleß, Schwitt!" Aber die Tiere bewegten sich keinen Schritt vorwärts. Nur ein Zittern überflog ihre Flanken. Johann zog den Pflug ein wenig zurück, um ihn beim erneuten Anziehen mit voller Wucht ins steinige Erdreich zu zwingen. Auch ein neuer Peitschenknall und ein unterdrückter Fluch brachten die Tiere nicht vom Fleck. Vielleicht war ein Felsstück im Wege, das zuerst weggeräumt werden mußte?

Als Johann genauer hinsah, leuchtete ihm aus der braunen Erde etwas Blaues entgegen. Was mochte das sein? Neugierig trat er näher und scharrte vorsichtig die Erde fort, bis ihn schließlich aus dem dunklen Grund ein liebliches Frauenantlitz anblickte und auch das eines Kindes, das die Frau auf dem Schoße hielt. Sie trug ein blaues Gewand. Nun bestand kein Zweifel mehr: eine Muttergottesstatue in seinem Acker.

Wie sie dahin gekommen sein mochte, darüber machte Johann sich weiter keine Gedanken. Er sprach ein kurzes Gebet, und dann vergaß er Pflug und Vieh und rannte trotz seiner alten Beine auf dem schnellsten Wege hinunter ins Dorf.

Verwundert öffnete der greise Pfarrer dem hastig läutenden Bauern die Tür. Es dauerte eine Weile, ehe er von Johann, der völlig außer Atem war, das Wunderbare erfuhr. Schnell wie ein Lauffeuer verbreitete sich die Nachricht darüber durch das ganze Dorf. Bald war jung und alt auf dem Wege nach Hall und fand bestätigt, was zunächst niemand so recht hatte glauben wollen.

Auf Weisung des Pfarrers sollte derjenige die Statue hinunter zur Dorfkirche tragen, der sie gefunden hatte. Dort räumte man dem Bild der Himmelskönigin, die offenbar dem Dorf eine besondere Gnade erwiesen hatte, einen Ehrenplatz ein. Für den Rest des Tages ruhte die Arbeit, und bis zum späten Abend wurde die Kirche nicht leer von stillen Betern.

Mit einem glückseligen Gefühl schlief Graten Johann an diesem Abend ein. Immer wieder sah er im Traum das Bild der holden Frau vor sich, die ihm zuzulächeln schien.

Doch am nächsten Morgen wurde Johann jäh aus seiner frohen Stimmung gerissen. Er saß gerade beim Morgenkaffee, als ein Nachbar ganz aufgeregt hereinstürzte und ihm erzählte, daß der Küster Casters am Morgen zur gewohnten Zeit zur Kirche gegangen, die Tür fest verschlossen, aber bald nach seinem Eintritt ins Gotteshaus das Bild auf seinem Ehrenplatz vermißt habe, wie man daraufhin alles durchsuchte, aber nichts gefunden habe.

Bald lag über dem ganzen Dorf eine tiefe Niedergeschlagenheit. Alles weitere Suchen blieb erfolglos, das Verlorene fand sich nirgends.

Allmählich gingen alle wieder ihrer gewohnten Arbeit nach. Auch Johann trieb seine beiden Ochsen hinauf „auf Hall“, um die gestern begonnene Arbeit zu Ende zu bringen. Der kalte Herbstnebel paßte so recht zu seiner Stimmung. Wie schnell wechselten doch Freude und Leid!

Als der Bauer die Höhe erreicht hatte, lichtete sich der Nebel allmählich, und ein Strahl der Herbstsonne traf die blanke Schar des Pfluges, den er gestern dort stehengelassen hatte.

Doch, was war das? Träumte er oder war es Wirklichkeit? Da stand wahrhaftig das Bild, das er gestern hier mit seinen Händen aus dem Acker gegraben hatte. Dankbare Freude erfüllte das Herz des alten Bauern und fromme Ehrfurcht vor dem, was geschehen war.

Noch einmal trugen ihn seine Füße im Eillauf ins Dorf, wo sich die frohe Kunde schnell von Haus zu Haus fortpflanzte. Im Nu wich die allgemeine Niedergeschlagenheit einer beglückenden Freude. Manch frohes Dankgebet stieg in dieser Stunde zum Himmel.

Ein zweites Mal durfte Johann das Bild zur Kirche bringen, wo es jedoch am folgenden Morgen wieder verschwunden war. Man fand es wie am Vortage „auf Hall“ wieder.

Alle hatten nun den Willen des Himmels erkannt: Hier wollte die Gottesmutter verehrt werden. Und Johann Graten baute mit eigenen Händen an der Stelle, wo er das ehrwürdige Bild gefunden hatte, ein Heiligenhäuschen. Hierhin wallfahrten nun zu allen Zeiten von nah und fern fromme Pilger einzeln oder in Prozessionen, um entweder die „Mutter vom guten Rat“ um Hilfe zu bitten oder der Helferin der Christenheit für ihren Schutz zu danken.

Als später der Friedhof an der Kirche im Tal zu klein wurde, legte man droben auf der Höhe einen neuen, großen Friedhof an. An der gleichen Stelle, wo bislang das Heiligenhäuschen stand, errichtete man eine Kapelle und stellte das Bild auf ihren Altar.

(n. K. Guthausen)

Das Steinrelief an der Straße

Vor langer Zeit, als ein dichter Wald noch den größten Teil der Voreifel bedeckte und eine hohe Mauer die Stadt Düren vor feindlichen Überfällen schützte, lebten auf den Burgen in Merode und d'Horn zwei Ritter in unseliger Feindschaft. Der Haß zwischen den beiden Familien herrschte schon lange, aber bei den jungen Herren hatte er ein Übermaß angenommen. Der Herr von d'Horn sah mit Neid, wie das Haus derer von Merode mit Gütern gesegnet war und immer mehr erstarkte. Daher beschloß er eines Tages, seinen Nebenbuhler zu beseitigen und womöglich dessen Reichtum an sich zu reißen.

Als der Herbst ins Land gekommen war, hielt der junge Herr von d'Horn die richtige Gelegenheit für gekommen. Er hatte nämlich erfahren, daß der Meroder andern morgens zur Jagd reiten wollte. Weil er nun wußte, daß dieser ohne Knappen ausritt, wollte er ihn dabei umbringen. Noch vor Sonnenaufgang ritt er in das Gebiet, in dem sein Gegner gern zu jagen pflegte.

Die Sonne stieg immer höher auf ihrer täglichen Bahn und schien schon durch die dichten Kronen der starken Eichen. Da hörte der Graf von d'Horn auf einmal ganz in der Nähe ein Roß wiehern. Der verhaßte Graf war also gekommen, und der Böse versteckte sich hinter einem Baum und zog seinen Dolch heraus. Der ahnungslose Graf band sein Pferd an einen Baum, um dann in das Dickicht des Waldes einzudringen. Dabei mußte er an dem Baum vorbei, hinter dem sein Gegner lauerte, um ihn zu erdolchen. Der Graf von d'Horn konnte seine Erregung kaum meistern. Er hörte sein Opfer immer näher kommen. Jetzt blieb er vor dem dicken Baum stehen. Der Bösewicht umklammerte den harten Stahl und wollte ihn im nächsten Augenblick in das Herz seines Todfeindes stoßen.

Da klangen plötzlich drei silberhelle Glockenschläge von einem in der Nähe liegenden Kirchlein durch den in der Mittagssonne träumenden Wald. Der Graf von Merode kniete nieder und betete den „Engel des Herrn". Den anderen, der in Gedanken den Mord schon begangen hatte, ergriff ein unbeschreibliches Gefühl. Er war seiner Sinne kaum mächtig. Wieder tönten drei Glockenschläge über die Wipfel der Wälder. Da kam ihm die Erkenntnis, daß er ein Verbrechen hatte begehen wollen. Die Glocke, die das Ave läutete, hatte ihn davor bewahrt.

Er trat hinter dem Baum hervor und gestand reuevoll dem Grafen von Merode seine dunklen Absichten und seine wundersame Begnadung. Der Meroder erkannte die Gefahr, in der er geschwebt hatte, und beide priesen das göttliche Walten.

Das Schloß des Grafen von d'Horn ist längst verfallen. Aber an der Stelle dieser wunderbaren Begebenheit ließ der Graf von Merode einen Gedächtnisstein mit dem Bild des Engels Gabriel, des „Engels des Herrn", der Maria die frohe Botschaft brachte, aufstellen.

(n. Dür. Zeitung)

Hilfe durch den hl. Donatus

Wo heute zwischen Monzel und Noviand ein Bildstock des hl. Donatus steht, hütete einmal ein Schäfer seine Schafe. Plötzlich brach ein schreckliches Unwetter herein. Erschreckt von Donner und Blitz zerstreuten sich die Schafe in alle Himmelsrichtungen. Sogar starke Bäume riß der Sturm aus dem Boden.

In seiner Not flehte der Schäfer zum heiligen Donatus: „Heiliger Donatus, hilf mir, daß ich glücklich wieder nach Hause gelange und alle meine Schafe wiederfinde; denn sie sind mein einziger Reichtum! Zum Dank will ich dir an dieser Stelle einen Bildstock errichten."

Bald hörte das Unwetter auf, die Schafe fanden alle zu ihrem Herrn zurück. Der Schäfer war glücklich. Die Landschaft aber zeigte einen verändertes Aussehen.
Der Schäfer vergaß sein Versprechen nicht und errichtete den Bildstock des hl. Donatus, der heute noch steht.

(n. W.S.)

Der „Decke Tönnes"

An einem strahlenden Sommermorgen vor vielen, vielen Jahren öffnete sich die Pforte des Eifelklosters Steinfeld, und heraus trat ein wohlbeleibter Mönch, der wegen seiner Körperfülle und seines Namens Antonius von seinen Mitmenschen allgemein der „Decke Tönnes" genannt wurde.

Er stammte aus einem Eifeldorf, hatte dort seine Kindheit und Jugend verbracht und führte im allgemeinen ein ungebundenes Leben im Dorf, auf den weiten, grünen Wiesen und im nahen Wald. Von Kind an waren die Tiere seine Freunde gewesen, nicht nur die Kühe und Ziehen, die er sommers zu hüten hatte. Besonders schätzte er den Gesang der Singvögel.

Waldkapelle "Decke Tönnes" bei Münstereifel

Als Antonius für etliche Jahre Aufnahme im Kloster Steinfeld gefunden hatte, lauschte er abends dem Gesang der Nachtigall, die in den schönsten Tonfolgen ihren Schöpfer pries. Ein Stück Natur hatte auch in der Zelle des Mönchs Platz gefunden. Auf seinem Betpult stand stets ein bunter Strauß von Feldblumen, und an den Wänden der engen Zelle hingen großräumige Vogelbauer mit verschiedenen Vogelarten, so daß es sang und trillerte fast wie im Wald.

Bevor Antonius das Kloster verließ, hatte er das Fenster seiner Zelle weit geöffnet und seinen langjährigen Freunden die Freiheit gegeben.

Der Mönch stand nun an der Pforte, und auch vor ihm lag Gottes freie Welt. Er warf einen langen Blick auf die Klostermauern, in denen er ein Stück seines Lebens verbracht hatte. Was würde ihm die Zukunft bringen? Im festen Vertrauen auf den Schöpfer aller Dinge schulterte er dann den Knotensack mit einem kleinen Bündel seiner Habseligkeiten und wanderte rüstig los über Berg und Tal, wo die Eifelbauern bei der Heuernte waren. Ihnen bot er ein: „Gott helf' Euch!“ und sie antworteten mit: „Gott dank' Euch!“

Gegen Abend erreichte Antonius die Stadt Münstereifel. Schon aus der Ferne hatte er die beiden Türme der Stiftskirche erblickt, ihre beiden goldenen Kugeln glänzten im Schein der Abendsonne. Als er später um die Kirche herumging, fand er eine kleine Tür offen, durch die er zu seinem Gott eintreten konnte. Drinnen beleuchtete durch ein Fenster der Mond ein Bild der Mutter Gottes. Vor ihm verrichtete der Mönch sein inniges Abendgebet und verbrachte unter ihrem Schutz schlafend die Nacht. Im Traum vernahm er eine Stimme: „Antonius, mein lieber Bruder, sorge dich nicht. Wer ein Freund der Geschöpfe des Herrn ist, der ist auch sein Freund. Wer sie behütet, den wird auch er behüten. Da du im Kloster nicht bleiben konntest, hat er dir eine andere Aufgabe zugedacht, und er weiß, daß du sie erfüllen wirst. Bei Tagesanbruch sollst du dich auf den Weg machen. Folge den Stimmen der Vögel!“

Am frühen Morgen begab sich Antonius frohgemut zum Küster, wurde von ihm zum Frühstück eingeladen und mit ausreichend „Schnedde“ (Butterbroten) für den ganzen Tag versorgt.

Erneut war ein herrlicher Sommermorgen angebrochen, als sich der Mönch wieder auf die Wanderschaft begab. Warme, milde Luft erfüllte das von Wald umsäumte Tal, und ringsum grünte und blühte es, als ob die Natur all ihren Überfluß an Farben und Gerüchen den wachen Menschen bieten wollte. Über der Stiftskirche erhob sich ein Vogelschwarm, kreiste ein paarmal um das altehrwürdige Gotteshaus und flog dann talabwärts. Antonius folgte ihm. Nicht lange, dann führte der Weg aus der Enge des Tales, zuerst durch im Tau glitzernde Waldwiesen und lichte Buchenwälder auf die Höhe in Richtung Effelsberg. Mitten im Wald verharrte der Vogelschwarm mit Flügelschlagen und zeigte das Ziel der Wanderung an.

„Dies ist also der Ort, der für mich bestimmt ist“, sagte sich der Mönch. Er sah sich um. Ein schmaler Weg, der von tiefen Karrenspuren durchfurcht war, führte vorbei, und ein frischer Quell sprudelte ganz in der Nähe. Dann begann Antonius, aus Zweigen eine Hütte zu errichten, wie er es schon in seiner Kindheit mit Alterskameraden daheim zum Zeitvertreib gemacht hatte. Beeren und andere Früchte wuchsen reichlich in der nächsten Umgebung. Auf einer kleinen Lichtung würde er Salat und Gemüse ziehen und Kartoffeln und Rüben anbauen können.

Es zeigte sich bald, daß der Ort, den Gottes Vorsehung ihm zugewiesen hatte, von tiefer und weiter Bedeutung war. Dort zweigten verschiedene Wege ab, und Fremde, die der Gegend unkundig waren, hatten sich hier wiederholt verlaufen oder verfahren. So erhielt Antonius die Möglichkeit zu einem Gespräch in der Einsamkeit und wurde von fremden Menschen mit Lebensmitteln versorgt.

Die Kinder von Münstereifel hatten den Aufenthaltsort des Mönches ausfindig gemacht. Wenn sie bei der Beerensuche durch den Wald kamen, blieben sie vor der Laubhütte stehen, schauten neugierig durch das Blätterdach und riefen im Takt: „Tönnes, dicker Tönnes!“ Das klang gar nicht nach Spott und Hohn, sondern es war die reine Freude, den Klausner zu erblicken.

Den Tieren des Waldes war dieser ein guter Geist. Singvögel umschwirrten die Laubhütte, Nachtigallen ließen abends und in der Nacht ihre lieblichen Weisen ertönen, Rehe zupften Blätter in der nächsten Umgebung und nahmen gerne Heu entgegen, schwerfällige Wildschweine brachen an einer sumpfigen Stelle bei der Nahrungssuche den Boden auf.

Als der Herbst gekommen war und der harte Winter vor der Tür stand, vertraute Antonius fest auf die Hilfe Gottes. Nun waren es liebe Mitmenschen, die halfen und sich seiner annahmen. Fuhrleute, die mit ihren Wagen an seiner Laubklause vorbeizogen, brachten ihm Baugeräte und Baumaterial mit. Ganz in der Nähe befand sich ein Steinbruch. Da Antonius in seiner Jugend das Maurerhandwerk erlernt hatte, konnte er sich noch vor dem ersten Schneefall eine Klause aus Stein bauen. Von den Nahrungsmitteln, die manche Leute ihm zukommen ließen, wenn sie mit Fuhrwerken vorbeikamen, konnte er den Tieren des Waldes in der Winternot etwas abgeben.

Neben seiner Klause hängte Antonius eines Tages eine kleine Glocke auf, die ihm geschenkt worden war. Sie läutete er zum Angelus, aber auch wenn Nebel die Wege unsicher machte.

So war aus dem Mönch Antonius in der braunen Kutte der allbeliebte „Decke Tönnes" geworden, der still und beschaulich Jahr für Jahr in seiner einsamen Zelle verbrachte, der mit Gebet und Arbeit Gott diente, voll tätiger Hilfe für Mensch und Tier. Sein freundliches, gütiges Gesicht wurde im Laufe der Jahre von unzähligen feinen Runzeln durchzogen. Dazu trug er einen Bart, der bis an den Gürtel reichte.

Jahr um Jahr lebte der Eremit, der „Decke Tönnes", dort auf der einsamen Waldeshöhe, bis man ihn an einem sonnigen Tag, kurz nach der Schneeschmelze, tot vor seiner Klause liegen fand. Friedlich war der Ausdruck seines Gesichtes, die gebrochenen Augen schienen zum Himmel zu blicken. Ganz in der Nähe seiner Klause legte man ihn in die Erde.

Zum Gedenken an den „Decken Tönnes" errichtete man in der Klause ein St. Antonius-Standbild. Heute vergeht wohl kein Tag, an dem nicht ein Kraftfahrer innehält und hier ein Licht anzündet.

(n. A. Renker)

Mertesborn

Bis auf den heutigen Tag umgibt die Quellen etwas Geheimnisvolles: Man weiß nicht so recht, woher ihr Wasser eigentlich kommt, wo das Wasser doch ein Grundelement des Lebens für Pflanzen, Tiere und Menschen ist. Manche Quellen haben geheimnisvolle Namen: Am „Krankenborn" schöpft man Wasser zur Heilung von Krankheiten, am „Totenborn" führt der Genuß zu Krankheiten oder gar zum Tode, weil das Wasser zu kalt für den Menschen ist, der „Hungerborn" zeigt bei schwachem Sprudeln eine drohende Hungersnot an. Viele Quellen tragen den Namen von Heiligen. In dem ehemals keltischen Gebiet im Moselraum gibt es 58 Quellen, die nach dem hl. Martin benannt sind, so auch nach der folgenden Legende:

Der hl. Martin hatte am Hof des Kaisers Maximus in Trier Wochen ernster Verhandlungen und bitterer Enttäuschungen erlebt. Er war schließlich des Treibens müde und faßte den Entschluß, in die Eifel zu reiten, um sich dort etwas zu erholen. Es war in einem heißen Sommer, und schon wochenlang hatte es nicht mehr geregnet. Da kam Martinus in eine Gegend, in der es weit und breit keine Quelle gab und wo die Bäche ausgetrocknet waren. Vor Durst erschöpft, konnte sich das Roß nur mühsam vorwärtsschleppen, und der Heilige mußte es schließlich am Zaume führen. Als die Not unerträglich wurde, kniete Martinus nieder und flehte vertrauensvoll zu Gott, dem Pferde und ihm selbst zu helfen. Da entsprang plötzlich in unmittelbarer Nähe eine Quelle, und ein Bach floß murmelnd durch das trockene Wiesental. Hocherfreut blickte der Heilige zum Himmel und dankte von ganzem Herzen für die schnelle Hilfe.

Vor dem Weiterritt segnete der hl. Martin die Quelle. Die Bewohner der Gegend nannten sie „Mertesborn". So heißt sie noch heute. Auch bis heute kommen Leute zum „Mertesborn", um an dieser Quelle Linderung ihrer körperlichen Nöte und Leiden zu erlangen.

(n. M. Scherer)

Der St. Goarsbrunnen

Der hl. Goar war von seinen Feinden beim Bischof von Trier verleumdet worden und sollte daher vor diesem erscheinen, um sich zu verantworten. Die Diener des Bischofs, die ihn am Rhein ergriffen hatten, kamen mit ihm bis Hetzerath und wurden, da es sehr heiß war, von brennendem Durst gequält. Der Heilige hatte mit ihnen Mitleid. Obgleich sie ihn hart behandelten, wollte Goar Böses mit Gutem vergelten.

Er stieß seinen Reisestab in die Erde, und sogleich quoll reichlich Wasser hervor, so daß sie ihren Durst nach Lust löschen konnten. Der so entstandene Brunnen erhielt den Namen „St. Goarsborn". Er behielt diesen Namen so lange, bis man ihn seines weichen Wassers wegen, das sich zum Kochen von Erbsen als besonders geeignet erwies, „Erbesborn" zu nennen begann.

(n. J.H. Schmitz)

Die warme Quelle zu Bertrich

Oberhalb der Stelle, wo heute die Quelle gefaßt ist, findet man in der „Sandrutsch" eine Höhle, in welcher der Einsiedler Bertrericus gewohnt hat. Er war mit Gicht behaftet und versuchte, da er die warme Quelle entdeckt hatte, sich durch das warme Wasser von der Krankheit zu befreien. Da der Mönch an sich die Heilkraft erprobte, machte er auch andere damit vertraut, und von dieser Zeit an wurde sie von Kranken aus nah und fern benutzt.

(n. J.H. Schmitz)

Der Edeltrudisbrunnen

Bei dem Dorf Niederöfflingen steht eine kleine, von Linden umschattete Kapelle. Darin steht eine Holzstatue der hl. Edeltrudis. Neben ihr sprudelt ein Brunnen mit aschgrauem Wasser. Am Fest der hl. Edeltrud (23. Juni) wallfahren viele zu diesem Brunnen und baden ihre Augen in dem heilkräftigen Wasser.

Die hl. Edeltrud war eine angelsächsische Fürstentochter, die ins Kloster eintrat und Äbtissin wurde. Verfolgungen nötigten sie zur Flucht aus ihrer Heimat und zu einem Leben in der Verborgenheit. Auf ihrer Flucht kam sie in die Eifel und lebte als Klausnerin in der Nähe von Niederöfflingen (b. Manderscheid). Als einmal in einem sehr heißen Sommer auf den Eifelhöhen ein großer Wassermangel herrschte und Dürre eintrat, baten die Leute St. Edeltrud um Hilfe und Fürsprache bei Gott. Mit ihrem Äbtissinnenstab stieß sie in einen Aschenhaufen, und es bildete sich eine Quelle, die nie mehr versiegte. Eine aschgraue Farbe hat das Wasser bis heute.

(n. W.S.)

Die Wunderquelle

Der hl. Alderich, der Sohn eines Fürsten in Frankreich, unternahm, bevor er sein Erbe antrat, eine Pilgerreise in die Ewige Stadt zum Grab des Apostelfürsten Petrus, zog über die Alpen und betete im Dom zu Köln vor dem Schrein der heiligen Drei Könige, vor dem Schrein der britannischen Königstochter St. Ursula und in der Krypta von St. Gereon. Dann verließ er am nächsten Morgen die Stadt und wanderte der Eifel zu. Im Städtchen Zülpich kehrte er im Martinskloster ein und blieb dort drei Tage. Hier erzählte man ihm viel vom Kloster zu Füssenich. Alderich nahm sich vor, nicht mehr nach Frankreich zurückzukehren, sondern auf irdisches Gut und Ansehen zu verzichten. Daher klopfte er an die Pforte des Klosters Füssenich und bat um Aufnahme. Man vertraute dem Laienbruder Alderich die Schweineherde an, da keine andere Stelle im Kloster frei war. Er nahm sie mit Freude an. Täglich trieb er nun die Tiere auf Wiesen und in die Wälder, und willig folgten sie ihm.

An einem heißen Sommertag war der Schweinehirt vom Kloster weit abgeraten und hatte großen Durst. Da kam die Magd eines nahen Hofes, um den Schnittern in zwei Krügen frisches Quellwasser ins Feld zu bringen. Er bat sie: „Bitte, gib mir einen Schluck! Gott wird es dir lohnen." Doch sie sagte schnippisch: „Der Weg zum Brunnen ist für dich nicht weiter als für mich."

Alderich sank schließlich entkräftet zu Boden. Sein Mund war wie ausgetrocknet, und es schien ihm, als wolle die Sonne sich verfinstern. Plötzlich jedoch weiteten seine Augen sich vor einem überirdischen Licht. In einem weißen Gewande stand vor ihm die Jungfrau Maria, lächelte mild und sagte mit sanfter Stimme: „Stecke deinen Hirtenstab in die Erde, und es wird Wasser fließen!"

Alderich erhob sich mühsam auf seine schwachen Beine, stieß den Stab in die steinharte Erde, sie wurde feuchter und feuchter, und bald rauschte ein kühles, munteres Bächlein zu Tal. Der Hirte sank auf die Knie und dankte der Jungfrau Maria. Dann trank er lange und auch die Schweine konnten ihren großen Durst stillen.

Alderich blieb auf dem Feld, bis sich die Abendkühle auf das Land gesenkt hatte. Kaum hatte er jedoch seine dürftige Zelle betreten, sank er zu Tode ermattet auf seinem kargen Lager nieder. Er ließ den Abt kommen und sagte leise zu ihm: „Vater, ich weiß, daß ich sterben muß. Aber seit ich an der Quelle getrunken habe, fällt es mir nicht schwer." Stockend berichtete er dann dem Abt, was sich auf dem Feld ereignet hatte. „Wer bist du eigentlich, Bruder?" erkundigte sich der Abt: „Wir haben dich nie gefragt."

Langsam sprach der Sterbende: „Ich bin Alderich, der älteste Sohn eines Fürsten im schönen Frankreich. Meine Familie, Reichtum und Ansehen habe ich verlassen, um in der Armut glücklich zu werden. Das Glück habe ich bei den Schweinen, jenen Geschöpfen gefunden, die bei den Menschen als die schmutzigsten gelten. Gott möge es Euch lohnen, Vater, daß Ihr es mir ermöglicht habt."

Als man den Beichtvater hatte kommen lassen und der Mönch die letzte Wegzehrung empfangen hatte, schloß er den Mund und die Augen für immer. Auf seinem Gesicht lag ein milder Schimmer, als habe er in letzter Stunde die heilige Jungfrau noch einmal gesehen.

Seinen Leib legten die Mönche in einen schwarzen Marmorsarg, der heute in Füssenich noch zu sehen ist. Auch die Quelle sprudelt noch, Sommer wie Winter. Man erzählt, wer einmal im Jahr mit ihrem Wasser seine Augen wasche, der bleibe sein ganzes Leben lang sehend und froh.

(n. P. Weitershagen)

Heilige und andere Fromme

Die Jerichorose (L)

Neben dem Stall zu Bethlehem, in dem Jesus zur Welt gekommen war, stand lange Zeit ein wilder Rosenstrauch, auf dem Maria die Windeln des Christkinds an der Sonne getrocknet haben soll. Ritter, Mönche und Pilger, die während der Kreuzzüge nach Palästina kamen, pflückten stets, wenn sie an dem Rosenstrauch vorbeigingen, von den herrlichen, hochroten Blüten einige ab und nahmen sie als teure Andenken mit in ihre Heimat.

Von dem altehrwürdigen Rosenstrauch erzählte man sich allerlei Wunderbares. Er soll das ganze Jahr über geblüht haben, Sommer wie Winter, geschmückt mit süß duftenden Blüten.

Nach einer anderen Überlieferung entstand die erste dieser Rosen aus einem auf dem Kalvarienberg geflossenen Blutstropfen des Erlösers. Der Wüstenwind erfaßte den Samen dieser Rose und trug ihn bis in die Umgebung von Jericho. Daher der Name „Jerichorose“.

Mehrere dieser Rosen wurden in den Klöstern des Abendlandes mit großer Ehrfurcht aufbewahrt und Reliquien gleich gehalten. Im Mittelalter wurde diese wundersame Blume als wirksames Schutzzeichen gegen die Pest angesehen. Weihnachten stellte man die Rose in ein mit Weihwasser gefülltes Gefäß. Während der Mitternachtsmesse öffnete sich die Blume, blühte und verbreitete einen wunderlieblichen Geruch. Hiernach schloß sie sich wieder und schrumpfte wie eine welke Blume zusammen.

Nur gegen einen sehr hohen Preis wurde die Jerichorose verkauft.

(n. L. Luxemburg)

Die Gründung Roms

An einem schönen Maientag stieg die Muttergottes mit dem Jesuskind vom Maialtar der Kirche von Salm, schritt mit ihm aus der traulichen Stille in die sonnenhelle Flur. Das Jesuskind spielte mit den Tieren und pflückte Blumen für seine Mutter.

Als sie wieder zurückgehen wollten, sahen sie einen Pilger des Weges kommen, der ein schweres Kreuz schleppte. Nur mühsam kam er mit seiner Last vorwärts. Voll Mitleid fragte Maria ihn, warum er das Kreuz trage. Der Pilger antwortete, er habe im Streit seinen Bruder erschlagen und trage zur Buße das Kreuz nach Rom. Da sah Maria bittend ihr Kind an. Der Büßer erblickte plötzlich die beiden Gestalten vor sich in strahlendem Licht und hörte den Knaben sagen: „Dir ist deine Schuld vergeben!" Dann entschwanden Mutter und Kind seinen Augen.

Freude und Friede zogen in das Herz des Pilgers ein. Die Stätte des Wunders wollte er nicht mehr verlassen. Er richtete am Weg das Kreuz auf und baute sich dort eine Hütte. Den Ort, an dem seine Pilgerfahrt ihr Ende gefunden hatte, nannte er Rom, weil er dorthin hatte pilgern wollen.

(n. Rahm)

Das Gläslein Unserer Lieben Frau

Vor vielen hundert Jahren kam einmal aus dem Rheintal ein Fuhrmann auf einem schwer mit Wein beladenen Wagen gefahren. Er mußte ein langes Stück ständig bergauf. Die Pferde trieften vor Schweiß, denn es war im Sommer um die Mittagszeit, und die Sonne glühte gewaltig hernieder. Nur schwerfällig bewegte sich der Wagen zur Höhe hinan. Immer wieder geschah es dabei, daß seine Räder in dem sandigen Boden einsanken und der Wagen ins Stocken geriet. Schließlich konnten die Pferde nicht mehr weiter. Umsonst legten sie sich mit aller Kraft ins Geschirr. Der Wagen stand wie festgerammt. Wütend sprang der Fuhrmann vom Bock, trieb fluchend seine Gäule an und schlug zuletzt mit der Peitsche auf sie ein. Trotz aller gutwilligen Anstrengungen kamen sie dennoch keinen Schritt weiter. Schaum stand ihnen vor dem Maul, und ihre Flanken zitterten. Der Fuhrmann fluchte, als ob er von Sinnen wäre. Dann versuchte er, die Pferde mit neuen Peitschenschlägen vorwärtszubringen.

In diesem Augenblick erschien plötzlich vor dem Wagen eine schlanke und überaus schöne Frau. Sie war weiß gekleidet und hatte einen zürnenden Ausdruck in ihrem wie überirdisch anmutenden Gesicht. Mit einer Handbewegung bannte sie den erregten Fuhrmann, so daß dieser sich nicht mehr von der Stelle bewegen konnte. Dann beruhigte sie die Pferde mit freundlich zusprechenden Worten, nahm sie vorn am Halfter und zog leicht an. Da legten sich die Gäule aufs neue ins Geschirr und rissen jetzt den Wagen, als wäre er gar nicht so schwer beladen, aus der Radspur heraus. Gemächlich und ohne weiteres Stocken ging es dann leicht aufwärts. Die fremde Frau lobte die Pferde und strich ihnen auf der Höhe liebkosend über Wange und Hals.

Der Fuhrmann war staunend gefolgt und wußte nicht, was er von alledem halten sollte. Ehrfürchtig nahm er vor der hohen Frau seine Kappe ab, trat vor sie hin und suchte sich ungeschickt zu rechtfertigen. Die Fremde jedoch sagte, die Schuld liege ganz allein bei ihm, denn mit abscheulichen Flüchen und schändlichen Peitschenhieben sei noch nie einem Pferd geholfen worden. Dem stimmte der Fuhrmann reumütig zu, und um aus der Verlegenheit zu kommen, sagte er: „Es ist heiß. Auf meinem Wagen habe ich einen sehr guten Rotwein. Ich würde Euch gern zum Dank einen guten Trunk anbieten, aber ich habe kein Glas."

Da lächelte die Frau und entgegnete: „Zum Zeichen, daß ich dir nicht weiter übel gesinnt bin, will ich deine Gabe annehmen." Damit bückte sie sich geschmeidig, pflückte am Wegesrand eine Ackerwindenblüte ab und sagte, sich wieder aufrichtend: „Hier ist ein kleiner Becher. Fülle ihn mit rotem Wein, das genügt meinem Durst." Der Wein ließ in dem Becherchen eine rote Spur zurück.

Der Fuhrmann tat, wie ihm von der hohen Frau, in der er die Mutter Maria erkannt hatte, geheißen ward. Er wollte noch etwas sagen, aber im nächsten Augenblick war die holde Erscheinung verschwunden.

Die Ackerwinde wurde fortan, besonders von den Kindern, Muttergottesgläschen genannt.

(n. G.P. Gath)

Unserer Lieben Frauen Schuh

Das kleine Eifeldorf Salm besaß einst eine wunderschöne Marienstatue, die in der Dorfkirche auf einem Seitenaltar stand. In der Nähe des Dorfes fand man eine heute selten gewordene Blume, die wie ein zierliches Pantöffelchen anzusehen ist und allgemein Frauenschuh genannt wird. Die Salmer Mütter wußten ihren Kindern zu erzählen, wie es gekommen war, daß die Blume eine solch eigenartige Gestalt besitzt. Die Blume sei auch wirklich einmal ein Schuh gewesen und auf folgende Art in die Wälder geraten:

Zu jener Zeit liebte es die Gottesmutter, an besonders schönen, sonnigen Frühlings- oder Sommernachmittagen mit ihrem Kind sich heimlich aus dem Salmer Kirchlein zu entfernen und vor das Dorf in den Wald zu gehen, um dort mit dem Jesuskind zu spielen. Freilich hat es niemand je gesehen, wie die Statue in der Kirche plötzlich Leben gewann, wie Maria mit dem Kind auf dem Arm geschickt vom Altar zu Boden glitt und geschwind wie ein junges Mädchen durch die Kirche ins Freie eilte.

Wenig später war sie im Wald, setzte das Jesuskind zu Boden und spielte vergnügt mit ihm. Hierbei soll es mehr als einmal geschehen sein, daß ein vorübergehender Mensch die Muttergottes unter den grünen Bäumen singen oder mit ihrem Kind silberhell lachen hörte. Einmal hat eine alte Holzleserin Unsere Liebe Frau zu Gesicht bekommen, wenn auch ganz kurz, denn im nächsten Augenblick sei sie nach einem freundlichen Kopfnicken verschwunden gewesen.

Eines Tages hat die Muttergottes über dem Spiel mit dem Kinde die Zeit und alles andere vergessen. Sie waren noch draußen im Walde, als es Abend wurde. Dann aber, als in Salm die Glocke zur Andacht rief, entsann sich Maria erschrocken, daß sie schon längst hätten zurück sein müssen. Hastig nahm sie den Jesusknaben auf den Arm und lief eilig mit ihm dem Ausgang des Waldes zu. Dabei geschah es, daß ihr beim geschwinden Dahineilen ein Schuh von den zierlichen Füßen fiel. Ehe sie sich danach bücken konnte, war er einen Abhang hinab in wildes Gesträuch gekollert, wo er so schnell nicht zu finden war.

Die Muttergottes hatte auch keine Zeit mehr, noch lange danach zu suchen, und hastete eilig weiter zur Kirche. Hier kam sie gerade noch früh genug an, um nicht vermißt zu werden.

Daß sie jetzt dort mit einem beschuhten und einem bloßen Fuß auf ihrem Platz stand, bemerkte niemand, weil so viele blühende Hortensien um sie herumstanden.

Ihr Schuh aber, der draußen im Wald geblieben war, hatte sich inzwischen durch ein großes Wunder in jene herrlich Blume verwandelt, die man heute überall, wo man sie kennt, „Frauenschuh“ oder auch „Unserer Lieben Frauen Schuh“ nennt.

(n. G.P. Gath)

Das Marienglöckchen

In der Stadt Euskirchen lebte einmal ein junger Mann, der sehr gerne las und über gelehrte Dinge nachdachte. Daher wünschten seine Eltern, daß er Theologie studieren und Priester, wenn nicht gar ein rechter Domherr, werden sollte. Das war auch dem Bürgerssohn, der Lorenz hieß, mehr als recht. Da er aber in so jungen Jahren schon gelehrt war, wurde er hochmütig und stolz, was zu einem künftigen Priester gar nicht recht passen will.

Einmal machte Lorenz einen Spaziergang durch den Wald und kam an einem Muttergottesbild vorüber. Als er vor dem Bild ein kurzes Gebet verrichtet hatte, hörte er eine Stimme: „Lorenz, ich möchte, daß in Euskirchen zu meiner Ehre eine besonders schöne Glocke läutet. Such’ also in der Welt eine Glocke, die mir als der Mutter des Herrn die rechte Ehre erweist!“

Dieser Auftrag stand Lorenz gar nicht nach dem Sinn. Lieber wäre er bei seinen Büchern geblieben. Aber den Auftrag der Muttergottes mußte er ja wohl erfüllen. Als er weiterging, schien es, als ob das Bild ein wenig lächele.

Kurz darauf machte sich Lorenz auf den Weg in die Welt. Er glaubte schon bald einen Glockengießer zu finden, der ihm die passende Glocke gießen könne. Bald stand eine schöne Glocke bereit und sollte nach Euskirchen gebracht werden. Da erschien die Muttergottes dem Lorenz im Schlaf und sagte: „Die Glocke ist nicht so schön, wie ich sie mir vorgestellt hatte. Ein so kluger Mann wie du sollte eine schönere finden können!“

Da reiste Lorenz weiter zu einem Glockengießer, der als Meister seines Fachs weithin berühmt war. Als er den Auftrag für eine neue Glocke nach dem Willen von Lorenz erfüllt hatte, sagte diesem im Traum die Muttergottes: „Deine vorige Glocke war beinahe besser als diese. Gebrauche deine Klugheit, um eine schönere zu finden!“

Wieder machte Lorenz sich auf den Weg und kam zu einem noch berühmteren Meister. Und wieder wollte die neugegossene Glocke der Jungfrau Maria nicht gefallen.

So reiste Lorenz Jahr um Jahr durch die Welt, wurde alt und älter, sein Haar ergraute, und er verlor seinen aufrechten Gang. Aber jede Glocke, die er gießen ließ, gefiel der Gottesmutter nicht.

Dann geschah es, daß Lorenz eines Tages in den Euskirchener Wald kam, ohne daß er es selbst wahrnahm. Als er durch den frühlingshaften Buchenwald schritt, hörte er plötzlich ein liebliches Läuten, wie bislang noch keines an sein Ohr gedrungen war. Er ging dem Klang nach und kam schließlich auf eine Lichtung, wo an grünen Stengelchen viele weiße Glöckchen hingen. Lorenz pflückte ein paar, um nach ihrem Muster eine Glocke gießen zu lassen. Er war jedoch noch nicht weit gegangen, da kam er an dem Muttergottesbildstock vorüber. Maria sprach: „Lorenz, nun hast du endlich die schönsten Glöckchen, die würdig sind, für meinen Sohn und für mich zu läuten.“

Lorenz machte ein dummes Gesicht und fragte: „Wo denn? Ich habe keine Glocke.“ - „Du hältst sie doch in deiner Hand. Oder glaubst du etwa, ein Mensch könne eine Glocke oder ein Glöckchen so schön gießen, wie Gott sie im Wald wachsen läßt?“

Der Bürgersjunge von damals sah ein, wie töricht er gewesen war, kniete nieder und betete lange. Ein Leben lang hatte er die Welt durchwandert und gesucht, und nun hatte er in der Nähe seiner Vaterstadt die Glocken gefunden, die er in der weiten Welt zu finden gehofft hatte. Nun war er ein alter Mann und dachte nicht mehr daran, Domherr zu werden und viele gelehrte Bücher zu studieren. Er trat vielmehr in das Kloster seiner Heimatstadt ein und wurde ein demütiger Bruder.

(n. H. Lobeck)

Die Weihnachtsveilchen (L)

Bei Hobscheid wohnte einst in einer ärmlichen Hütte eine Witwe mit ihrem Töchterchen.

Als Weihnachten herankam, lag die Mutter sterbend auf dem Krankenlager. Dem Mädchen, das zu mildtätigen Mitmenschen gegangen war und in einem Korb ein Stück Brot nach Hause trug, begegnete kurz vor der Hütte eine junge Frau mit einem kleinen Kind auf dem Arm, die, von Hunger und Kälte ermattet, fröstelnd im tiefen Schnee am Wege stand. Bewegt von der vielleicht noch größeren Not als der ihrigen, reichte das Mädchen sein einziges Stück Brot der jungen Frau, die es gerührt annahm und herzlich dankte. Als das Mädchen die Hütte betrat, war sein Erstaunen über alle Maßen groß: stand doch dort seine Mutter gesund und freundlich lächelnd. Sie erzählte, die heilige Jungfrau mit dem Jesuskind sei bei ihr gewesen und habe ihr gesagt, sie solle von ihrem Krankenlager aufstehen. Sofort habe sie dies getan und sei jetzt von allem Übel befreit.

Als die Frau den Korb aufdeckte, um zu sehen, was darin war, fand sie einen köstlichen Kuchen unter einem Kranz von duftenden Veilchen.

(n. A. Pickard)

Rosen im Schnee

Nahe von Minheim war in einem Baumstamm am Waldrand ein Marienbild eingelassen, das bei den Dorfbewohnern in hohen Ehren stand. Rundherum sprossen wilde Rosen und umrankten das Bild. Niemand dachte an die Himmelskönigin so oft und innig wie ein blasses Mädchen, das im Sommer Tag für Tag zu dem Bild hinausging. Bevor es zum Gebet niederkniete, setzte es Maria einen frischen Kranz aus Rosen aufs Haupt und steckte dem Jesusknaben einen Rosenstrauß in die Hand. Dann flehte es innig um Heilung von seiner schweren Krankheit, von der es schon viele Jahre geplagt wurde.

Als der Spätherbst kam, warf die Krankheit das Mädchen auf das Sterbebett. Geduldig und gottergeben ertrug es seine Schmerzen. Nur eine Sorge quälte es: Wer wird nun die Gottesmutter und das Jesuskind mit Rosen schmücken?

Als das Mädchen schließlich von seinem Leiden erlöst war und verschied, blühten mitten im Winterschnee an den Sträuchern des Rosenstockes zahlreiche weiße und rote Rosen. Sie hatten sich an dem Bild emporgerankt. Das tote Mädchen auf der Bahre schmückte ein duftiger Kranz. Hold lächelte sein Gesicht, als habe es die Himmelskönigin schon gefunden.

(n. W. S.)

Das Madonnenbild in der hohlen Eiche

Das schöne Burgfräulein Ida von Neuerburg wurde viel bewundert und viel umworben. Ritter Kuno von Falkenstein blieb schließlich Sieger unter den Bewerbern. Eines Tages zog er zur Brautfahrt nach Neuerburg aus. Da lauerte ihm ein abgewiesener Nebenbuhler, ein Grafensohn aus Vianden, neiderfüllt mit einigen Mannen bei Koxhausen auf. Als die wenigen Begleiter des Bräutigams in dem ungleichen Gefecht gefallen war, suchte Kuno sein Heil in eiliger Flucht. Nach Burg Falkenstein war ihm der Weg verlegt, nur in Neuerburg konnte er sich bergen. Aber vor einer alten, mächtigen Eiche brach sein Roß ermattet zusammen. Er selbst taumelte gegen den Baumstamm und fiel zur Erde.

Schon nahten die Verfolger unter wildem Geschrei. Da nahm Kuno in großer Herzensangst seine Zuflucht zur Gottesmutter und gelobte, falls er Rettung fände, ein schönes Madonnenbild in dem Baum anbringen zu lassen. Da zeigte eine lichte Erscheinung ihm eine Höhlung im Baum, in der er sich eilends verbarg. Wohl sahen die heranstürmenden Reiter das verendende Roß, aber den Reiter suchten sie vergebens.

Kuno dankte Gott für die wunderbare Rettung, und bald nach seiner glücklichen Vermählung erfüllte er sein Gelübde und ließ eine hübsch geschnitzte und bemalte Holzfigur der Muttergottes in der hohlen Eiche aufstellen.

(n. M. Zender)

St. Anna, Schutzpatronin von Düren

Nach dem Glauben des Volkes ist die heilige Anna die besondere Beschützerin der Stadt Düren. Ja, die Einwohner benachbarter Orte behaupten sogar, die Annaglocke schütze vor Blitz und Unwetter, soweit ihr Schall reiche.

Einst wurde Düren von feindlichen Truppen hart belagert. Schon erwartete man, daß sie die Stadtmauern erstürmen würden und alles verloren sei. Da eilten die Dürener, jung und alt, in ihrer größten Not in die St. Annakirche und bestürmten in Gebeten die Mutter Anna, ihnen doch bei dieser großen Gefahr zu helfen. Beim Ansturm auf die Stadt blieben die Feinde plötzlich stehen, denn auf der Stadtmauer sahen sie die Mutter Anna, die die rauhen Krieger abwehrte, so daß diese nicht die Stadt erobern konnten und wieder heimwärts zogen. An einer anderen Stelle der Mauer, wo der Angriff sehr heiß zu werden drohte, stand plötzlich ein Jüngling mit einer weißen Fahne, auf der das Haupt der hl. Anna abgebildet war. Als die Feinde dies sahen, wagten sie es nicht, sich der Stadt weiter zu nähern.

Über dem Portal der St. Annakirche sah man früher mehrere Steinkugeln in die Wand eingelassen. Wie kamen die dorthin?

Düren wurde einmal während des Krieges beschossen. Die Feinde richteten ihre Kanonen auf den Turm der St. Annakirche, den Stolz der Stadt, um den zähen Widerstand der Bürger zu brechen. Keine Kugel traf jedoch, denn die Mutter Anna beschützte ihre Stadt.

Da ritt der Feldherr der Feinde zu den Kanonieren und sagte zu ihnen: „Hört auf zu schießen! Es ist alles zwecklos. Es schwebt eine weiße Gestalt um den Annaturm und fängt mit ihrem weiten Mantel alle Kugeln auf."

Die Feinde zogen erfolglos ab. Die Dürener mauerten zum Andenken an die Rettung über dem Kirchenportal von St. Anna einige der Kugeln in die Mauer ein.

(n. H. Hoffmann)

St. Anna hilft bei einem Brand

In den Turm der alten St. Annakirche schlug bei einem heftigen Gewitter einmal der Blitz ein. Bald stand der Turm in hellen Flammen. Es war zu befürchten, daß die Flammen auch auf die Kirche übergriffen.

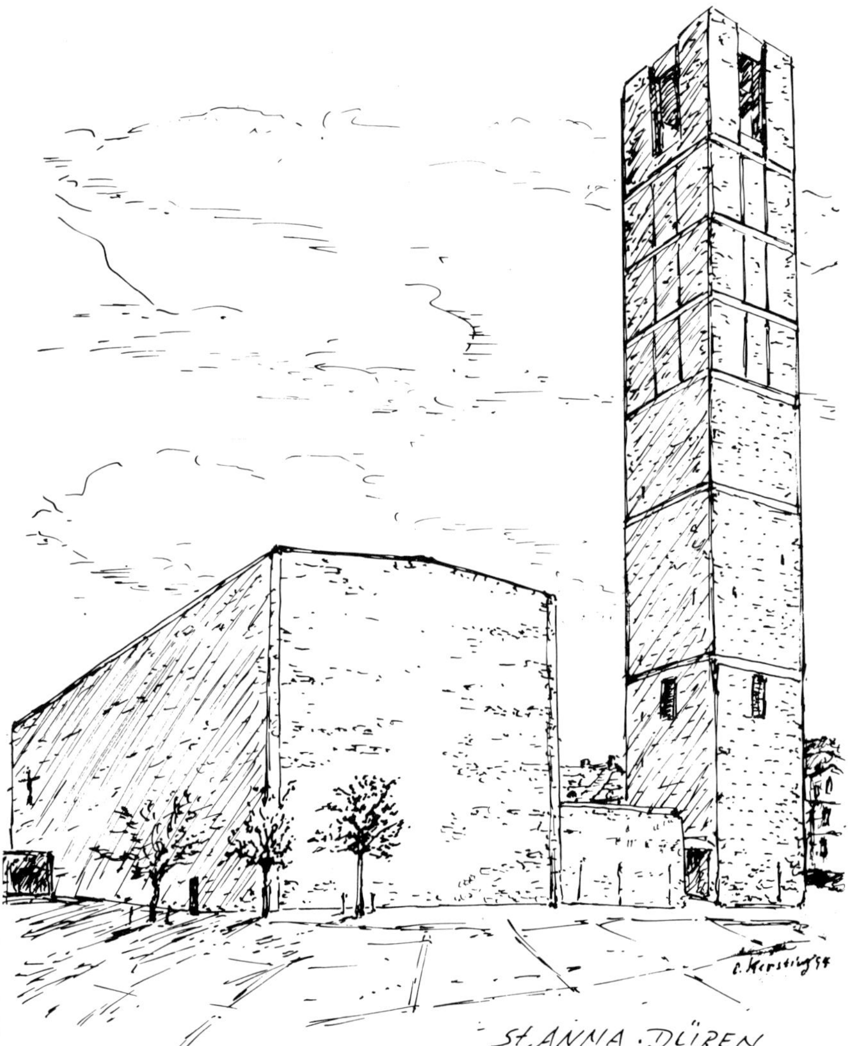
St. ANNA · DÜREN

In dieser Gefahr drängte sich durch das zuschauende Volk ein altes Mütterchen. In den Händen trug es einen Eimer mit Milch. Keiner kannte die alte Frau, und niemand wußte, woher sie gekommen war und was sie wollte. Jeder machte ihr ehrfürchtig Platz. Die Leute sahen, wie sie furchtlos die Turmtreppe emporstieg und die Milch in das Feuer goß.

Augenblicklich schlugen die Flammen zusammen, und die Feuersglut wurde gelöscht. Das Mütterchen aber wurde nicht mehr gesehen. Es war die Mutter Anna, die ihr Heiligtum vor der Vernichtung durch das Feuer gerettet hatte.

(n. H. Hoffmann)

Der Stab des hl. Petrus

Im Jahr 54 schickte der hl. Petrus drei seiner Schüler, Eucharius, Valerius und Maternus, in das ehemalige Gallien, um dort das Evangelium zu predigen. Im Elsaß aber starb Maternus, und seine Gefährten reisten nach Rom zurück, um zu hören, was sie weiter tun sollten. Der hl. Petrus gab ihnen seinen Stab, damit sollten sie den Toten wieder zum Leben erwecken. Das geschah auch, obwohl Maternus schon 40 Tage im Grabe gelegen hatte.

Darauf reisten die Glaubensboten weiter und kamen nach Trier. Dort standen sie in großer Gefahr, von den Heiden gesteinigt zu werden. Aber die Arme, die sich schon gegen sie erhoben hatten, wurden gelähmt. Erst auf das Gebet des Eucharius hin wurden sie wieder beweglich. Nun ließen sich Tausende taufen. Eine Witwe stellte ihr Haus für die erste Kirche zur Verfügung. Eucharius wirkte 23 Jahre lang als erster Bischof von Trier. Die Euchariuskirche wurde später, als dort die Gebeine des Apostels Matthias niedergelegt worden waren, Matthiaskirche genannt.

Der Stab des hl. Petrus blieb in Trier. Als die Hunnen Trier bedrohten, brachte man den Stab nach Metz. Später kam eine Hälfte nach Trier, die andere nach Köln. Zur Franzosenzeit brachte man die Hälfte aus Trier zur Festung Ehrenbreitstein. Heute ist das Kleinod eine Reliquie des Limburger Domschatzes.

(n. K. Hessel)

Die Schlüsselblume

Als einst St. Petrus an der Himmelspforte hörte, daß jemand einen Nachschlüssel für das Himmelstor gemacht hatte, entglitten ihm vor Schrecken die Himmelsschlüssel und fielen von Stern zu Stern zur Erde hinab. Schnell sandte er einen Engel, um sie zurückzuholen. Aber sie hatten bereits auf dem Erdboden tiefe Eindrücke hinterlassen, aus denen goldleuchtende Blumen emporwuchsen, die den Blumenhimmel des Frühlings aufschlossen.

Im Eifelland nennt man sie Himmelsschlüssel, Petersschlüssel oder Kirchenschlüssel. Die Schlüsselblume führt auch den Namen Marienschlüssel und erinnert an Maria, die Himmelspförtnerin.

(n. J. Nießen)

Freiheit für das Christentum

Der römische Kaiser Konstantin der Große, der Sohn der hl. Helena, lag Anfang des 4. Jahrhunderts mit dem Gegenkaiser Maxentius im Streit. Er rückte mit seinen Legionen dem mächtigen Feind entgegen. Als Konstantin auf seinem stolzen Roß an der Spitze seiner Soldaten vorausritt, sah er plötzlich in den Wolken ein strahlendes Kreuz mit der Umschrift „In hoc signo vinces“ (In diesem Zeichen wirst du siegen). Und gleich dem Kaiser sahen alle seine Soldaten dieses wunderbare Zeichen, das sie mit hellem Kampfesmut erfüllte. Umgehend ließ Konstantin in die Hauptheerfahne das „Labarum“, ein Kreuz mit der gleichen Umschrift, einfügen. Die Schilde der Soldaten aber trugen das Zeichen IHS, den Namen Jesu.

Und wirklich! Maxentius wurde entscheidend geschlagen, und infolge des Sieges gewährte Konstantin den Christen Schutz und Gleichberechtigung. Der Kaiser selbst soll später aus der Hand des Papstes Silvester I. die Taufe empfangen haben.

Sinzig am Rhein soll der Ort gewesen sein, von wo aus der Kaiser mit seiner frommen Mutter gegen den Feind aufgebrochen war und wo er die wunderbare Himmelserscheinung hatte. Die Stadt habe davon, so sagt man, ihren Namen Sinzig (= Sinnzeichen). Heute noch heißt ein nahes Feld bei Sinzig „Helenenfeld“ und ein ehemaliges Tor „Helenentor“. Die Stadtkirche von Sinzig soll der hl. Helena ihre Gründung verdanken. Bis in unsere Tage wurzelt im Volk der Glaube, die hl. Helena habe in der Stadt Hof gehalten und manche Gotteshäuser erbaut, die allerdings heute nicht mehr stehen.

(n. H. Stötzel)

Die Märtyrer der thebäischen Legion

Unter Maximian, der seit 286 neben Diocletian als Mitkaiser über das Römische Reich herrschte, wurden in fast allen Provinzen Christen gefoltert und getötet. Wer sich zum Dienste des christlichen Gottes bekannte, wurde von den Soldaten dieses Kaisers zur Folterung oder zur Hinrichtung geschleppt. Den fremden Völkern schien er Ruhe zu gönnen und alle seine Macht nur gegen das Christentum aufbieten zu wollen.

Zu dieser Zeit befand sich in seinem Heer eine Legion – welche zur damaligen Zeit 6000 Mann umfaßte –, die man die thebäische nannte, weil sie in Thebäis (Oberägypten) ausgebildet worden war. Diese Gebiet war im dritten Jh. christlich

St. Matthias · Trier

geworden. Daher bestand die thebäische Legion fast nur aus christlichen Soldaten. Diese ragten sowohl durch ihre kriegerische Tüchtigkeit und ihren Heldenmut als auch durch ihre Glaubenstreue hervor. Als sie von Afrika nach Europa versetzt wurden und dort wie die übrigen Soldaten den Auftrag erhielten, die Christen gefangenzunehmen, da verweigerten sie den Gehorsam.

Damals stand eine Abteilung der thebäischen Legion in der Schweiz im heutigen Kanton Wallis. Maximian, der sich, ermüdet von der Reise, in der Nähe aufhielt, erfuhr von ihrer Weigerung durch einen Boten. Er geriet in rasenden Zorn und schickte den Befehl, aus dieser Legion jeden zehnten Mann zu töten, um so die übrigen in Schrecken zu versetzen und zur Nachgiebigkeit zu bewegen, aber vergebens. Maximians Zorn loderte von neuem auf, und wieder gab er den Befehl, jeden zehnten Mann umzubringen. Die Soldaten ermutigten sich gegenseitig zur Glaubenstreue, aber auch ihr Oberst Mauritius und zwei Offiziere stärkten sie in ihrem Glaubensmut. Auf den Rat ihrer Vorgesetzten hin sandten sie ein Schreiben an Maximian: „Kaiser! Wir sind deine Soldaten, aber wir sind zugleich Diener Gottes. Dir sind wir zum Kriegsdienst verpflichtet und bieten dir unsern Arm gegen jeden Frevler und Feind; doch wir halten es für ein Verbrechen, unschuldige Bürger foltern und hinrichten zu lassen. Die Tötung unserer Kameraden hat es nicht vermocht, uns umzustimmen. Wir sind bereit, alle Mühen des Soldatenseins zu ertragen. Eines aber können wir nicht: Christen verfolgen, denn wir selbst bekennen uns als Christen."

Aus dieser Botschaft erkannte Maximian die heldenmütige Standhaftigkeit dieser Soldaten aus Afrika und befahl anderen Truppen, das Todesurteil zu vollstrecken. Ohne Klagen, ohne Widerstand erduldeten sie den Märtyrertod.

Zwei Wochen später, nachdem Mauritius mit seinen Kameraden den Tod erlitten hatte, wurden zu Trier zuerst eine Abteilung Soldaten der thebäischen Legion, dann hervorragende Bürger mit dem Bürgermeister und zuletzt eine Menge anderer Christen hingerichtet. Drei Tage später starben zu Bonn die hl. Cassius und Florentinus mit sieben anderen Soldaten den Märtyrertod. Am folgenden Tag traf der Blutbefehl die vor den Toren Köln lagernde Abteilung des hl. Gereon, welcher zusammen mit 318 Kameraden gemartert wurde. Wieder ein paar Tage später erlitt der hl. Viktor mit 330 Kameraden den Martertod zu Xanten. Kurze Zeit nach dem Martertod des hl. Gereon kamen in Köln unter ihrem Anführer Gregorius 360 afrikanische Soldaten an. Sie stammten aus dem heutigen Marokko, das damals auch schon größtenteils christlich war. Diese Marokkaner teilten das Schicksal des hl. Gereon und seiner Schar.

(n. hl. Eucharius)

St. Martinus und der Kaiser

Zu der Zeit, als der hl. Martin gerade Bischof von Tours geworden war, regierte in Trier ein Kaiser, der dem Heiligen nicht freundlich gesinnt war. Seine Frau, die eine Anhängerin des arianischen Glaubens war, hatte ihren Mann gegen den frommen Bischof eingenommen. Obgleich der Kaiser Martin selbst an seinen Hof gerufen hatte, gab er den Befehl, ihm den Zutritt zu seinem Palast zu verwehren. Dem Kaiser war nämlich berichtet worden, der hl. Martin wolle ihm seine Schandtaten vorhalten und allerlei Abgaben für das arme Volk verlangen; und er hatte nicht die Absicht, diese zu gewähren.

Als alle Versuche des Heiligen, zum Kaiser zu gelangen, ohne Erfolg blieben, hüllte St. Martin sich in ein Büßergewand, unterwarf sich einem strengen Fasten und flehte ohne Unterlaß zu Gott, er möge das Herz des stolzen Kaisers erweichen. Am siebten Tag erschien ihm ein Engel und kündete ihm an, er könne nun unverweilt und ohne Sorge in den kaiserlichen Palast gehen. Die Tore und Türen würden sich ihm von selbst öffnen.

Sofort brach St. Martin auf und kam ungehindert bis vor den Kaiser. Der saß auf seinem Thron und knirschte vor Wut mit den Zähnen, als er den Heiligen kommen sah. Natürlich hielt er es für unter seiner Würde, vor dem Eintretenden aufzustehen: Plötzlich befiel ein Feuer den Thronsessel, und so sah er sich gezwungen, sich zu erheben. Gott hatte seinen Stolz bezwungen, und der Kaiser sah sich genötigt, Martin alle Bitten zu erfüllen, nachdem er den Heiligen freundlich in die Arme geschlossen hatte. Er hatte Gottes Kraft gespürt und war nun von seinem Haß gegen St. Martinus gründlich geheilt. Fortan lud er ihn oft zur Tafel ein und wollte ihn jedesmal reichlich beschenken. Als Hüter der Armut aber schlug der Heilige alle Gaben für sich aus und ließ alles den Armen zugute kommen. Da er auch zahlreiche Wunder wirkte, wurde er in Trier hoch geehrt.

(n. S. Severus)

Die Hieronymushöhle bei Trier

Von Rom kamen um das Jahr 370 zwei edle Jünglinge, Hieronymus und sein Freund Bonosus, der spätere Bischof von Trier, in die Moselstadt, von der sie so viel gehört hatten und in der die Wissenschaften Roms und Griechenlands in hoher Blüte standen. Hier lehrten aber auch die Zeugen Jesu Christi, und sie erglühten in großer Liebe zum Mensch gewordenen Gottessohn.

Diese erfaßte Hieronymus so tief, daß er die Welt und ihre lauten Freuden floh und sich in eine stille Felsengrotte zurückzog. Er richtete sich die Höhle wohnlich ein und lebte fortan lange Zeit nur der Betrachtung und dem Studium der Heiligen Schrift. So leicht störte ihn niemand hier in der Einsamkeit, denn die Höhle war nur schwer erreichbar. Nur zuweilen kam einer seiner Freunde und brachte dem stillen Einsiedler das Wenige, was er zum Leben brauchte.

An Frühlings- und Sommerabenden aber saß Hieronymus draußen vor seiner Höhle. Dann ruhte sein Blick auf dem Bild vor ihm im Moseltal, auf dem grünen Laub der Reben oder auch dem dunklen Tannengrün über seinem Haupt. Dann sang und klang es in ihm, zwang die Feder in seine Hand, und es entstand die Vulgata, eine Übersetzung der Heiligen Schrift in Latein, und eine Chronik. Als sein Werk vollendet war, kehrte er wieder in die Welt zurück und wurde der berühmte Kirchenvater, als den ihn heute die ganze christliche Welt verehrt. Die Hieronymushöhle bei Trier hält den Namen des großen Heiligen für alle Zeiten fest.

(n. N. Lackas)

Das Brautkleid als Totenkleid

Auf seinem prächtigen Schloß Otrang bei Fließem lebte der reiche und mächtige Römer Fabius mit seinem einzigen Kind, einer Tochter mit Namen Julia. Die Lehren des Heidentums konnten das tugendreiche Mädchen nicht zufriedenstellen. Nach dem Willen des Vaters sollte seine Tochter einem reichen, aber rohen Römer namens Tellius die Hand zum Ehebund reichen. Schrecken erfüllte das Mädchen, als es davon erfuhr.

An einem schönen Frühlingsmorgen ging Julia im nahen Wald spazieren und kam immer tiefer hinein. Plötzlich bemerkte sie einen hellen Glanz, und liebliche Klänge drangen an ihr Ohr. Entzückt lauschte sie diesen wunderbaren Tönen, die ihr Herz mächtig ergriffen.

Da sah sie einen würdigen Greis. Sein Antlitz strahlte Herzensgüte, sein Auge Freundlichkeit und Milde aus. Es war der hl. Hieronymus. „Fürchte dich nicht, meine Tochter!“ begann der Heilige, „ich bin glücklich, daß ich dich, deren Bild ich im Traum geschaut, endlich gefunden habe. Die Töne, die du hörtest, klangen aus dem Himmel her und waren ein Gruß, womit er dich willkommen heißt. Ich will dir den Weg dahin zeigen.“

St. Kastor / Karden

Julia suchte nun jeden Morgen den hl. Hieronymus im Walde auf. Er unterwies sie in der Lehre des Gekreuzigten und spendete ihr dann die Taufe.

Inzwischen war alles zur Hochzeit von Julia und Tellius vorbereitet worden. Festlicher Glanz erfüllte die weiten Räume des Schlosses, und allenthalben herrschten Lust und Freude. Nur nicht bei Julia. Am festgesetzten Tag begab sie sich in den Festsaal. Da warteten Vater, Bräutigam und die Festgäste auf sie. Sie neigte sich stumm vor ihnen, würdigte aber Tellius keines Blickes. „Julia", sprach der Vater, „hier ist Tellius; willst du ihn zu deinem Gatten nehmen?" Beherzt entgegnete sie: „Mein Vater, nie hast du mich gefragt, ob mein Herz mit deiner Wahl einverstanden ist. Die Gattin des Tellius kann ich niemals werden; ich bin eine Christin!"

Dieses mutige Bekenntnis wirkte wie ein Donnerschlag. Getreu der Weisung des Hieronymus betete Julia: „Hilf mir, oh ewiger Gott, errette mich, Gott Sabaoth!" Im gleichen Augenblick trat der Heilige in den Saal. In gewaltiger Rede sprach er zu Fabius: „Höre! Dir gehört das Kind nicht mehr. Ich bin gekommen, es zu seinem Himmelsbräutigam zu bringen." Wutentbrannt drang der Vater nun mit gezücktem Schwert auf Hieronymus ein. In blindem Eifer durchbohrte er aber sein einziges Kind. Engel trugen die Seele der glaubensmutigen Jungfrau in ihre ewige Heimat. Den Frevler ereilte die verdiente Strafe. Es erhob sich ein furchtbares Unwetter. Feuer kam aus der Erde und vernichtete das ganze Schloß mit allem, was darin lebte.

(n. H. Theis)

Der Schutzpatron von Karden

Erblickt man von weitem Karden mit seiner hochragenden, dreitürmigen St. Castorkirche, dann scheint der Ort viel bedeutender zu sein, als er wirklich ist. Gleich unterhalb Kardens grüßt den zu Schiff Vorbeifahrenden aus einer Felsennische eine buntbemalte Figur des hl. Castor, des Schutzheiligen von Karden.

Er war um 340 aus Frankreich nach Trier gekommen und dort zum Priester geweiht worden. Als Einsiedler und Verkünder des Evangeliums zog er sich dicht an der Mosel bei Karden in eine Felsengrotte zurück. Seine Predigt war reich gesegnet, und er gewann die ganze Gegend für den Christenglauben. Man erzählte von den Wundern, die er gewirkt hat. So hat er einmal einen vorüberfahrenden Moselschiffer, der Salz geladen hatte, um etwas Würze für sich und seine Gefährten gebeten. Als der geizige Schiffer sich in Scheltworten ergoß, erhob sich ein heftiger Sturm und schleuderte den Nachen gegen einen Felsen, so daß er sank. Der hl. Castor aber segnete die, die ihm geflucht hatten, und der Kahn tauchte unversehrt aus dem Moselwasser auf.

Der Bischof von Trier brachte das Haupt des Heiligen und andere Reliquien von Karden in die zu Koblenz an der Moselmündung erbaute St. Castorkirche.

(n. K. Hessel)

St. Goars Wunder

Aus Frankreich kam ein frommer Mann namens Goar in die Rhein- und Mosellande. Auch an der Lahn nahm er eine Zeitlang Aufenthalt, predigte, breitete das Christentum aus und wirkte mit Gottes Hilfe manches Wunder. Ein Fels unterhalb der Loreley erinnert noch an ihn. Eine ausgehauene Vertiefung nennt man Sankt Goars Kanzel oder auch Sankt Goars Bett.

Hier soll der Heilige lange Zeit gelebt und gewohnt haben, um das Evangelium zu verkünden und verunglückten Schiffern beizustehen. Für alle Zeiten lebt sein Name fort in den Ortschaften Sankt Goarshausen und Sankt Goar am Rhein.

Manche nennen St. Goar den Apostel von Trier. Dorthin rief ihn einst Bischof Rusticus. Er hatte von den Wundern des Heiligen gehört und konnte sie nicht glauben. St. Goar folgte dem Boten des Bischofs. Aber der Weg nach Trier führte über ödes Land. Daher fehlte es bald an Nahrung. Der Sendbote sagte: „Wenn kein Wunder geschieht, müssen wir verschmachten.“ Bald trat das Wunder ein. St. Goar rief in den Wald, und es kamen drei milchgebende Hirschkühe, die sich melken ließen, und alle waren gerettet.

Als der Heilige zu Trier vor den Bischof Rusticus geführt wurde, schwitzte er vor dem Gang, denn es war Sommerzeit. St. Goar sah sich im Saal nach einem Nagel um, um seinen Mantel daran zu hängen, aber er sah keinen. Da hängte er den Mantel auf einen Sonnenstrahl, der schrägwärts in den Saal fiel.

Einst fuhr Karl der Große von seiner Pfalz in Ingelheim nach Koblenz und kam an St. Goars Zelle vorüber, ohne dort vorzusprechen. Das nahm der Heilige ihm übel und sorgte für einen so dichten Nebel, daß Karl landen und die Nacht auf einem freien Feld zubringen mußte.

Den Söhnen des Kaisers, Karl und Pippin, welche sich gegenseitig haßten und zufällig in Goars Zelle zusammentrafen, goß der Heilige Versöhnung ins Herz. Auch heilte er Fastrada, die Gemahlin des Kaisers, von heftigem Zahnweh.

Karl schenkte dankbar dem gastlichen Kapellenhaus ein Faß guten Weines. Dieses segnete der Heilige mit der Kraft des Nimmerversiegens. Einst vergaß ein Bruder Kellermeister, den Hahn richtig zu schließen, so daß er stark tropfte. Da kam eine Spinne und webte unter der Hahnöffnung ein so dichtes Gewebe, daß kein Tropfen mehr herauslaufen konnte.

(n. L. Bechstein)

Die selige Christina

In einem Tal bei Nideggen soll in einem armseligen Häuschen die selige Christina gewohnt haben, um in der Einsamkeit Gott zu dienen.

Das nötige Wasser mußte Christina an einer Quelle bei Nideggerbrück holen. Der Pfad, den sie dabei einschlug, soll immer grün sein und heißt Christinapfad.

Die Menschen in ihrer Nachbarschaft mochten das Mädchen nicht leiden. So einsam, wie sie gelebt hat, so einsam ist sie auch gestorben. Waldarbeitern, die in der Nähe ihres Häuschens beschäftigt waren, fiel es auf, daß die Tür ihrer Hütte mehrere Tage nicht geöffnet wurde. Nach einigen Tagen ging man zu ihrer Hütte und sah sie tot daliegen. Aber die Leiche war noch so frisch, als sei sie eben erst gestorben.

Christina wurde auf dem Kirchhof in Nideggen begraben. Aber zum Staunen aller stand der Sarg am Tag nach dem Begräbnis auf dem Grab. Das wiederholte sich dreimal. „Die will sicher nicht hier begraben sein“, war die einhellige Meinung der Leute.

Man legte den Sarg auf einen mit zwei Ochsen bespannten Wagen, denen man die Augen verbunden hatte, und trieb die Tiere an. Ohne einzuhalten zogen sie ihre Last bis Jülich, wo sie vor der Jülicher Stiftskirche stehenblieben. In ihr fand Christina ihre letzte Ruhestätte. Hier wird sie auch bis zum heutigen Tag verehrt.

(n. H. Hoffmann)

Der gezähmte Wolf (B)

Als der hl. Remaklus, Abt von Stablo, einmal eine Kirche baute, bediente er sich eines Esels, um die erforderlichen Steine heranzuschleppen. Eines Tages, als der Esel nahe der Wildnis auf dem gewohnten Weideplatz war, fand ihn ein Wolf, überfiel ihn, tötete ihn und schleppte ihn in den Wald. Als Remaklus abends den Esel nicht fand, zweifelte er nicht daran, daß ein Wolf ihm den Verlust bereitet habe. Er machte sich auf, den Übeltäter zu finden. Gar bald entdeckte er den Wolf in einem Dickicht, wohin er sich zurückgezogen hatte, nachdem er den Esel gefressen hatte. Remaklus hielt dem Wolf kurz und ernst sein Verbrechen vor und befahl ihm, mit ihm zu gehen und statt des Esels beim Bau der Kirche zu helfen. Der Wolf, seine Wildheit ganz und gar vergessend, folgte dem Heiligen willig und trug fortan auf dem Rücken in zwei Körben die zum Bau der Kirche notwendigen Steine herbei.

(n. L. Drees)

Der Fuß des hl. Remaklus zu Spa (B)

In dem quellenreichen Badeort Spa, wo aus mehr als hundert Gesundbrunnen Heilwasser ausströmt, gibt es eine Quelle, die „Groesbeeck" heißt. Sie ist ein Jungbrunnen und Frauenbad, besonders heilsam und kräftigend. Nahe bei ihr sieht man den Abdruck eines Männerfußes, tief in den Boden eingetreten.

Einst kam der hl. Remaklus, der im Lütticher Land wohnte, zu dieser Quelle und verrichtete dort andächtige Gebete. Der Heilige mochte aber sehr ermüdet sein oder sich allzu tief in sein Gebet versenkt haben, denn er schlief über seinem Gebet ein.

Den lieben Gott verdroß das etwas, und er machte, daß ein Fuß des hl. Remaklus tief in die Erde sank und ein Abdruck davon als Wahrzeichen blieb, das bis heute nicht wieder ausgefüllt werden konnte.

Der hl. Remaklus fühlte tiefe Reue über sein Versagen und legte sich die strengste Buße auf. Das sah Gott mit Wohlgefallen und gab dem Abdruck eine wunderwirkende Kraft:

Frauen, welche sich Kinder wünschen, aber keine bekommen können, halten in der Kirche des hl. Remaklus zu Spa eine neuntägige Andacht und trinken an jedem dieser Tage ein Glas Wasser aus dem Brunnen „Groesbeeck", während sie einen Fuß in den Fußstapfen des hl. Remaklus setzen. Vielen hat ihr Glaube geholfen.

(n. L. Bechstein)

Der Heilige Lambert als Büßer (B)

Unter Sigolin, dem dritten Abt von Stablo, hielt sich Bischof Lambert in der Abtei auf. Auf eine falsche Zeugenaussage hin, die ihm ein Vergehen andichtete, war er als Bischof von Lüttich abgesetzt worden. In Demut begab er sich zur Abtei des hl. Remaklus. Gemäß der Überlieferung zeugte dort sein Leben von Frömmigkeit und Hingebung an den Willen Gottes.

Durch Zufall ließ er einmal des Nachts eine seiner Sandalen auf die Erde fallen. Dadurch wurde der Abt aufgeweckt. Es gab nun in Stablo eine Klosterregel, nach der in ähnlichen Fällen einer nächtlichen Ruhestörung der Verursacher sich mit bloßen Füßen bis morgens unter ein Kreuz stellen mußte, das unter freien Himmel vor dem Schlafsaal stand.

Ohne zu wissen, wer der Ruhestörer war, ordnete Abt Sigolin diese Buße an, und Bischof Lambert fügte sich ihr ohne Widerspruch. Nur mit einem härenen Hemd bekleidet, blieb er in der kalten Nacht unter dem Kreuz stehen.

Bei der Frühmesse bemerkte man die Abwesenheit des Bischofs und ließ ihn suchen. Als man ihn unter dem Kreuz fand, warf sich ihm der Abt mit dem ganzen Konvent zu Füßen und bat um Verzeihung. Der hl. Lambert konnte nach mehreren Jahren auf seinen Bischofssitz nach Lüttich zurückkehren und starb dort später durch gedungene Meuchelmörder den Märtyrertod.

(n. M. Zender)

Die drei Jungfrauen

Zu Mans im Frankenland lebten einmal drei Jungfrauen, die Schwestern Adela, Clothildis und Irmina. In eines Klosters stiller Einsamkeit hatten sie sich Gott und dem Gebet geweiht. Ihre Frömmigkeit und lautere Tugendhaftigkeit war verbunden mit dem Zauber äußerer Schönheit.

Auf dem fränkischen Thron saß damals König Dagobert I., berüchtigt wegen seiner Grausamkeit und Willkür. Als er von der Schönheit der drei Mädchen gehört und ihren Aufenthaltsort erfahren hatte, brach er mit seinen Reisigen zum Kloster Mans auf. Dort erfuhr er nun, daß die drei Mädchen seine leiblichen Schwestern waren, die ihm voll Unschuld und Sittsamkeit entgegentraten. Nichtsdestoweniger ließ der König sie an seinen Hof bringen und versuchte, ihre Tugendhaftigkeit und Sittsamkeit wankend zu machen, doch vergebens. Da entbrannte der Tyrann in grimmiger Wut und befahl, seine drei Schwestern in einen finsteren Kerker zu werfen und sie dort elend umkommen zu lassen.

Aber der Himmel verließ seine Geweihten nicht; ein fränkischer Kriegsoberster namens Norbert befreite mit seinen Mannen nachts die drei Jungfrauen aus ihrem Kerker und floh mit ihnen nach Deutschland. Kaum hatte der König dies erfahren, so setzte er ihnen zornerfüllt nach und erreichte die Entflohenen in der Eifel, wo Norberts Schar bis auf den letzten Mann niedergemacht wurde. Durch eine Fügung des Himmel hatten sich die drei Schwestern am Tage zuvor von ihren Begleitern getrennt.

Als sie sich eben auf die schroffen Hügel der Kyll bei Auw geflüchtet hatten, sahen sie plötzlich ihre Verfolger im Gebirge umherschweifen. Wohin sich retten?

Tief unten die reißende Kyll, auf beiden Seiten unüberwindbare Abgründe und hinter sich mit gezogenem Schwert die Verfolger. In dieser unbeschreiblichen Not sanken die Schwestern auf die Knie und flehten zu Maria, der Helferin der Christen; dann bestiegen alle drei vertrauensvoll einen Esel, der bislang ihre Habseligkeiten getragen hatte, und er setzte mit ihnen sicher auf das andere Kyllufer über.

Ihre Verfolger aber kehrten, als sie sich durch dieses Wunder um ihren Sieg betrogen sahen, unter Verwünschungen und Flüchen um.

Die drei Schwestern waren gerettet. Eine nahegelegene Felswand nannte das Volk „Eselchen".

(n. J.H. Schmitz)

3 Jungfrauen a. d. Kirchenfahne der Pfarrei Auw

Die Bekehrung des hl. Hubertus (B)

Um das Jahr 656 wurde der hl. Hubertus als Sohn des Herzogs Betrand von Aquitanien geboren und lebte später am Hof seines Verwandten Pippin von Herstal. Er vermählte sich in der Folge mit Floribane, einer Tochter des Grafen von Löwen. Hubertus besaß große Reichtümer und lebte wie ein echter Weltmensch leicht in den Tag hinein. Eines seiner Hauptvergnügen war es, den wilden Tieren in den Ardennenwäldern nachzujagen.

Einmal an einem Karfreitag legte Hubert Jagdhorn und Hirschfänger um und ritt mit seinen kläffenden Jagdhunden hinaus auf die Jagd, anstatt wie die anderen Gläubigen in die Kirche zum Gottesdienst zu gehen.

In dem großen, dunklen Ardenner Wald herrschte tiefste Stille; kein Lüftchen regte sich unter dem graubewölkten Himmel, und die alten Eichen standen so ernst, so traurig und schienen ganz vorwurfsvoll dem stolzen Jäger nachzublicken. Doch Hubert störte sich nicht am Ernst der Natur und ritt immer tiefer in den Wald hinein.

Plötzlich sprang vor ihm ein außergewöhnlich schöner Hirsch auf und floh in Windeseile davon. Hei, wie schossen da Roß und Hundemeute dem flüchtigen Wilde nach! Laut jubelte der Jäger und stieß ins Horn. Auf einmal blieb der Hirsch bei einer uralten Eiche stehen, wandte sich um und schien seine Verfolger zu erwarten. Als Hubert herankam, sah er, daß der Hirsch in der Mitte seines Geweihes ein hellstrahlendes Kruzifix trug, das Zeichen der Erlösung. Zu gleicher Zeit hörte er eine Stimme: „Hubertus! Hubertus! Wie lange willst du den wilden Tieren nachjagen? Weißt du denn nicht, daß du auf die Welt kamst, um deinen Gott zu erkennen, ihn zu lieben und ihm zu dienen, um endlich die ewige Seligkeit zu erlangen? Wie lange willst du noch deine Tage ohne Sorge für dein Seelenheil hinbringen?“ Wie der Apostel Paulus rief der Jägersmann: „Oh Herr! Was willst du, daß ich tun soll?“ Und die Stimme antwortete: „Geh zum Bischof Lambert nach Maastricht. Er wird dir meinen Willen offenbaren.“ Dann verschwand der Hirsch.

Hubertus war nun trotz des Flehens und Jammerns seines Weibes fest entschlossen, allen weltlichen Würden und Ehren zu entsagen. Unverzüglich eilte er zum hl. Lambertus, warf sich ihm zu Füßen und bat ihn um Rat und Beistand. Der Bischof nahm ihn freundlich auf, ermutigte und belehrte ihn.

Inzwischen starb Floribane bei der Geburt ihres Sohnes Floribertus, welcher später seinem Vater auf dem Bischofssitz von Tongeren folgte. Nun konnte sich Hubertus ganz seinem Gott widmen. Er verzichtete auf irdische Würden, auf alle Ehrentitel, verteilte große Reichtümer unter die Armen, entsagte der Welt und ging in die Einsamkeit des Ardenner Waldes. Als Einsiedler suchte er den Ort auf, wo er den Hirsch mit dem Kreuz erblickt und die mahnende Stimme gehört hatte. Lange Zeit führte der Einsiedler ein heiligmäßiges und strenges Büßerleben. Seine Nahrung bildeten Wurzeln und Kräuter, und das klare Wasser einer nahen Quelle war sein Trank.

Hierauf ließ er sich im Kloster Stavelot in den göttlichen Wissenschaften unterrichten und ging dann nach Maastricht, um sich auf den geistlichen Stand vorzubereiten. Auf göttliche Offenbarung und den Rat des hl. Lambertus hin unternahm er eine Reise nach Rom. Dort wurde er von Papst Sergius zum Bischof geweiht.

(n. Schoetter)

Die Stola des hl. Hubertus (B)

Als Papst Sergius durch eine Offenbarung vom Tod des hl. Lambert erfahren hatte und vom Himmel die Weisung erhielt, Hubertus als Bischof von Tongeren zu weihen, entdeckte er den Heiligen, der sich auf eine Romreise begeben hatte, nur durch ein Wunder unter der großen Menge der Wallfahrer auf dem Petersplatz. Der Papst gab ihm seinen Segen, und ein Engel brachte für den neuen Bischof eine aus Gold und Seide gewirkte Stola mit den Worten: „Diese Stola, die Gott dir schenkt, besitzt eine wirksame Kraft gegen Dämonen und alle höllischen Mächte. Wie Moses mit seinem Stab wird der Herr auf dein Gebet hin mit dieser Stola wunderbare Werke tun. Jeder, der von einem mit der Tollwut befallenen Tier gebissen worden ist, kann durch deren Kraft von dieser Krankheit geheilt werden. Diese Kraft wird zu deiner Erinnerung von Jahrhundert zu Jahrhundert fortwirken. Alle diejenigen, die dich in ihrem Gebrechen anrufen, sollen ihre Gesundheit wiedererlangen."

Von diesem Tag an bis heute bewahrt die himmlische Stola die Gläubigen insbesondere vor Tollwut.

(n. Bertholet)

Der Triumph des hl. Hubertus (B)

Nachdem der hl. Hubertus zu Tervüeren gestorben war, wurde er gemäß seinem Wunsch in Lüttich beigesetzt. An seinem Grabe geschahen zahlreiche Wunder. Sein Ansehen mehrte sich von Tag zu Tag so sehr, daß die Mönche des Ardennenklosters Andain, in dessen Nähe der Heilige den Hirsch mit dem Kreuz gesehen hatte, den Bischof Walkand baten, ihnen die Gebeine des hl. Hubertus zu überlassen. Der Bischof erfüllte ihnen diese Bitte.

Als die Gebeine des Heiligen feierlich nach Andain übertragen wurden, eilte auch Kaiser Ludwig mit seinem zahlreichen Gefolge herbei, um die zu Ehren des Heiligen veranstaltete Festlichkeit durch seine Teilnahme zu erhöhen. Ehe man die heiligen Überreste aus der St. Peterskirche zu Lüttich trug, ließ Kaiser Ludwig den Reliquienschrein öffnen. Alle Anwesenden sahen, daß der Leib des Heiligen noch wohlerhalten und unversehrt geblieben war.

Die Übertragung nach Andain glich infolge dieses offenbaren Wunders einem wahren Triumphzug. Unter dem Geläut aller Lütticher Glocken setzte sich der Zug in Bewegung. In der Stadt und in den Dörfern war der Weg mit Kränzen, Blumen und Ästen geschmückt. Kaiser Ludwig selbst folgte entblößten Hauptes, begleitet von drei Königen und einer unabsehbaren Menge von Edelleuten und Gläubigen. An der Maas nahmen die Leviten von Andain die kostbaren Reliquien in Empfang und brachten sie zu ihrem Kloster. Fortan wurde die Abtei nicht mehr Andain, sondern St. Hubert genannt. Schon in den ersten Tagen wurde die Ankunft des Heiligen durch Wunder verherrlicht.

(n. R. d. Soumoy)

Der hl. Hubertus rettet vor Hungersnot (B)

Im Jahr 887 drohten zahlreiche Gewitter, verbunden mit heftigem Hagelschlag und unendlichen Regengüssen, die Ernte in dem ohnehin schon sehr armen Ardenner Land gänzlich zu vernichten. Die Halmfrüchte waren von Regen und Sturm niedergedrückt oder lagen abgebrochen auf dem Feld. Teuerung und Hungersnot schienen unausbleiblich. Alle, sowohl die Geistlichen als auch das Volk, sahen in dem hereinbrechenden Unheil den Zorn und die Strafe Gottes wegen der begangenen Sünden.

Da ergriff ein heilsamer und allgemeiner Bußgeist die Bewohner der Ardennen. Die Menschen flehten inständig zum hl. Hubertus um Abwendung des drohenden Übels und gelobten, zu fasten und barfuß zum Grab des Heiligen der Ardennen zu pilgern. Die Gewitter und der Dauerregen hörten daraufhin auf. Das schöne Wetter, das nun folgte, ließ die Früchte wieder gut und kräftig gedeihen. Die ganze Gegend blieb vom Elend einer Hungersnot verschont.

Aus Dankbarkeit für die gewährte Hilfe wallfahrteten nun jedes Jahr verschiedene Pfarreien an bestimmten Tagen nach St. Hubert, um dort am Grab des Heiligen zu beten und zu opfern.

(n. Bertholet)

Hora, das Pferd des hl. Hubertus (B)

Seit Jahrhunderten wird das Hohe Venn in gewissen Nächten von einem Pferd besucht, welches an den vier Füßen schneeweiß und am ganzen übrigen Körper kohlschwarz ist. Die Vennbewohner nennen das Pferd „Hora" oder auch noch das „Pferd von der guten Hilfe". Der hl. Hubertus soll das prächtige Roß geritten haben, als er durch die Erscheinung des Hirsches mit dem Kreuz auf den rechten Pfad geführt wurde. Um den armen Bauersleuten auf irgendeine Weise den Schaden zu ersetzen, den Hubertus auf den durch Schweiß und harte Arbeit bestellten Äckern durch sein häufiges Jagen angerichtet hatte, ließ Gott das Tier nach dem Tod des Heiligen in das Venn zurückkommen.

Schon mancher Vennbauer, der mit seinen schwachen Kräften die harte Erdkruste seines Feldes nicht hatte aufreißen können, fand seinen Acker über Nacht bis auf das letzte Eckchen gepflügt. Das hatte Hora getan. Auch das Heu und die Getreidegarben brachte das hilfreiche Pferd den Leuten während der Nacht nach Hause, wenn Regen drohte. Und mancher einsame Wandersmann, der sich in der Einöde verirrt hatte, wurde, nachdem er in seiner Not den hl. Hubertus um Hilfe angerufen hatte, von dessen Roß auf den rechten Weg zurückgebracht.

(Journal de Bastogne)

Tanzen zur Buße (D/L)

Warum sich die Bewohner von Waxweiler so zahlreich an der Springprozession zu Echternach beteiligen und dabei den Vortritt erhalten, hat seinen Grund.

Einst kam der hl. Willibrord auf einer Missionsreise durch Waxweiler. In der Dorfkirche fand gerade ein Gottesdienst statt. Aber viele Einwohner führten draußen vor dem Gotteshaus ärgerliche Tänze auf, statt der Predigt zu lauschen. Umsonst mahnte sie der Heilige, davon abzulassen und auf den Pfarrer zu hören. Zuletzt wurde der Gottesmann von heiligem Zorn ergriffen und rief: „So tanzet denn ohne Unterlaß, wenn ihr vom Teufelsdienst nicht lassen wollt!"

Und siehe: Die verstockten Bewohner tanzten weiter und weiter wie besessen. Die entsetzten Anverwandten der Unglücklichen baten den Heiligen flehentlich, die schlimme Strafe doch abzuwenden. Dabei versprachen sie inständig, künftig getreu nach dem Wort Gottes zu leben. St. Willibrord ließ sich rühren, legte den Tanzenden die Hände auf und schickte sie nach Echternach, wo sie zur Buße mit heiliger Andacht tanzen sollten. Sie taten es, und die Plage hörte auf.

St. Willibrord - Echternach

Seit dieser Zeit sollen sich die Leute von Waxweiler alljährlich an der Springprozession beteiligt haben. Die Echternacher ließen ihnen den Vortritt, als sie hörten, daß ihr hoher Stadtpatron selbst die Leute hierher geschickt hatte.

(n. M. Zender)

Die Willibrordslinde (L)

In seinem Kloster zu Echternach erfuhr der hl. Willibrord, daß sich die Heiden auf einer felsigen Anhöhe bei dem Dorf Roth zur nächtlichen Opferfeier trafen.

Mit wenigen Mönchen und unbewaffnet machte er sich am Vortag einer Vollmondnacht auf den Weg nach Roth. Während der heidnischen Opferfeier traf er mit seiner Begleitung auf dem Platz ein. Als der Heidenpriester den hl. Willibrord sah, rief er den Fluch der Götter auf den Christenpriester herab. Willibrord aber trat in die Mitte der Versammlung und erzählte den Heiden von der Liebe des einzig wahren Gottes, der seinen Sohn auf die Erde gesandt habe, um alle Menschen zu erlösen.

Bald scharten sich die Heiden enger um ihn, und der Heidenpriester stand verlassen an seinem rauchenden Opferaltar. Schließlich winkte der hl. Willibrordus seinen Gefährten. Diese zerstörten den Opferaltar und fällten die hohe Eiche, an deren Fuß der Altar gestanden hatte. An die Stelle der Eiche pflanzte Willibrord eine Linde und erbaute nahebei eine Kapelle. In ihr wurden alle Heiden der Umgebung getauft. Die Linde aber wuchs und grünte. Sie erinnerte die Menschen allzeit an den Bekehrungstag.

(n. H. Theis)

Der Geiger von Echternach (L)

Zur Zeit des hl. Willibrordus lebte in Echternach ein junger Musiker namens Veit, der wegen seiner ungewöhnlichen Körpergröße den Zunamen „der Lange“ erhalten hatte. Kurze Zeit nach seiner Bekehrung zum Christentum pilgerte er mit seiner jungen Frau ins Heilige Land. Zehn Jahre gingen ins Land, ohne daß eine Kunde von dem Ehepaar in das heimatliche Städtchen gelangte. Da glaubte man, die beiden seien gestorben, und die Verwandten teilten ihr Besitztum unter sich.

Aber am Osterfest des Jahres 729 erschien Veit zum Erstaunen aller wieder in Echternach. Er kam allein, da seine Gattin von den Sarazenen ermordet worden war. Nur ein für die damalige Zeit seltsames Instrument, eine Art Geige, führte er mit sich.

Als er von seinen Verwandten seine Güter zurückverlangte, klagten diese ihn an, er habe seine Frau ermordet. Drei der stärksten seiner Gegner boten sich an, nach damaliger Sitte ihre Aussage durch einen Zweikampf mit ihm zu erhärten. Der arme Veit unterlag dabei. Er mußte sich als besiegt erklären, womit seine Schuld „bewiesen" und damit sein Todesurteil besiegelt war. Am folgenden Tag, dem Pfingstdienstag, sollte er am Galgen sterben.

Als letzte Gnade erbat sich Veit, auf seinem Sterbegang seine Geige mitnehmen zu dürfen. Auf dem Hügel, auf dem heute die Pfarrkirche steht, war der Galgen errichtet, der von einer großen Volksmenge umringt wurde. Als Veit auf der Leiter stand, ergriff er den Bogen und spielte so begeisternd, daß die Leute erschüttert aufhorchten. Er lockte aus seinem Instrument die wunderbarsten Töne hervor. Das Volk geriet außer sich und rang die Hände, der Henker wankte und stieg verwirrt von der Leiter. Wie ein ergreifendes Gebet stiegen die sich steigernden Klagetöne zum Himmel empor. Alle befanden sich im Bann der bezaubernden Musik. Sie fielen nieder, sprangen wieder auf und tanzten, erst langsam und gemessen, dann schneller, bis sich zuletzt alle Zuschauer, Männer, und Frauen, Ankläger und Richter wie rasend im Kreise bewegten. Da stieg der Geiger, stetig weiterspielend, von der Leiter, durchschritt langsam die tanzende Menge und verließ die Stadt. Nie mehr hat man etwas von ihm gehört.

Den ganzen Tag tanzte man in Echternach weiter und die Verleumder noch viele Tage, bis schließlich der hl. Willibrord herbeieilte und sie von der Tanzwut befreite. Zur Erinnerung an die wundersame Errettung des unschuldig verklagten Geigers führte man nun in Echternach am Pfingstdienstag die Springprozession ein.

(n. M. Zender)

Wasser aus Felsgestein

Auf einer Reise von Utrecht nach Echternach kam der hl. Willibrord auch durch Daleiden. Als er dort vor vielen heidnischen Zuhörern aus der ganzen Gegend predigte, fand er kaum Gehör, sondern vielmehr Mißtrauen und Spott. „Wohlan", rief St. Willibrord unverzagt, „so will ich denn von Euch Abschied nehmen. Aber bevor ich gehe, will ich ein Zeichen hinterlassen, damit Ihr seht, wie groß der wahre Gott ist.“

Dann schlug er mit seinem Wanderstab an den Felsen, auf dem er stand, und augenblicklich sprudelte ein reicher Quell hervor, der von da an St. Willibrordusquell hieß. Dort wurde der Heilige als Fürbitter bei bösartigem Hautausschlag verehrt und angerufen.

(n. M. Zender)

Genoveva und Siegfried

Im achten Jahrhundert lebte auf dem Schloß Hohensimmern bei Mayen der Pfalzgraf Siegfried mit seiner frommen Gemahlin Genoveva. Damals geschah es, daß Karl Martell, der Großvater Karls des Großen, einen Kriegszug gegen die heidnischen Araber unternahm, die Spanien erobert hatten und danach in Frankreich eingefallen waren. Siegfried, als tapferer Ritter, zog mit seinem Herrn Karl Martell gegen das heidnische Heer. Seine Gemahlin Genoveva sollte während seiner Abwesenheit, die wohl nicht lange dauern würde, auf seiner Burg bleiben. Er empfahl sie dem Schutz seines Hausmeisters Golo, dem er völlig vertraute und dem er auch die Verwaltung seines Landes übertrug.

Doch Golo war ein Heuchler und ein Mann ohne Gewissen. Solange der Pfalzgraf anwesend war, hatte er diesem geschmeichelt und sich ergeben gezeigt. Aber als Siegfried fortgezogen war, dauerte es nicht lange, da zeigte Golo sich als Herr des Hauses. Die treuen und braven Diener entließ er und nahm solche an, die nur nach seinem Willen handelten. Auch seine Herrin sollte ihm gehorchen. Als sie Golo wissen ließ, ihr Gemahl hätte ihn gewiß nicht zu ihrem Beschützer bestimmt, wenn er seine wahre Gesinnung gekannt hätte, da fing Golo an, sie grimmig zu hassen. Bald ließ er sie in ein schauriges Burgverlies einkerkern. Niemand als eine alte Frau hatte Zugang zu ihr und tröstete sie.

Nun sandte Golo heimlich Boten zu Siegfried und ließ ihm berichten, seine Frau habe ihm die Treue gebrochen. In Wahrheit hatte er versucht, die tugendhafte Genoveva zur Untreue gegen ihren Mann zu verführen. Sie aber hatte alle schändlichen Anträge zurückgewiesen. Erbost darüber sann Golo auf Rache. Siegfried glaubte der Nachricht Golos, geriet darüber in großen Zorn und gab den Befehl, Genoveva sofort hinzurichten.

Zu dieser Zeit hatte Genoveva im Kerker einen wunderschönen Knaben geboren, den sie Schmerzenreich nannte.

Als der Bote aus dem Heerlager zurückkehrte, säumte Golo nicht, den Befehl seines Herrn zu vollstrecken. Er übergab Genoveva und das Kind zwei Knechten mit dem Auftrag, sie in den Wald zu führen und dort zu töten.

Auf dem Wege dahin mußten sie über einen Fluß, die Nette. Auf der Brücke zog Genoveva ihren Trauring vom Finger und warf ihn in das Wasser, indem sie sagte: „So gebe ich meinem Mann seine Treue und sein Versprechen zurück, damit seine Schuld geringer sei.“

Als nun die Knechte Genoveva mit dem kleinen Schmerzenreich im Walde töten sollten und die Mutter um das Leben des lieben Kindes jammerte und flehte, sagte plötzlich einer von den Knechten: „Was haben die Unschuldigen getan?“ Es entstand ein Wortwechsel, doch keiner wußte etwas Böses von der Pfalzgräfin zu sagen oder einen Grund zu nennen, warum man Mutter und Kind töten sollte. „Es ist besser“, sprachen sie, „daß wir sie hier im Wald von wilden Tieren zerreißen lassen, als unsere Hände mit ihrem Blut zu beflecken.“ Also führten sie Genoveva tief in den wilden Wald, ließen sie schwören, den Wald nie zu verlassen, und gingen fort.

Weil die Knechte aber ein Zeichen mitbringen sollten, daß sie Genoveva ums Leben gebracht hätten, riet einer, den mitgelaufenen Hund zu töten und ihm die Zunge herauszuschneiden. Die herausgeschnittene Zunge brachten sie zu Golo, und dieser war von Genovevas Tod überzeugt.

In der öden Wildnis flossen der Gräfin anfangs reichlich Tränen, aber sie betete viel. Sie hatte weder Nahrung für sich noch für ihr Kind. Als sie nun die Heilige Jungfrau um Beistand anrief, sprang plötzlich eine weiße Hirschkuh durchs Gesträuch und legte sich neben das Kind nieder. Genoveva nährte das Kind mit der Milch des zutraulichen Tieres, das täglich mehrmals wiederkam. Sie selbst ernährte sich von Wurzeln und Kräuter, die sie im Wald fand. Ihre Wohnung war eine Höhle.

Eines Tages kehrte Siegfried zurück zu seiner Burg. Allein und traurig in sich gekehrt lebte er dort und verschmähte alle Freuden. Bitter reute es ihn, daß er so voreilig gehandelt und Golo den Auftrag zur Hinrichtung von Genoveva gegeben hatte.

Nach fast sieben Jahren geschah es, daß in dem Wald, wo Genoveva so lange lebte, eine große Jagd stattfand, die den Grafen etwas ablenken sollte. Die Verfolgung des aufgescheuchten Wildes führte Siegfried in den Wald mit der Höhle. Eben gedachte er umzukehren, als eine weiße Hirschkuh vor ihm aufsprang. Diese wollte er noch erlegen und setzte ihr nach. Weil sie zuletzt keinen Ausweg sah, flüchtete sie in die Höhle und warf sich zu Füßen des Knaben nieder. Die Hunde drangen nach, doch Genoveva wehrte sie ab.

Mit Verwunderung sah der Graf aus der Höhle eine Frauengestalt treten. Wie groß aber war sein Erstaunen, als er in der bleichen, abgehärmten Frau seine Gemahlin erkannte. Diese rief mit dem Ausdruck des Schreckens und der Freude seinen Namen. Dann warf sie sich vor ihm nieder und beteuerte, daß sie unschuldig sei. Siegfried hob sie mit unendlicher Freude auf und schloß sie und den Knaben in seine Arme. Nun stieß er in sein Jagdhorn, da eilte sein ganzes Jagdgefolge herbei. Indem er Genoveva und Schmerzenreich bei der Hand nahm, verkündete er freudigen Herzens: „Das ist meine Gemahlin, und das ist mein Sohn!“ Die gute Frau erzählte nun allen, die da standen, was ihr begegnet war, und allen standen Tränen in den Augen. Zuletzt erschien der treulose Golo. „Kennst du die?“ donnerte der Graf den Bösewicht an und gab den Befehl: „Ergreift ihn und werft ihn in den Turm, bis entschieden ist, welchen Todes er schuldig ist.“

Dies geschah bald. Siegfried befahl, vier Ochsen zu nehmen, die noch keinen Pflug gezogen hätten, und sie dem Missetäter an Hände und Füße zu binden. Genoveva bat um Gnade für den Verbrecher; aber Siegfried lehnte ab. Als nun die Ochsen festgebunden waren, ging jeder in eine andere Richtung los, und Golo wurde in vier Stücke gerissen.

Unter lautem Jubel des Volkes führte Siegfried seine Gemahlin und seinen Sohn Schmerzenreich auf seine Burg zurück. Als der Zug an die Nette kam, traten zwei Fischer zum Pfalzgrafen und schenkten ihm einen Fisch, der so groß war, wie noch keiner in der Nette gefangen wurde. Siegfried nahm den Fisch und ließ ihn zum Mahl zubereiten. Als der Koch den Leib des Fisches öffnete, da fand er den goldenen Trauring Genovevas darin.

Genoveva lebte nicht mehr lange. An dem Ort, wo sie in der Wildnis sieben Jahre gelebt hatte, ließ Graf Siegfried eine Kapelle bauen, die Fraukirch genannt wird. Dort wurde Genoveva begraben. Die Hirschkuh, die ihr aus dem Wald gefolgt war, legte sich auf das Grab und wich bis zu ihrem Tod nicht mehr davon.

(n. Gebr. Grimm)

Der Schnellritt des hl. Arnold

In der Nähe von Düren liegt das Dorf Arnoldsweiler, das früher einmal Genetsweiler hieß. In der Dorfkirche liegen die Gebeine des hl. Arnold.

Er lebte zur Zeit Karls des Großen und soll ein Sänger und Harfenspieler aus Griechenland gewesen sein. Der Kaiser schätzte ihn sehr wegen seines schönen Gesanges. Wenn Arnolds Lieder erklangen, wichen von Karls Seele der Kummer und die Sorgen, die ihn gar oft bedrückten. Die Hofleute achteten Arnold wegen seines freundlichen Wesens, und die Armen, Witwen und Waisen verehrten ihn als ihren Wohltäter. Was er durch Saitenspiel und Gesang erwarb, verteilte er an sie.

Der Kaiser hatte bei Arnoldsweiler ein Jagdschloß, nicht weit vom Bürgelwald, einem großen Jagdgebiet zwischen Düren, Jülich, Bergheim und Kerpen. Wenn Karl in dem Wald jagte, kehrte er in diesem Schloß ein. Arnold mußte seinen Herrn auf diesen Jagdzügen oft begleiten; aber sie machten ihm wenig Freude, weil er die Armut und die Not in den umliegenden Dörfern kannte. Die Leute hatten zwar den Wald ganz in der Nähe, aber selbst an kalten Herbst- und Wintertagen durften sie darin kein Brennholz holen. Arnold dachte darüber nach, wie er den Leuten helfen könne.

Eines Tages, als Kaiser Karl sich zu Tisch setzte, um das Mittagsmahl einzunehmen, trat der Sänger in die Mitte des Saales und bat, ob er ein Lied vortragen dürfe. Mit Freude stimmte der Kaiser zu und hörte ein so ergreifendes Lied von der Not vieler Menschen, daß Karl fast zu Tränen gerührt war. Als der Sänger mit seinem Lied geendet hatte, sprach er: „Noch nie habe ich Euch um etwas gebeten, Herr Kaiser, doch heute gewährt mir eine Bitte: Überlaßt mir vom Bürgelwald so viel, wie ich während Eures Mittagsmahles umreiten kann!"

Der Kaiser schätzte die Erfüllung dieser Bitte als nicht zu hoch und willigte gerne ein. Er ahnte nicht, daß Arnold zuvor eine Anzahl von schnellen Pferden rings um den Bürgelwald hatte aufstellen lassen.

Der Sänger schwang sich schnell auf ein gutes Pferd, während die königlichen Diener die Schüsseln für das Mittagsmahl hereintrugen. Wenn nun draußen beim Ritt um den Wald ein Pferd müde wurde, konnte Arnold schnell auf ein frisches umsteigen und so in kurzer Zeit den ganzen Bürgelwald umreiten, zwei Stunden in der Breite und vier Stunden in der Länge. Wo er aber das Pferd wechselte, hieb er mit seinem Schwert einen Span von den Bäumen.

Der Kaiser hatte sein Mittagsmahl noch nicht beendet, da trat Arnold freudestrahlend wieder in den Schloßsaal. Als der Kaiser wissen wollte, welches Stück des Waldes er denn umritten habe, konnte Arnold dem Verdutzten berichten, daß er den ganzen Bürgelwald gewonnen habe. „Was willst du denn mit dem Wald machen?" – „Herr, nicht für mich will ich den Wald haben; ich werde ihn den armen Bewohnern der umliegenden Dörfer schenken. Sie brauchen dringend Brennholz, vor allem in den kalten Jahreszeiten." Da hellte sich das Gesicht des Kaisers auf, er nahm von seiner Hand einen kostbaren Siegelring und gab ihn Arnold zum Zeichen, daß er nun Besitzer des Bürgelwaldes sei.

St. Arnold aber schenkte den Wald den umliegenden Ortschaften: Genetsweiler (Arnoldsweiler), Ellen, Oberzier, Niederzier, Lich, Oberembt, Nierderembt, Angelsdorf, Elsdorf, Paffendorf, Glesch, Heppendorf, Sindorf, Manheim, Kerpen, Blatzheim, Golzheim, Buir, Morschenich und Merzenich. Diese lieferten viele Jahrhunderte hindurch Wachskerzen an die dem Heiligen geweihte Kirche zu Arnoldsweiler.

(n. M. Pauly)

Der Ring im Fisch

Als St. Arnold schon alt war, faßte er den Entschluß, eine Wallfahrt zum Grabe des hl. Jakobus nach Compostela in Spanien zu machen. Gott fügte es jedoch, daß Arnold seine Reise nicht zu Ende führen konnte. Als er in das Gebiet des Flusses Garonne kam, herrschte dort eine große Hungersnot. Alle Mittel, die er bei sich hatte, teilte er mit den Bedürftigen und suchte das Elend zu lindern, soweit es in seinen Kräften stand.

Um vorbereitet dem Tod entgegensehen zu können, bat er Gott, er möge ihm an einem Zeichen zu erkennen geben, wenn sein Ende bevorstand. Im Vertrauen darauf, daß Gott sein Gebet erhören werde, warf er den Ring, den er einst von Kaiser Karl dem Großen erhalten hatte, in den Fluß. Falls dieser Ring ihm wieder vor Augen kommen werde, wollte er ihn als Zeichen ansehen, daß seine letzte Stunde bald kommen werde.

Viele Monate lebte Arnold schon im Notgebiet, da kauften die Leute, bei denen er wohnte, eines Tages einen Fisch. Als man ihn aufschnitt, fand man in seinem Magen einen goldenen Ring. Arnold hatte den Leuten viel Gutes erwiesen. Daher wollten sie ihrem Wohltäter eine Freude machen und brachten ihm den Ring. Arnold erkannte sofort seine Eigentum und beschloß, wieder ins Jülicher Land zurückzukehren und sich dort auf den Tod vorzubereiten.

Nach seiner Ankunft in Arnoldsweiler verteilte er alles, was er noch besaß, an die Armen. Wenige Tage darauf starb er eines seligen Todes. Seine Gebeine wurden in einer Kapelle beigesetzt. Den Ring des Kaisers zeigte man den Leuten noch viele Jahrhunderte.

(n. G. Henßen)

St. Lüfthildis mit der Spindel

Karl der Große wollte einmal ein paar Tage in der Nordeifel auf die Jagd gehen und hatte auf der Tomburg Wohnung genommen. Eines Tages hatte er seinen Durst an einer sehr kalten Quelle gestillt und war krank geworden. Mit hohem Fieber lag der Kaiser auf der Burg Münchhausen. Seine Leibärzte aus Aachen wurden herbeigerufen. Sie brauten Arzneien, verordneten dies und jenes, schüttelten schließlich ihre Köpfe. All ihre Kunst war vergebens; der Zustand des kaiserlichen Herrn wurde immer bedenklicher.

Da kam ein alter Bauer, der wünschte, den Kaiser zu sprechen. Man ließ ihn vor. Freimütig trat er an das Krankenbett und sagte: „Nicht weit von hier wohnt die edle Jungfrau Lüfthildis. Sie besitzt eine wunderkräftige Spindel. Mit ihr vermag sie, wenn nötig, sogar den Tod zu bannen. Herr, laßt Lüfthildis rufen, sie kann Euch helfen."

Lüfthildis ließ nicht lange auf sich warten. Sie berührte mit der Spindel den kranken Kaiser, und augenblicklich kehrte in diesen die alte Kraft zurück und sein Gesicht strahlte volle Gesundheit aus.

Karl bat die holdselige Ärztin, sie solle sich eine Gnade ausbitten. Lüfthildis wünschte sich ein Gut sowie Gärten und Felder, nicht für sich, sondern um Armen und Kranken zu helfen. Der Kaiser sprach: „Dein Wunsch sei dir gewährt. Ich werde mich jetzt hinlegen zu einem kurzen Schlaf. Was du während meines Schlummers mit der Spindel an Land und Gut umkreist, soll dein eigen sein."

Lüfthildis besorgte sich ein schnelles Pferd. Dann ritt sie los und ließ die Spindel hinter sich herschleifen. Sie ritzte eine feine, aber sichtbare Spur um viel Höfe und Felder.

Als der Kaiser, von einem gesunden Schlaf gekräftigt, erwachte, sprengte Lüfthildis durch das Tor von Münchhausen herein. Er ließ sich zeigen, welches Gebiet das Mädchen umritten hatte, und schenkte es ihm. Als Lüfthildis dort ein Kloster baute mit einem Haus für Kranke, Arme und Sieche, hat Karl den Bau mit Geldmitteln unterstützt.

Das Kloster, in dem Lüfthildis gewohnt hat, steht heute nicht mehr. Von der ganzen Umgebung wurde sie geehrt und gepriesen bis zu ihrem seligen Ende. Das Dorf Lüftelberg erinnert durch seinen Namen an die Jungfrau mit der Spindel.

(n. M. Zender)

St. Potentinus

In Steinfeld wird der hl. Potentinus als Pfarrpatron verehrt. Er hatte in einem heidnischen Land gelebt. Als er gestorben war, hat man ihn zwar begraben, aber am anderen Morgen stand der Sarg auf dem Grab. Das ist mehrmals vorgekommen.

Der zuständige Bischof berichtete dem Papst von diesem Ereignis. Dieser meinte: „Dann will Potentinus sicher nicht im Heidenland begraben sein.“ Man solle den Sarg auf einen Wagen stellen und zwei blinde Pferde davorspannen. Wohin diese den Sarg brächten, dort solle er bleiben.

Der Rat des Papstes wurde befolgt. Den Sarg band man auf einen Wagen fest, und dann sind die Pferde zuletzt durch die Zingsheimer und Nettersheimer Flur gekommen. Von Urft fuhren sie den jähen Berg empor, aber oben konnten sie nicht mehr weiter. Hier haben sie auf der Erde gescharrt, und augenblicklich ist dort Wasser hervorgesprudelt. Die Quelle nannte man „Potentinuspützchen“.

Als die Pferde ihren Durst gelöscht hatten, sind sie auf Steinfeld zugegangen und blieben vor der Klosterkirche stehen. Die Patres und die Brüder kamen heraus, auch der Abt. Dieser sagte: „Potentinus will wohl hier seine Ruhestätte haben! Man möge den Sarg in die Kirche bringen.“

Seit dieser Zeit befinden sich die Reliquien des hl. Potentinus in Steinfeld.

(n. G. Henßen)

Der Rizzapfad

Die hl. Rizza war eine nahe Verwandte Kaiser Ludwigs, den man den Frommen nennt. Nach seinem Tod erhielt sie als Erbgut den gegenüber der Stadt Koblenz gelegenen Hof Arzheim. Hier lebte sie in weltabgeschiedener Frömmigkeit und diente den Armen und Kranken. Eines entbehrte sie: daß sich in der Nähe ihres Hofes kein Gotteshaus befand, in dem sie täglich hätte beten können. Zwar lag Arzheim gegenüber auf der anderen Rheinseite die Kirche St. Castor, aber sie war für St. Rizza unerreichbar, da sie kein Schiff oder Boot besaß. So blieb ihr nichts anderes übrig, als allmorgendlich, wenn die Glocken von St. Castor zu ihr herübertönten, in die Knie zu sinken und mit tiefer Andacht wenigstens im Geiste am heiligen Meßopfer teilzunehmen.

Eines Tages las sie im Evangelium jene Stelle, wo Christus seinen Jüngern auf dem Meer erschien und Petrus sprach: „Herr, wenn du es bist, so heiße mich zu dir kommen!“ Als Jesus sagte: „Komm!“ stieg Petrus aus dem Schiff und ging über das Wasser zu Christus hin. Was aber, so fragte sich Rizza, konnte das für sie anders bedeuten, als dem Glockenruf zu folgen und über den Rhein nach Koblenz hin zu wandeln, wenn nur ihr Glaube stark genug wäre.

Als wenig später die Glocken von St. Castor zu läuten begannen, eilte sie vertrauensvoll zum Rhein hinab, betrat die flutenden Wasser des Stromes und schritt schnellen Fußes und ohne zu wanken hinüber auf die andere Seite. Als Rizza nahe bei der Castorkirche das Ufer erreichte, waren viele Menschen Zeugen dieses Wunders und folgten ihr zum Gotteshaus, wo die Heilige vor dem Altar in die Knie sank, die Stirn bis zum Boden neigte und sich in seligem Dank ganz und gar dem Herrn und Meister versprach.

Von da an konnte man Tag für Tag beobachten, wie Rizza über den Rheinstrom schritt, hin und zurück, ohne zu straucheln oder von ungebärdigen Wellen davongetragen zu werden.

Einmal geschah es nun an einem sehr stürmischen Frühlingstag, als der Rhein hoch angeschwollen dahergeschossen kam, daß Rizza von ihrem Hof kam und beim Anblick des entfesselten Stromes zu zweifeln begann. Unschlüssig blieb sie zuerst stehen und schaute ängstlich über die wogenden Wasserfluten nach Koblenz hin. Schon wollte sie umkehren. Doch es trieb sie dennoch vorwärts. In halber Verwirrung nahm sie aus dem nächstgelegenen Weingarten einen Rebenpfahl an sich, um wenigstens eine Stütze zu haben. Alsdann schritt sie auf den Rhein hinaus. Jetzt erwies es sich, daß sie beim schreckerfüllten Vorwärtshasten vergeblich auf den Pfahl vertraute. Mit jedem Schritt spürte sie, wie sie mehr und mehr im Wasser einsank. Als sie darauf in zunehmender Angst plötzlich stehenblieb und sich zum Ufer zurückwenden wollte, da riß eine Welle sie fort und verschlang sie, um sie im nächsten Augenblick einer andern hochanschwellenden Woge zuzuwerfen. Verzweifelt schrie die Heilige zu Gott um Hilfe. Dann begriff sie, daß sie nur wegen ihres Kleinmuts den Halt verloren hatte. Sie warf den Rebstock, den sie noch in der Hand hielt, entschlossen fort und fühlte, wie ihre Hände und Füße im Wasser wie auf festem Boden Halt fanden. Sie konnte sich wieder aufrichten und ihren Weg ungefährdet fortsetzen.

Wenig später erreichte sie das Koblenzer Ufer, an dem sie jubelnd empfangen wurde. Vor allen, die dort standen, klagte sich St. Rizza ihres Kleinmuts an und sprach davon, daß nur der Glaube dem Menschen im treibenden Strom der Welt einen festen Halt zu geben vermag. In der St. Castorkirche pries sie Gott und dankte ihm für seine Hilfe.

Hernach ging sie wie immer über den Rhein nach Arzheim zurück. Jenen Weg aber, den sie täglich von ihrem Hof bis zum Rhein gegangen ist, nannte man fortan den Rizzapfad.

(n. G.P. Gath)

St. Pirmin in Wiltz (L)

An einem Winterabend kam ein Missionsprediger ohne Gefolge in das Schloß zu Wiltz. Dieser fremde Priester war der hl. Pirmin. Die Schloßherrin, die allein war, weil ihr Gemahl sich zu Vianden in Kerkerhaft befand, empfing den Unbekannten mit allen Ehren, die damals den Verkündigern des Evangeliums zuteil wurden, und bewirtete ihn reichlich. Sie hatte jedoch danach nichts Eiligeres zu tun, als den Segen des Missionars für ihr einziges Söhnchen zu erbitten.

Das Kind war schwach von Gesundheit, hatte schmächtige Glieder und einen stark angeschwollenen Unterleib. St. Pirmin entsprach der Bitte der edlen Mutter, segnete das Kind und fügte hinzu: „Dieser Segen reicht nicht aus, um dein Kind zu heilen. Unten im Tal habe ich eine Quelle gesegnet, die früher den Heiden zur Waschung diente, wenn sie sich zum Götzentempel auf dem Berg begaben. Trage deinen Sohn dahin und tauche ihn dreimal ins Wasser des Brunnens. Sprich dabei

die Namen des dreieinigen Gottes aus und schicke dann während neun Tagen eifrige Gebete zu Gott empor, so wird dein Söhnlein völlige Gesundheit erlangen. Zum Dank für die Gewährung deiner Bitte sollst du auf den Resten des heidnischen Tempels eine Kapelle für den christlichen Gott errichten lassen."

Die Schloßherrin tat, wie St. Pirmin ihr geraten und verheißen hatte. Der Junge, der künftige Herr von Wiltz, wurde gesund.

Als kurze Zeit danach der Herr von Wiltz wieder seine Freiheit erhalten hatte und in Wiltz angekommen war, glaubte er nicht an die wunderbare Heilung und schickte sich nicht an, das dem hl. Pirmin versprochene Bethaus zu errichten. Zur Strafe für seinen Unglauben verlor er eines Tages das Leben bei einem Streit mit einem anderen Gutsherrn.

Nachdem jedoch der junge Herr von Wiltz zum Mann herangewachsen war, kam er dem nach, was seine Mutter dem Heiligen versprochen hatte. Über dem Schutthaufen einer zerstörten Römervilla baute er eine kleine Einsiedelei für einige Mönche.

(n. J. Weichering)

Wie die Gebeine der Hl. Drei Könige nach Köln kamen

Im Jahr 1160 empörte sich die Stadt Mailand gegen Kaiser Barbarossa, worauf dieser sie zwei Jahre lang hart belagerte. Der Bürgermeister der Stadt war insbesondere Schuld daran, daß Mailand so widerspenstig gegen den Kaiser gewesen war. Daher hatte dieser ihm den Tod geschworen und wollte ihn hängen lassen.

Nun lag an der Stadtmauer ein Nonnenkloster, in dem die Gebeine der Hl. Drei Könige aufbewahrt wurden, die aus Persien zuerst nach Konstantinopel und dann nach Mailand gebracht worden waren. Die Äbtissin in diesem Kloster aber war die Schwester des Bürgermeisters. Sie ließ den Erzbischof von Köln, Rainald von Dassel, der als Reichskanzler den Kaiser begleitet, wissen, daß die Bürger des anderen Tags die Stadt übergeben wollten, daß aber der Bürgermeister, den der Kaiser hängen lassen wolle, ihr leiblicher Bruder sei. Wenn der Erzbischof es erreiche, daß ihr Bruder am Leben bleibe, so würde sie ihm gerne die Leiber der Hl. Drei Könige geben. Der Erzbischof hörte das mit besonderer Freude und beratschlagte mit der Äbtissin, wie sie beide den Bürgermeister retten könnten.

Am anderen Tag, als die Bürger von Mailand die Stadttore öffneten, um sich dem Kaiser zu unterwerfen, bat der Erzbischof den Kaiser, ihm das zu geben, was die Äbtissin auf ihren Schultern trage. Dies gewährte der Kaiser gerne. Als die Bürger der Stadt, desgleichen auch die Priester kamen und dem Kaiser zu Füßen fielen, da sah man die Äbtissin ihren Bruder, den Bürgermeister auf den Schultern tragen. Der Kaiser fuhr zuerst zwar zornig auf, hielt jedoch, was er versprochen hatte und schenkte dem Bürgermeister das Leben.

Erzbischof Rainald erhielt die Reliquien der Hl. Drei Könige und sandte sie im Jahr 1164 nach Köln. Geistlichkeit und die Bürgerschaft von Köln empfingen sie mit großer Freude und brachten sie unter dem Geläut aller Kirchenglocken und dem Jubel der ganzen Stadt in den alten Dom. Nun war Köln berühmter denn je und nahm voller Stolz drei Kronen in sein Wappen auf.

(n. Kölner Chronik)

Kölner Münze mit Stadtwappen

Die Hl. Drei Könige in Esch

Als vor vielen Jahren in Deutschland der mächtige Kaiser Friedrich Barbarossa herrschte, den man auch Kaiser Rotbart nannte, gehörte auch Italien zu seinem Reich. Da einige Städte in Oberitalien dem Kaiser nicht gehorchen wollten, zog er mit einem starken Heer über die Alpen. Sein Kanzler Rainald von Dassel, der Kölner Erzbischof, begleitete ihn. Es dauerte lange, bis der Kaiser die reiche Stadt Mailand besiegen konnte.

Die Mailänder besaßen einen kostbaren Schatz: die Gebeine der Hl. Drei Könige. Pilger hatten die Reliquien aus dem Morgenland mitgebracht. In Mailand hütete und verehrte man diesen heiligen Schatz. Da der Kaiser böse mit den Mailändern war, schenkten sie die Reliquien der Hl. Drei Könige Barbarossa zur Versöhnung. Der übergab sie dem Erzbischof Rainald von Dassel als Lohn für seine Treue. Dieser ließ sie durch das Rhônetal, über Trier und die Römerstraße durch die Eifel nach Köln bringen.

Eines Abends kamen aus dem Wald von Jünkerath drei Reiter nach Esch. Jeder führte noch ein Pferd am Halfter, das eine Kiste trug. Vor Müdigkeit ließen sie die Köpfe hängen. Auch den Reitern sah man an, daß sie schon wochenlang unterwegs waren.

Die Reiter waren schlecht gestimmt, als sie in Esch einritten. Unwirsch forderten sie beim Schulzen ein Quartier für sich und ihre Pferde. Die Gebeine der Hl. Drei Könige bewahrten sie während der Nacht in des Schulzen Takenschrank auf.

In aller Herrgottsfruhe am nächsten Tag ging die Reise durch das „Eichholz“ weiter über Marmagen und Billig nach Köln. Weil die Hl. Drei Könige eine Nacht in Esch gewesen waren, verehren die Escher sie ganz besonders. Jedes Jahr feiert man in der Pfarrgemeinde das „Künningsfest“.

(n. J. Blatt)

Wie das Haupt des hl. Apollinaris nach Remagen kam

Der hl. Apollinaris war Bischof in der oberitalienischen Stadt Ravenna gewesen. Da er dem römischen Kaiser keine Opfer brachte, starb er den Märtyrertod durch Enthauptung. Die Christen beerdigten ihn in der Stadt, und über seinem Grab erhob sich später ein mächtiger Dom.

Als der Kanzler des Kaisers Barbarossa, der Kölner Erzbischof Rainald von Dassel, mit Barbarossa in Oberitalien weilte, geschah es, daß er von der Stadt Ravenna das Haupt des hl. Apollinaris zum Geschenk erhielt. Der Erzbischof wollte es zusammen mit den Reliquien der Hl. Drei Könige, die der Kaiser in Mailand empfangen und seinem Kanzler gegeben hatte, in seine rheinische Heimat, nach Köln bringen lassen, um diese Stadt vor allen Städten der Welt auszuzeichnen. Schon hatte der Erzbischof mit seinem Gefolge die schneebedeckten Berge der Alpen überschritten, war mit schnellen Schiffen den Rhein hinuntergefahren und landete in Koblenz, wo er von seinem Freund, dem Erzbischof von Trier, feierlich empfangen wurde. Von allen Seiten kamen die Gläubigen herbei, um das Schiff und seine kostbare Ladung zu sehen. Die Glocken der Kirchen läuteten, und der Lobpreis der Menschen schallte über den Rheinstrom. Der Erzbischof von Trier bat seinen Freund, doch länger zu verweilen, aber Rainald von Dassel wollte heim in seine Stadt. Boten hatten sein Kommen in Köln bereits gemeldet, und es rüstete dort alles zu einem feierlichen Empfang. „Köln soll zu einer heiligen Stadt werden. Bei einem solch hohen Werk ist es nicht Zeit, zu säumen", sprach er zu seinem bittenden Freund. Den Schiffern versprach der Erzbischof dreifachen Lohn, wenn sie die Ruder schneller bewegten, damit das Schiff noch vor Mitternacht zu Köln in den Hafen einlaufe. Der Abend war schön, kein Lüftchen kräuselte die Flut, und der Mond stieg klar am wolkenlosen Himmel herauf. Von raschem Ruderschlag bewegt, fuhr das Schiff schnell den Strom hinab.

Am Firmament standen die ersten Sterne, als die Schiffer am Horizont das Siebengebirge sich scharf vom Himmel abheben sahen. Schneller noch tauchten die Ruder ins Wasser. In der Höhe von Remagen aber stand das Schiff im strömenden Wasser still, wie sehr sich die Ruderer auch abmühten und der Erzbischof zur Weiterfahrt drängte. „Hier ist der Strom am tiefsten, und keine Sandbank hemmt die Fahrt", sagte der Steuermann, „all unser Mühen ist umsonst, hier sind andere Kräfte im Spiel."

Da sank der Erzbischof nieder auf seine Knie, um Gott zu fragen, was dies bedeute. Da begannen drüben am Ufer die Glocken vom Turm der St. Martinskirche zu läuten. Und wie von ihnen gerufen, drehte sich das Schiff dorthin und trieb an Land, von keines Menschen Hand bewegt. Da sah man ein, daß es Gottes Wille war, daß einer der Heiligen an diesem Ufer seine letzte Ruhestätte haben sollte. Man brachte zunächst die Gebeine der Hl. Drei Könige nacheinander an Land und wieder zurück. Als danach Rainald von Dassel den Schrein mit dem Haupt des hl. Apollinaris auf dem Schiff hochhob und aufs Land brachte, schwoll das Geläut der Glocken der ganzen Stadt zu mächtigem Brausen an.

Aus den Toren der Stadt Remagen aber kamen in festlichem Zug Männer und Frauen, sammelten sich rings um den Erzbischof und zogen mit ihm hinauf auf den Berg, wo zuerst die Glocken von St. Martin das Läuten begonnen hatten. In

St. Appollinaris/Remagen

der Kirche stellte der Erzbischof den Schrein auf dem Altar nieder, und im gleichen Augenblick zündeten sich alle Kerzen von selbst an. Da erkannte Rainald von Dassel, daß der Wille Gottes erfüllt sei.

Er stieg hinunter zu seinem Schiff, das sich nun leicht vom Ufer löste und in rascher Fahrt hinab nach Köln trieb.

Das Wunder von Remagen wurde rasch stromauf und stromab bekannt. Von allen Seiten pilgerten nun Gläubige zu dem Kirchlein auf dem Hügel, der fortan Apollinarisberg genannt wurde. Sie dankten und priesen Gott, und ein Gnadenstrom ergoß sich über das Land.

Später wurde an der Stelle der St. Martinskirche eine kunstvolle Kirche gebaut, die sich vieltürmig im Rheinstrom spiegelt.

(n. W. Lenartz)

Das Kreuzpartikel zu Ellen

Eine Nonne aus dem Kloster Ellen hatte einen Bruder, der Mönch geworden war. Eines Tages kam er nach Ellen, um dort von seiner Schwester Abschied zu nehmen, da er eine Reise ins Heilige Land machen wollte. Die Schwester bat ihn: „Wenn du nach Palästina reist, bring mir bitte ein Andenken aus dem Land unseres Erlösers mit!“ Im Heiligen Land gelang es dem Bruder, ein Partikel vom heiligen Kreuz zu erhalten, und er bewahrte es in einem kostbaren Kästchen auf.

Als er jedoch auf der Rückreise war, geriet das Schiff, auf dem er sich befand, in einen bösen Sturm. Die Passagiere mußten in der höchsten Not all ihr Gepäck über Bord werfen. Wenn es dem Bruder auch schwer fiel, er mußte sich von dem kostbaren Kästchen trennen und ließ es ins Meer fallen.

Zur gleichen Zeit, als dies auf stürmischer See geschah, kam, man weiß nicht wie, das Kästchen nach Ellen ins Kloster. Als die Schwester morgens aufstand, sah sie es auf einem Tischchen in ihrer kleinen Zelle stehen. Auch die Mitschwestern hatten keine Erklärung, wie das Kästchen ins Kloster gekommen war. Man probierte alle Schlüssel im Kloster aus, doch keiner paßte auf das Schloß. Da nahm die Schwester ein Messer und wollte den Deckel gewaltsam öffnen. Als darauf kleine Blutstropfen herausrannen, erschraken alle und ließen das Kästchen ungeöffnet stehen.

Einige Monate später kam der Bruder zurück von seiner langen Reise. Zu seiner Schwester sagte er bedauernd: „In einem kostbaren Kästchen hatte ich dir etwas Wertvolles mitgebracht, aber bei einem starken Sturm auf dem Meer mußte ich mein ganzes Gepäck und auch das Kästchen über Bord werfen." Da meinte die Schwester: „Kennst du das Kästchen noch?" - „Ja, gewiß, den Schlüssel habe ich noch in meiner Tasche."

Als die Schwester das Kästchen holte, von dem niemand wußte, wie es nach Ellen gekommen war, steckte der Bruder den Schlüssel ins Schloß und sagte: „Nun siehst du endlich auch dein Geschenk." Das Partikel vom heiligen Kreuz wollte später einmal das Domkapitel in Köln haben. Man lud es auf einen Wagen und spannte zuerst ein Pferd davor. Aber es konnte den Wagen nicht von der Stelle bringen. Auch sieben Pferde mühten sich vergebens. Deshalb ist das Kreuzpartikel in Ellen geblieben.

(n. W. Floißdorf)

Die Rettung Triers durch seine Heiligen

Als Heinrich IV., Graf von Luxemburg und späterer Kaiser von Deutschland, einmal im Begriff stand, die Stadt Trier einzunehmen, entstand in den Lüften nachts ein solcher Lärm, als ob ein ganzes Heer von Streitern heranzöge. Es waren die Trierer Heiligen, die die Stadt beschützen und retten wollten.

Als die Mannen des Grafen das Geräusch der himmlischen Heerscharen vernahmen, wurden sie von Schrecken befallen und griffen zu den Waffen. Da sie sich aber von Feinden umringt glaubten, töteten sie sich in der stockfinsteren Nacht gegenseitig. Endlich zogen sie sich angsterfüllt zurück und gaben ihr Lager preis. Der Graf, bestürzt wie die übrigen, ergriff gleichfalls die Flucht und eilte nach Luxemburg zurück.

(n. Bertholet)

St. Nikolaus als Warner

An der Mosel war es seit jeher guter frommer Brauch, daß man am Karfreitagmorgen den Gottesdienst besuchte. Zur gleichen Zeit, da dieser gefeiert wurde, durfte niemand eine knechtliche Arbeit verrichten. So kam es, daß im ganzen Moselland an jedem Karfreitagmorgen feierliche Stille herrschte, während nachmittags in allen Weinbergen, Gärten und Äckern fleißig gearbeitet wurde. So war es seit Menschengedenken Sitte. Jeder hielt sich daran.

Zu Lörsch aber geschah es einmal, daß ein Winzer es wagte, sich darüber hinwegzusetzen. Er ging schon in aller Frühe zu seinem Weinberg, um eine neue Parzelle zu bepflanzen. Umsonst hatte seine Frau versucht, ihn von seinem Vorhaben abzuhalten. Das sei alles „Schnickschnack“ und längst „überständiger Brauch“, entgegnete er ihr, er halte die Leute nur vom Schaffen ab. Damit müsse endlich einmal Schluß gemacht werden.

In der ersten Hälfte des Morgens band der überhebliche Winzer Reblinge an die Setzpfähle. Dann schickte er seinen Begleiter zur nahen Lörscher Heide, wo er Müllerde hatte anfahren lassen, und gebot ihm, diese im Dungkorb heranzuschaffen. Der Knecht machte sich sofort auf den Weg und spürte, während er dorthin ging, mit einem Mal die feiertägliche Stille ringsum, die über der ganzen dunstdurchzogenen Mosellandschaft lagerte und ihn daran erinnerte, daß ja Karfreitag war.

Etwas bedrückt kam er zu der Stelle, wo die Müllerde lagerte, und nahm eine Schaufel zur Hand, um den Düngetragekorb damit zu füllen. Während er das tat, bildete sich plötzlich vor ihm aus dem Nichts die geisterhafte Gestalt eines großen Mannes mit einem ehrwürdigen, weißbärtigen Gesicht, der in der linken Hand einen Stab trug und mit der erhobenen Rechten warnend anzeigte, er möge von der Arbeit ablassen. Voller Schreck ließ da der Knecht die Schaufel fallen, starrte die Gestalt noch wenige Augenblicke furchtsam an und wandte sich dann zur Flucht, um seinem Herrn zu berichten, was er gesehen hatte. Der Winzer jedoch lachte höhnisch und nannte ihn einen Narren, der sich von irgendeinem Fremden habe ängstigen lassen. „Komm mit“, befahl er barsch, „wir wollen sehen, wer dich ins Bockshorn gejagt hat!“

Doch der Knecht war so voller Angst, daß er den Winzer allein gehen ließ. Der aber kam wenig später totenbleich zurück und sagte zu seinem Knecht, ohne diesen anzusehen: „Laß die Arbeit! Wir wollen zur Kirche gehen!“ Daß er die Erscheinung ebenfalls gesehen hatte, davon sprach er nicht.

Einige Tage später erkrankte er schwer. Dem Pfarrer hatte er gebeichtet, was ihm und seinem Knecht am Karfreitagmorgen widerfahren war. Die Gestalt nämlich hätte genauso ausgesehen wie der Kirchenpatron von Lörsch, der hl. Nikolaus.

(n. G.P. Gath)

Das St. Nikolausbild zu Ehnen

Dem Dorf Ehnen gegenüber befindet sich am Ufer der Mosel ein Heiligenhäuschen oder vielmehr nur eine ziemlich große Nische mit dem Bild des hl. Nikolaus, des Patrons der Schiffer. Als beim Bau der Moselbahn das Felsenufer durchbrochen wurde, erhielt der Ort ein völlig verändertes Aussehen und büßte seine vorherige Naturschönheit ein.

Im Herbst des Jahres 1764 fuhren zwei Einwohner aus Ehnen die Mosel hinauf in einem schwer mit Weintrauben beladenen Nachen. Als die beiden mit dem Nachen am gefährlichen Ehener Wehr angekommen waren, schlug das Schiff plötzlich um. Der des Schwimmens unkundige Schiffer Kiefer rief, im Wasser treibend, um Hilfe und kämpfte mit aller Anstrengung in den Wellen um sein Leben. Sein Kamerad, der am Ufer mit einer Leine den Nachen gezogen hatte, konnte seinem unglücklichen Gefährten nicht zu Hilfe kommen. Dieser bewahrte in dieser schrecklichen Lage die Geistesgegenwart, sich dem hl. Nikolaus zu empfehlen und versprach, falls er gerettet würde, am Ufer des gefährlichen Wassers eine Nikolausstatue zur Verehrung aufzustellen.

Sein Vertrauen wurde durch eine glückliche Rettung belohnt, und bald begannen die Arbeiten zu einem Heiligenhäuschen. Seit jener Zeit schirmt St. Nikolaus die dort vorüberziehenden Schiffer, die sich seinem Schutz empfehlen.

Aus Dankbarkeit unterließen es die Nachkommen der Familie Kiefer nicht, eines ihrer Kinder auf den Namen des hl. Nikolaus taufen zu lassen und alljährlich am Vorabend seines Namensfestes in die Felsnische eine brennende Kerze zu stellen. Sobald diese über das Wasser schimmert, eilt jung und alt vor das Dorf, um sie zu sehen. Die Kinder aber freuen sich besonders, daß der hl. Nikolaus nun mit einem schwerbeladenen Esel seine Nische verläßt und ihnen eine reiche Bescherung bringt.

(n. N. Gredt)

„Net dat kriegst de!"

Zwischen Piesport und Neumagen hat man an einer für die Schiffahrt gefährlichen Stelle in eine Felswand eine kleine Nische geschlagen und ein Steinbild des hl. Nikolaus darin aufgestellt. Einmal fuhr ein Schiffer mit reicher Ladung stromabwärts. Die Mosel „ging hoch". Dem Schiffer waren jener Felsen und die dort drohenden Gefahren wohl bekannt. Daher fuhr er mit großer Sorge der Stelle zu. Er hielt sein Schiff mit aller Kraft im rechten Fahrwasser. Aber die Strömung der Mosel und der Seitenstoß des einmündenden Drohnbaches, der an diesem Tag viel Wasser führte, erfaßten sein Fahrzeug und trieben es gegen den Felsen.

Als die Gefahr aufs höchste gestiegen war, rief der Schiffer St. Nikolaus um Hilfe an und versprach: „Wenn du mir hilfst, opfere ich dir eine Kerze, so groß wie der Schiffsmast." Und, oh Wunder! Das Schiff glitt sicher am Felsen vorbei. Und der Schiffer atmete froh auf. Als er dann jedoch an sein Versprechen dachte, lachte er boshaft auf und rief: „Nikläschen, net dat kriegst de" (Nikolaus, nichts kriegst du), und dabei schnalzte er mit den Fingern. Doch was geschah da? Plötzlich trieb das Schiff zurück in die wilde Strömung und zerschellte krachend am Felsen. Der Schiffer aber fand seinen Tod in den Wellen.

(n. O. Schell)

Der Yolandaturm (L)

Yolanda, die Tochter Heinrichs I. von Vianden, war von großer Schönheit und zeigte von frühester Jugend an einen besonderen Hang zur Frömmigkeit. Je älter sie wurde, desto mehr fühlte sie sich zu einem heiligen Leben hingezogen und faßte den Entschluß, der Welt zu entsagen und in ein Kloster zu gehen. Damit aber waren ihre Eltern, die sie bereits dem Herrn Walram von Monschau zugesagt hatten, nicht einverstanden. Durch allerlei Versprechungen und Drohungen versuchten sie, ihre Tochter von ihrem Vorhaben abzubringen - aber vergebens. Unbeirrt und mutig beharrte sie auf ihrem Entschluß. Da geriet ihre Mutter in Zorn und ließ die Tochter in einen schaurigen Kerker werfen.

Aber auch das half nichts, und die Eltern gaben nach, und Yolanda durfte in das adlige Frauenkloster zu Marienthal eintreten. Nachdem sie das Kloster 25 Jahre als Priorin mit liebevoller Gewissenhaftigkeit geleitet hat, ist sie dort gestorben.

An die Schloßkapelle von Vianden lehnt sich ein kleines Gemach mit nur einem Fenster an. Es soll die Zelle sein, in welche die Gräfin ihre Tochter einsperrte, damit sie ihr Vorhaben aufgebe, ins Kloster zu gehen.

(n. Th. Basing)

Nikolaus Cusanus

Graf Dietrich I. von Manderscheid war ein frommer und tapferer Ritter. Er hatte eine Pilgerfahrt ins Hl. Land unternommen und war mit vielen Andenken von dort zurückgekehrt. Zumeist bewohnte er das Schloß in Oberkail, das auch zu seinem Besitztum zählte. Noch aus einem anderen Grund verdient der Name dieses Ritters eine besondere Erwähnung. Graf Dietrich entdeckte nämlich das hervorragende Talent eines armen Schifferknaben aus Cues an der Mosel und förderte es so, daß aus dem Jungen ein bedeutender Gelehrter und Wohltäter der Menschheit wurde, dessen Name nicht nur in der Moselgegend fortlebt.

Dieser Junge hieß Nikolaus Krebs und wurde 1401 als Sohn eines armen Moselschiffers geboren. Als er herangewachsen war, sollte er einmal seinem Vater bei einer Moselfahrt hilfreich zur Hand gehen. Weil er dies infolge seines schwächlichen Körpers nicht zur Zufriedenheit seines Vaters konnte, wurde Nikolaus von ihm geschlagen und in die Mosel geworfen. Er konnte sich retten und entlief in die Eifelberge. Auf der Burg Manderscheid nahm man ihn freundlich auf, und Graf Dietrich erkannte bald die geistigen Anlagen des Jungen.

Zunächst ließ er ihn auf dem Schloß unterrichten, schickte ihn dann zu den Fraterherren in Deventer (Holland) und zuletzt nach Italien zur Universität Padua, damit er dort die Rechtswissenschaft studiere. Der junge Mann jedoch wandte sich bald dem Studium der Philosophie und Theologie zu. Auf beiden Gebieten leistete er in Wort und Schrift Bedeutendes. Er wurde zum Bischof von Brixen geweiht, vom Papst mit verschiedenen wichtigen Aufgaben betraut und unter dem Namen Nikolaus Cusanus zum Kardinal erhoben. Im Jahr 1438 legte er den Grund zu dem weithin bekannten Hospital zu Cues, dem er vor seinem Tod sein ganzes Vermögen vermachte.

(n. M. Zender)

Der Blumenheilige

Die Gräfin von Halenfeld ging an einem Sommermorgen traurig durch ihre Herrschaft spazieren und fand an einem Berghang eine kleine Blume von blaßblauer Farbe. Sie duftete so lieblich, daß die Gräfin darüber das Leid um ihr vor kurzem verstorbenes Kind vergaß. Sie eilte zur Burg, um ihrem Mann von dem Fund zu erzählen. Der ließ, weil sie das Blümchen nicht abpflücken wollte, einen bewaffneten Knappen neben es stellen, der es Tag und Nacht schützen sollte.

Nicht lange danach wurde die Frau so krank, daß sie im Bett liegen mußte und trotz bester Pflege gegen den Herbst hin immer kränker wurde. An den Knappen, der bei dem Blümchen Wache hielt, dachte, auch als die Herbststürme tobten und die Nachtfröste kamen, niemand mehr. Der Winter deckte ein weißes Tuch auch über das frische Grab der Gräfin von Halenfeld.

Nach einem Jahr voll Trauer zog der Graf wieder einmal auf die Jagd und ritt mit anderen Herren auch über den Berghang. Plötzlich lag vor ihnen ein zartblauer Blumenhügel, dessen Duft die Luft weithin so anfüllte, daß selbst die Pferde freudig wieherten. Die Reiter sprangen ab und gingen an den Hügel heran. Da erblickten sie unter den Blumen mit bleichem Gesicht einen toten Knappen in Wehr und Waffen. Die Hände hatte er über dem Brustpanzer gefaltet, als ob er bete.

Nun erinnerte sich der Herr von Halenfeld an die Blume seiner Gattin und an den Knappen, den er zu ihrem Schutz bestellt hatte. Weil ihn die blaue Blume wegen seiner Treue so wundervoll eingesponnen hatte und der Ritter seine Vergeßlichkeit sühnen wollte, baute er neben dem seltsamen Hügel ein Kapellchen, in dem er dem Knappen ein würdiges Grab bereitete.

Alljährlich aber wanderten die Bauern der Umgebung hierhin und beteten an dem Grabe für den Blumenheiligen, wie sie den Knappen fortan nannten.

(n. Th. Seidenfaden)

Die drei heiligen Jungfrauen zu Thum

In der Kirche zu Thum werden die drei heiligen Jungfrauen Fides, Spes und Caritas (Glaube, Hoffnung, Liebe) verehrt. Ihre Statuen sollten einmal nach Köln in den Dom gebracht werden. Man lud sie auf einen Wagen und fuhr damit auf Köln zu. An der äußersten Grenze der Gemarkung wurde die Last so schwer, daß das Pferd stehenblieb. Man spannte noch ein Pferd vor, doch mit dem gleichen Mißerfolg. Auch sieben Pferde konnten den Wagen nicht von der Stelle bringen.

Ratlos standen alle da, bis einer vorschlug: „Wir wollen einen blinden Schimmel vorspannen und ihn gewähren lassen.“ Das geschah. Aber, oh Wunder! Der Schimmel drehte sich um und fuhr, ohne den Weg einzuhalten, mitten durch die Felder nach Thum zurück. Als der Wagen vor dem ersten Haus des Dorfes anlangte, fingen die Glocken in der Kirche von selbst an zu läuten, und unter dem feierlichen Geläut zog der Schimmel den Wagen bis zur Kirche, wo er stehenblieb.

Daran erkannte man, daß die hl. drei Jungfrauen in Thum verehrt sein wollten. Seit der Zeit strömten zur Verehrung der hl. Jungfrauen Pilger in diesen Ort, um Hilfe bei Kinderkrankheiten zu erbitten oder um eine gute Sterbestunde zu beten.

(n. H. Hoffmann)

Der Klemensstock

In alter Zeit diente auf dem Hof zu Berg bei Nideggen ein Schäfer mit dem Namen Klemens. Er führte ein frommes, gottgefälliges Leben, das er aus Demut vor den Augen seiner Mitmenschen zu verbergen suchte. Den armen Schäfer beachtete man nur wenig; aber der liebe Gott wollte seinen frommen Diener vor den Augen der Menschen verherrlichen.

Eines Tages hütete Klemens seine Schafe auf freiem Felde. Die vorhergehende ganze Nacht hatte er inständig gebetet. Daher war er todmüde, konnte den Schlaf nicht mehr bemeistern, stieß seinen Hirtenstab in die Erde und legte sich zum Schlafen nieder.

Als er schließlich erwachte, lagerte über der ganzen Gegend ein so dichter Nebel, daß Klemens kaum ein paar Schritte weit sehen konnte. Da es schon dunkelte, konnte er weder seine Herde noch seinen Stab finden. Im Dunkeln tastete er sich dem Hofe zu. Wie groß war sein Erstaunen, als er seine Schafe alle wohlbehalten im Stall vorfand.

Am andern Tag machte er sich auf zu der Stelle, wo er den Hirtenstab zurückgelassen hatte. Wunderbarerweise hatte der Stab zu grünen angefangen und drei Blätter getrieben. Der Schäfer ließ ihn zum Wahrzeichen stehen. Aus dem Stab wurde eine mächtige Linde, die man zu Ehren des Schäfers Klemensstock nannte. Klemens starb heiligmäßig, wie er gelebt hatte. In der Pfarrkirche zu Berg wird er als Patron verehrt.

(n. H. Hoffmann)

Das Martental

Vor vielen Jahren mußten ein paar Leute zur Nachtzeit ihren Weg durch das Martental nehmen. Es mochte schon um Mitternacht sein, als sie durch das Tal gingen. Sie waren schon oft in der Dunkelheit durch diese geheimnisvolle Gegend gewandert, ohne daß ihnen bisher etwas zugestoßen wäre.

An dem Wasserfall angekommen, in dessen Nähe der Sasterbach in die Endert fließt, vernahmen sie außer dem bekannten Rauschen des niederströmenden Wassers noch ein anderes Geräusch. Voll Neugierde überschritten sie den schmalen Steg, und immer deutlicher wurden seltsame Laute aus der verfallenen Kapelle. Zuletzt glaubten sie das Beten und Singen einer in das Tal hinabwallenden großen Prozession zu vernehmen. Von Furcht und Schrecken gebannt, blieben die Leute nun stehen, als sie die öden Fensterhöhlen des verfallenen Gotteshauses in gespenstischem Licht erstrahlen sahen und tiefe Seufzer und Wehklagen vernahmen.

Anderen Tages fand man die Kapelle leer und keine Spur von Menschen. Die Bewohner der Umgegend glauben, daß es Geister der Christen sind, die vor vielen hundert Jahren dort für ihren Glauben starben. Am Tag und Ort ihres Martyriums halten sie nun alljährlich eine Totenfeier. Dort soll auch ein römischer Exerzierplatz gewesen sein, nicht weit von einem römischen Standlager, auf dem im dritten Jahrhundert christliche Angehörige einer Legion hingerichtet wurden.

(n. Th. Ehrlich-Sayn)

Der geheimnisvolle Priester von Wiesenbach (B)

In einer nebligen Herbstnacht kam ein Wanderer an der Kapelle von Wiesenbach vorbei, die er zu dieser ungewohnte Stunde hell erleuchtet sah. Die Kirchentür war geöffnet. Von Neugierde getrieben, trat der Mann in das Kirchlein ein.

Drinnen sah er einen Priester, der mit Meßgewändern bekleidet zum Altar schritt. Es wunderte den nächtlichen Wanderer, zu solch ungewohnter Stunde noch einer Messe beiwohnen zu können. Den Mann packte die Furcht, und er eilte aus der Kapelle nach St. Vith, wo er nach einer Unterredung mit dem dortigen Pfarrer die Anweisung erhielt, am anderen Tag zur gleichen Stunde wieder zu der Kapelle zu gehen.

Der Mann tat, wie ihm geraten, und wiederum zur gleichen Stunde erschien der geheimnisvolle Priester und bat ihn, bei der Messe zu ministrieren. Er willigte ein und sah bei der Opferung, daß der sonderbare Geistliche einen Wachskelch gebrauchte, wie das in früheren Zeiten bei armen Priestern der Fall war. Als die Messe zu Ende ging, war nach dem Schlußevangelium der geheimnisvolle Priester plötzlich verschwunden. Nie mehr hat man seitdem die Kapelle zu später Stunde erleuchtet gesehen.

Man erzählt, der längst verstorbene Priester habe Messen nachholen müssen, die er zeitlebens nicht mit der genügenden Andacht gelesen habe.

Andere wollen wissen, er sei doch wiedergekommen, und ein Eremit habe sich bei der Kapelle eingefunden, der dem Priester bis zu dessen Erlösung als Ministrant gedient habe.

(n. H. Jenniges)

St. Mauritius auf dem Speicher

Als die Pfarrkirche zu Büchel vollendet war, trug man die heiligen Geräte und Statuen aus der baufälligen Kirche zu Georgsweiler in das neue Gotteshaus. Nur die Reiterstatue des hl. Mauritius, die aus Morschweiler stammte, vergaß man. Die Kinder des Dorfes kamen an Sommertagen und führten das vereinsamte, hölzerne Pferdchen auf den grasigen Kirchplatz zur Weide. Eines Tages schleppten zwei Kinder es verstohlen heim, um es für ihre Spiele näher zu haben. Als die Kinder groß geworden waren, stellte der Vater das Reiterstandbild des Heiligen auf den Speicher.

Mauritius gefiel es auf diesem für einen Himmelsbewohner so unwürdigen Platz durchaus nicht. Es war staubig und eng, Spinnen und Mäuse liefen an ihm empor. Die Hauskatze wischte auf ihren nächtlichen Jagdzügen mit dem Schwanz am Kopf des edlen Pferdes vorbei. Sehnsuchtsvoll schaute Mauritius tagtäglich durch die Dachluke zur schönen Pfarrkirche hinüber, aber niemand ermöglichte ihm die Reise dorthin.

Eines Tages merkte nun der Bauer, daß sein Hafer, den er Mauritius gegenüber aufgeschüttet hatte, immer mehr abnahm. Zunächst vermutete er in den Mäusen die Räuber und hielt sich mehrere Katzen. Als aber trotzdem der Haferberg weiter zusammensank, dachte er, es seien die bösen Spatzen, die ihn so schädigten. Daher ließ er sein Strohdach ausbessern und sogar Drahtnetze vor die Luken ziehen. Das war aber auch vergebliche Mühe: Der Hafer nahm ständig ab.

In seiner Not bat der Bauer zwei mutige Männer, auf seinem Speicher eine Nacht mit ihm zu wachen. Auf diese Weise müsse man doch hinter den geheimnisvollen Dieb kommen, sei er nun ein Tier oder ein Mensch oder ein Geist. Und der Bauer hatte recht.

Bis Mitternacht konnten die im Stroh versteckten Männer nichts bemerken. Als aber unten in der Stube die Uhr zwölf schlug, da wurden sie Zeugen eines seltsamen Wunders: In die hölzerne Statue kam Leben. Mauritius gab seinem Schimmel die Sporen. Das Tier verließ seinen Platz und trabte mitten in den Hafer hinein. Es fraß sich tüchtig satt und trabte dann auf seinen angestammten Platz zurück. Dort angekommen, wurden Roß und Reiter wieder zu Holz. Gleich am nächsten Morgen ließ der Bauer, noch bleich vom Schrecken der Nacht, vom Küster die Kirche aufschließen und trug die Holzstatue auf seinen eigenen Armen hinein.

Seit jenem Tag hat Mauritius wieder einen Platz, wie er sich für einen Heiligen geziemt. Vom guten Hafer des Bauern ist sein Schimmel heute noch stark und rund. Und die kleinen Kinder, die mit ihren Müttern in die Kirche kommen, strecken ihre Händchen zu ihm empor und lallen: „Schön Pferdchen, schön Pferdchen!“

(n. B.M. Steinmetz)

Der bekehrte Graf

Wie alljährlich kam die feierliche Fronleichnamsprozession aus der Stadt Gerolstein den Berg hinauf zum altersgrauen Kreuzaltar. An dem festlich geschmückten Altar wurde der Segen erteilt, ehe die Prozession wieder zur Pfarrkirche nach

Sarresdorf zurückkehrte. Als der auf der Löwenburg wohnende Graf die frommen Lieder und Gebete hörte, trat er mit seiner Gemahlin in das hohe Schloßtor, umgeben von seinen Burgleuten. Eine Wärterin trug ein kleines Grafenkind auf dem Arm. Ein höhnisches Lächeln lag auf den Gesichtern der beiden Eheleute. Sie waren dem Glauben ihrer Väter untreu geworden, führten ein gottfernes Leben und lehnten die kirchlichen Gebote und Pflichten ab. Gott hatte die beiden dadurch heimgesucht, daß dem einzigen Grafensohn der Gebrauch der Glieder versagt war. Das Kind konnte weder gehen noch stehen, während seine Altersgenossen längst in fröhlichen Kinderspielen durch Haus und Garten tollten. Aber gerade das hatte die Seelen der beiden Eheleute nicht zu Gott zurückgeführt, sondern noch mehr verhärtet. Hochmütig stand der Graf nun da, die Arme verschränkt, um die betenden Untertanen und die Prozession zu verhöhnen.

Doch als die Glocken der Meßdiener erklangen und die Beter fromm niederknieten, um den Segen zu empfangen, wurde das Kind unruhig, so daß die Kinderfrau gezwungen war, es auf den Boden zu setzen. Kaum hatten seine schwachen Füßchen den Boden berührt, da streckte es sich und stand. Starr vor Staunen konnte die Wärterin nicht mehr verhindern, daß es gleich einem gesunden Kind zu laufen begann. Durch die Gläubigen lief es bis zu den Stufen des Altars und kniete mit gefalteten Händen in dem Augenblick nieder, als der Priester die goldene Monstranz zum Segen erhob.

Das Grafenpaar war durch das offenkundige Wunder bis ins Innerste erschüttert. Wie aus einem Munde sang die ganze Gemeinde: „Großer Gott, wir loben Dich!" Mit frohem, dankbarem Herzen stimmte das gräfliche Paar mit ein und zog betend mit der Prozession zur Pfarrkirche in Sarresdorf. Hier versprachen sie dem Pfarrer die Rückkehr zum Vaterglauben.

(n. B. Dohm)

Der Schäfer am Pulvermaar

An einem bestimmten Tage, wenn der Frühling die Erde in sein blumenreiches Gewand gehüllt hat und die Lerche trillernd in das Blau des Himmels steigt, verlassen die Anwohner des Pulvermaares ihre ländlichen Wohnungen und ziehen betend und singend um das Pulvermaar.

Einmal soll dieser fromme Brauch aus Nachlässigkeit unterblieben sein. Da wurde das Wasser des Maares in seinem tiefen Kessel unruhig, es wallte auf, wie von der Glut eines mächtigen unterirdischen Feuers erhitzt. Dann begann es sich mehr und mehr zu heben, so daß es drohte, den umgebenden Kraterrand zu überfluten und die Sorglosen im Tal zu ertränken.

Ein Schäfer, der in der Nähe seine Herde weidete, gewahrte mit Schrecken das tobende Element und erbebte, weil er den bevorstehenden Untergang der Talbewohner vor Augen sah. Er ahnte die Ursache für das erzürnte Gewässer, nahm, da er weder Kreuz noch Fahne zur Hand hatte, seinen Schäferstab, steckte seinen Hut darauf und umzog betend und singend, gefolgt von seinen Schafen, den tobenden See. Und siehe, er fing an sich zu beruhigen und sank immer mehr und mehr. Als der frommen Hirt an die Stelle kam, von der er ausgegangen war, erblickte er den Wasserspiegel ruhig und friedlich, wie man es gewohnt ist, wenn sich kein Lüftchen regt.

Das alles geschah zur Warnung, damit die Menschen nichts unterlassen mögen, was man seit undenklichen Zeiten andächtig gepflegt hat.

(n. J.H. Schmitz)

St. Michael auf dem Godesberg

Auf dem Godesberg wurde in uralter Zeit der heidnische Gott Wodan verehrt. Nach ihm nannte man den Berg früher auch Wodins- oder Godinsberg. Als aber das Christentum an den Rhein kam und überall die Tempel der heidnischen Götter zerstört wurden, vernichtete man auch das heidnische Heiligtum auf dem Godesberg und erbaute hier dem heiligen Erzengel Michael eine Kapelle.

Diese Kapelle wurde den umwohnenden Bauern sehr lieb, ging doch viel Segen von ihr aus. Wenn auch für die meisten Leute der Weg von ihren Höfen in der Rheinebene bis zum Gipfel des Berges sehr weit und beschwerlich war, so fehlten sie doch sonntags nie, wenn dort droben das heilige Meßopfer dargebracht wurde. Nach ihrem Tod wollten sie auch nirgendwo anders begraben sein als im Schatten des Heiligtums St. Michael. So blieb es viele Jahrhunderte hindurch, bis Herr Dietrich von Heimbach Erzbischof von Köln geworden war und alsbald beschloß, die Kapelle auf dem Godesberg niederreißen zu lassen. An ihrer Stelle sollte eine feste Burg errichtet werden.

Darüber erregten sich die Leute sehr, denen damit ihr Heiligtum verloren gehen sollte. Sie ließen dem Erzbischof sagen, es könne kein Segen auf der neuen Burg ruhen, wenn Sankt Michael durch die Zerstörung seiner Kapelle erzürnt würde. Herr Dietrich aber achtete nicht auf ihre Klage. Vielmehr befahl er, sogleich mit der Niederreißung der Kapelle zu beginnen und dann schnellstens an den Bau der Burg heranzugehen. Den Umwohnern des Godesbergs versprach er, unterhalb der Burg eine neue St. Michaelskapelle erbauen zu lassen.

In der Nacht vor jenem Tage, an dem die erste Spitzhacke in das Gemäuer der alten Kapelle fuhr, geschah nun das Folgende: Wie uns der damals lebende Mönch Cäsarius von Heisterbach überliefert hat, sah ein am Godesberg vorüberwandernder, fremder Priester, daß der Erzengel in seiner bekannten Gestalt, strahlend und gewaltig groß, mit ausgebreiteten Flügeln von der Höhe des Berges aus über den nächtlichen Rhein zu dem jenseits gelegenen Stromberg hinüberflog, auf dessen Kuppe der Apostelfürst St. Petrus verehrt wurde und der darum später Petersberg genannt wurde. Zur gleichen Stunde sah ein anderer Mann, der mit seiner Frau aus dem nächstgelegenen Dorf zur Kirche ging, wie ein ihm wohlbekanntes goldenes Reliquienkästchen, genauso herrlich strahlend, vom Godesberg ebenfalls über den Rhein zum Stromberg hinüberschwebte. So verließ der Erzengel Michael sein Heiligtum. Der Erzbischof Dietrich fand jedoch bald seine Strafe. Noch war die Godesburg nicht vollendet, da wurde er abgesetzt.

(n. P.G. Gath)

Rettung durch St. Michael

Das Jahr 1689 war für das Eifelstädtchen Münstereifel eine sehr böse Zeit. Es wurde von den Truppen Ludwigs XIV. aufs engste belagert, die ihre Kanonen auf dem Nöthener Berg aufgestellt hatten. Aber die Bürger in der Stadt: Tuchmacher, Weber, Färber, Gerber und die übrigen Zünfte hatten geschworen, komme, was da wolle, die Stadt zu verteidigen. Der Stadtkommandant, ein alter Haudegen, dachte nicht daran, zu kapitulieren, wenn auch der Feind drohte, das Städtchen an allen vier Enden anzuzünden und die Burg, das Eulennest, in die Luft zu sprengen. Voll Vertrauen standen die Gelehrten des St. Michael-Gymnasiums in schimmernder Rüstung unter dem Banner des Erzengels Michael.

Der Feind feuerte in aller Gemütsruhe aus seiner Bergstellung auf das offenliegende Städtchen herab. Vergebens läutete im Türmchen der Gymnasialkirche das Donatusglöckchen um Hilfe. Vergebens, wie es schien, lagen die Stiftsherren in der Krypta der Stiftskirche Chrysanthus und Daria stundenlang zum Gebet auf den Knien.

Nur ein altes Weiblein in der Heisterbacher Gasse, die frommgläubige Witwe eines Schneiders, sang aus einem alten, zerlesenen Gebetbuch mit dünner, zitternder Stimme, während die Kugeln über das niedrige Dach des Schneiderhäuschens krachten:

„Oh unbesiegter Gotteshseld
Sankt Michael!
Komm uns zur Hilf', zieh mit ins Feld!
Hilf uns hier kämpfen,
die Feinde dämpfen,
Sankt Michael!“

Sie hatte keine Söhne, um deren Leben draußen auf den Mauern sie hätte bangen müssen. In ihrem Häuschen gab es kaum etwas von Wert, was Plünderer hätte reizen können.

Und doch wagte sie ihr Leben für die Rettung der Stadt.

Mit Erlaubnis des Torkommandanten schlich sie eines Abends aus dem Heisterbacher Tor nach dem Dörfchen Hohn hinaus. Im Arm trug sie einen kleinen Korb. Nicht weit vom Tor hielt eine französischen Wache sie an: Was sie da so herumstrolche? Da lachte das verrunzelte Weiblein verschmitzt: „Kräuter für Liebestränklein suche ich, Herr Soldat.“ Dieser ließ sie unbehelligt laufen. Einem anderen Soldaten, der ihr in den Weg trat, gaukelte sie ein Mittel vor, das hieb- und stichfest mache, ob er etwas davon brauche, wenn sie zurückkomme. So entkam sie den französischen Posten.

So schnell ihre schwachen Beine sie tragen konnten, eilte sie zur Erftbrücke in Eicherscheid. Wie es in diesem Dorf aussah, erschütterte sie bis ins Herz. Dann ging es den Eierberg hinauf. Als sie den Weg zu dem Dörfchen Mahlberg antrat, war es stockfinstere Nacht. Immer wieder stolperte sie über Stock und Stein. Ihren schäbigen Rock zerfetzte die alte Frau an Disteln und Dornen, die überall im Überfluß standen; denn wer hätte in all diesen Kriegsjahren ackern und säen können? Mehr als einmal fiel sie hin, blieb etwas liegen, um zu verschnaufen, wischte sich die Tränen vom Gesicht und stapfte mit neuem Mut weiter.

In der Morgendämmerung kam sie in Mahlberg an. Keine Menschenseele war zu sehen. Auch der Küster des St. Michaelkirchleins auf der Höhe war geflohen. Wer sollte denn nun die Sturmglocke auf dem Michaelsberg läuten? Schon war das Drückchen (Gertrud), so hieß das Weiblein, auf dem Weg zur Kapelle. Wer soll das Notfeuer anzünden? Im nahen Wald gab es Reisig und Holz genug.

Ohne zu verschnaufen lief sie bergan. Einer mußte es doch tun! Die Tür des Kirchleins war verschlossen. Da flossen dem armen Weiblein die Tränen über die runzligen Wangen. Sollte alles umsonst gewesen sein? Die Sturmglocke mußte doch läuten, das Notfeuer mußte doch brennen! Die Frau faltete ihre schwieligen Hände:

St. Michaelskapelle 1925 a. d. Michelsberg

„Groß, starker Held, ist deine Kraft,
Sankt Michael!
Hilf uns hier kämpfen,
die Feinde dämpfen,
Sankt Michael!“

Nun warf Drückchen sich mit all ihr zur Verfügung stehenden Kraft gegen die Tür. Sie war wurmstichig und wich aus den rostigen Angeln. Drückchen griff nach dem Glockenseil, das von Kirchturm mitten ins Kirchlein herunterhing, und schon hallten die ersten Glockenschläge von der St. Michaelsglocke in die Nacht hinaus. Sie war die Sturmglocke, die außer am Michaelsfest nur bei höchster Not geläutet werden durfte. Nun gellte sie wie ein Wehschrei ins Land. Sie klang über die Berge der Eifel bis nach Tondorf und Blankenheim, über die Vorberge der Eifel bis nach Rheinbach und Meckenheim und über die Berge der Ahr.

Auf einmal fingen da in den Dörfern der nächtlichen Landschaft rings um den Michaelsberg die Sturmglocken in den Türmen gewaltig zu wehklagen an.

Da erschrak der französische Kommandant in seinem Zelt: Alarm!

Das Volk steht auf! Bringt der Herzog von Jülich den Belagerten Hilfe? Er jagte seine Späher ins Land.

Ihre erste Aufgabe sah die alte Frau erfüllt, als sie das allgemeine Läuten feststellte.

Nun schleppte sie aus dem nahen Wald Reisig herbei. Auch wenn das Kirchlein in Flammen aufging: Das Notfeuer mußte doch brennen! Feuer mußten lodern im ganzen Land. Bevor sie ein Reisigbündelchen am Ewigen Licht anzündete, kniete sie auf den morschen Altarstufen zu einem innigen Gebet nieder.

„Groß, starker Held, ist deine Kraft,
Sankt Michael!

Bald loderten auf allen Bergeshöhen die Notfeuer, und Drückchen sah seine zweite Aufgabe erfüllt.

Als die Franzosen das Feuer auf dem Radberg, über sich auf dem Nöthener Berg und ringsum auf den Eifelbergen und im Flachland aufflammen sahen, ließen sie still die Zelte abbrechen, die Geschütze wegfahren und waren im Morgengrauen in der Richtung auf Blankenheim zu verschwunden.

Münstereifel war gerettet!

(n. L. Mathar)

Der rechtschaffene Egidius

In Waldorf soll es vor langer Zeit einmal ungewöhnlich viel geregnet haben. Auf den Feldern war mehr Schlamm als Erde zu finden. Es war unmöglich, die Felder zu bestellen. Viele murrten wider den lieben Gott und gingen aus Verbitterung nicht mehr zur Kirche mit Ausnahme von Bauer Egidius. Auch er war bedrückt, weil es so viel regnete. Aber ihm half die Erkenntnis, daß nichts von ungefähr komme.

An einem Herbstabend ging Egidius auf sein Kartoffelfeld. Ein nasser Nebel umhüllte Baum und Strauch und hatte auch Waldorf verschluckt. Plötzlich gesellte sich zu Egidius ein Fremder und sagte: „Das ist nun der letzte Nebel, der Feuchtigkeit bringt. Morgen wird der Himmel klar sein, die Sonnen wird scheinen. Für jene, die verstockt sind, wird es bald zu trocken sein. Du aber wirst eine Quelle finden, die während der Trockenheit nie versiegen wird. Sie hat genug Wasser für dich und deine Familie, für deine Tiere und für deine Felder. Nur du allein wirst diese Quelle finden."

Plötzlich, wie er gekommen, war der fremde Bote verschwunden. Nun begann eine lange Trockenzeit. Aber Egidius fand die Quelle. Bald kamen die anderen Bauern des Dorfes und erkundigten sich, woher er das Wasser habe. Egidius erzählte vom letzten Nebelabend. Die Bauern gingen still nach Hause und falteten in der Nacht ihre Hände zum Gebet. Am andern Tage segnete ein feiner Regen die ausgetrocknete Erde.

(n. N.N.)

Bestrafter Frevel

Die Stolzenburg

Wenn ein Wanderer das stille Urfttal von Kall nach Dalbenden hinaufzieht, sieht er auf einer aus dichtem Gebüsch hervorragenden Felsenkuppe halb verwittertes Mauerwerk und eingesunkene Räume, welche die Überreste einer Burg aus alter Zeit sind. Hier hauste einst ein hartherziger Ritter zum Unheil der Umgegend und zum Schrecken von Reisenden.

Seinen Lebenszweck sah er in Saufen, Rauben und Plündern, und es war ihm eine Wohltat, seine Untertanen zu unterdrücken. Darum wurde er von jedermann gehaßt und gefürchtet. Seine Raubgesellen hegten einen geheimen Widerwillen gegen ihn und mochten es im Grunde nicht billigen, daß er den armen Leuten in verwerflichem Übermut unnötige Lasten aufbürdete, oder dem Armen, der um ein Stück Brot für die Seinen und sich bat, mit höhnischem Gelächter von seinem Hofraum weisen ließ oder gar eine Rotte kläffender Hunde auf ihn hetzte.

Der Stolzenburger, so hieß der Wüterich, führte ein so arges Leben, daß mancher Fromme ihn mit Schaudern betrachtete. Vom Geiz besessen und von Habsucht getrieben, sammelte er durch himmelschreiende Mittel Schätze an und dachte nicht an das Sprichwort: Unrecht Gut gedeihet nicht!

Kaufleute zogen darum mit Furcht und Zittern den einsamen Talweg längst der Urft an dem Raubnest des goldgierigen Stolzenburgers vorbei. Nicht selten brach er, wenn er Kunde von einem Warenzug erhalten hatte, aus einem wohlversteckten Hinterhalt hervor. Ja, er raubte sogar dem vorüberziehenden Wanderer seine Habseligkeiten, oder nahm ihm gar das Leben. Heimgekehrt von Raub und Mord ergötzte er sich am Peinigen seiner Untertanen. Auf Gottes schöner Welt konnten diese nichts mehr ihr eigen nennen als ihr elendes Leben, und selbst das hing von einem Wink ihres Zwingherrn ab. Die Unschuld und die eheliche Treue waren in seinen Augen leerer Tand. Die Diener des göttlichen Wortes schützte nicht ihr frommes Leben, nicht ihr heiliges Gewand gegen seine dauernden Verfolgungen. Seine Hunde schätzte der ruchlose Ritter weit höher als die Menschen, die nicht seinesgleichen waren. Nur wenige von den Schaudertaten dieses Wüterichs hat man berichtet. Doch reichen auch diese hin, gerechten Abscheu gegen den Urheber zu wecken.

Der Stolzenburg gegenüber wohnte ein Ritter, der sich der Bielsteiner nannte; mit diesem wetteiferte er im Hohnsprechen gegen Gott und die Menschheit. Er erbaute sich eine Brücke über das Urfttal, um darüber mit Brot Kegel zu schieben, wenn die Armen um Brot gegen ihren Hunger flehten. Seine Kinder ermunterte er, mit Wagen zu fahren, die statt der Räder große runde Brote hatten, während die Kinder der Armen heißhungrig ihre schmachtenden Blicke auf das im Übermut zertretene Brot richteten. Mütter sahen ihre Säuglinge in ihren Armen sterben, weil es ihnen an der nötigen Nahrung mangelte. Mit Herzensfreude weidete sich der Unmensch an den abgehärmten Gestalten, wenn sie ein wenig zertretenes Brot erhaschten und mit großer Gier verschlangen.

So verlebte der Stolzenburger seine Erdentage, so hauste er auf seinem Felsennest, von niemand geliebt, von allen gehaßt. So stürmte der Frevler, Untat auf Untat häufend, täglich mehr zum Untergang, Gottes Strafe blind entgegen. Und sie erreichte ihn, ehe sich sein Alter dem Grabe zuneigte. Ihm war es nicht vergönnt, als Greis zu sterben. In der Mitte seiner Laufbahn wurde er abberufen von der Erde, um von seinen Taten Rechenschaft abzulegen.

Eines Abends saß der Wüterich bei Sauf und Schmaus, hohnlachend über die Menschenhunde, spottend der göttlichen Allmacht und Gerechtigkeit, in einem Turmzimmer. Da schwirrten auf einmal mit gräßlichem Geschrei ungezählte Nachtraben an seinem Fenster vorbei. Eine schauerliche, tiefschwarze Dunkelheit verbreitete sich über die ganze Umgebung der Burg. Die Menschen waren wie betäubt, die Tiere stöhnten aus Angst wegen des Donnerrollens, das von allen Seiten stärker und stärker wurde.

Der Stolzenburger entfärbte sich, da er wohl ahnen mochte, daß das schreckliche Getöse der Natur für ihn, den Unnatürlichen, den Grabgesang bedeutete. Er erhob sich und wollte beten, nach vielen Jahren zum ersten Mal. Da erfolgte ein Krachen, daß die nahen Berggipfel ihre kahlen Häupter neigten - und die Stolzenburg war nicht mehr.

Als die Bewohner der Gegend sich am anderen Morgen vom Schrecken des nächtlichen Tosens erholt hatten, machten sie sich auf den Weg zur Stolzenburg, von wo das unnatürliche Krachen gekommen war. Doch fanden sie von der Burg nur noch die Zinnen aus einem ungeheuren Schlund spärlich hervorragen. Die Burg war mit allem, war darauf lebte, in den Abgrund gesunken. Den Ritter aber hat man später nachts öfters in verschiedenen trugvollen Gestalten herumschweben sehen. Auch als schwarzer Hund erscheint er und muß in den tiefen Gängen der versunkenen Burg seine Schätze bewachen.

(n. A. Reumont)

Das Jünkerather Schloß

Zu Anfang des 18. Jh. wurde zu Jünkerath an der Kyll ein prächtiges Schloß erbaut, das mit ausgesuchten Feierlichkeiten eingeweiht werden sollte.

Von nah und fern waren die Edelleute der Eifel dazu eingeladen worden. Am festgesetzten Tag strömten sie, wie der Erbauer es gewünscht hatte, in großen Scharen herbei. Auch Bewohner der umliegenden Dörfer fehlten nicht.

Ein herrliches Mahl wurde bereitet. Dazu reichte man auserlesenen Wein, der bei den Festgästen bald seine Wirkung zeigte. Nachdem die Tafel aufgehoben war, begann der Tanz. Der Klang der Musik und der feurige Wein verwirrten bald die Sinne der Festgäste, und ein wildes, ausgelassenes Treiben beherrschte den reichgeschmückten Festsaal.

Doch der ungezügelten Festesfreude wurde ein jähes Ende bereitet. Düstere Gewitterwolken hatten sich, unbemerkt von den Festgästen, am Himmel aufgetürmt, und ein greller Blitzstrahl durchzuckte urplötzlich den Saal. Der Blitz hatte gezündet, und im Nu züngelten überall die Flammen an den getäfelten Wänden empor. In kurzer Zeit war das stolze Gebäude in einen Schutthaufen verwandelt. Die übermütigen Gäste hatten kaum Zeit, sich in Sicherheit zu bringen.

Die frommen Eifler aber wunderte dieser Blitzstrahl nicht, hatten doch die Erbauer und die Festgäste ganz und gar vergessen, das Schloß durch eine kirchliche Weihe unter Gottes Schutz zu stellen.

(n. J. Schiffels)

Entstehung des Totenmaares

Nicht weit von Daun erhebt sich der Mäuseberg, ein erloschener Vulkan. In der Nähe findet man das Gemündener Maar, das Totenmaar und das Schalkenmehrener Maar. Das mittlere liegt auf der Höhe des Berges. Unweit davon steht eine Martinskapelle, umschlossen von einem Friedhof.

Wie man erzählt, hat an der Stelle des Maares einmal ein Schloß gestanden, in dem ein Graf mit seiner Familie und seinen Bediensteten wohnte. Die Gräfin war sehr hart gegen die Armen und trat lieber das Brot mit ihren Füßen, als daß sie es den Notleidenden reichte.

An einem Wintertage ritt der Graf aus, begleitet von einem Diener. Nicht weit vom Schloß vermißte er seine Handschuhe. Er sandte seinen Diener aus, sie zu holen. Aber wie hatte sich auf dem Berg alles verändert? Das Schloß war völlig

Totenmaar
bei Daun
O. Kersting

verschwunden; an seiner Stelle befand sich ein See von unergründlicher Tiefe. Die Gräfin war mitsamt ihrer Dienerschaft umgekommen. Nur das Kind der Grafenfamilie, ein unschuldiger Säugling, trieb wohlbehalten in seiner hölzernen Wiege dem Ufer zu.

Als der Diener seinem wartenden Herrn diese Trauerkunde brachte, wollte dieser ihm keinen Glauben schenken. Er sagte: „Das ist so unmöglich, als daß mein 'Falchert', auf dem ich sitze, hier aus dem Boden eine Quelle scharrt.“ Kaum hatte der Graf das gesagt, da scharrte das Roß, und es sprudelte eine Quelle hervor, die von der Bevölkerung „Falchertsborn“ genannt wurde.

Man behauptet, bei ganz klarem Himmel könne man die Mauern des Schlosses in der Tiefe sehen.

Der Graf floh mit seinem Kind vom Maar und kehrte nie wieder zurück.

(n. O. Schell)

Erdenbrot und Himmelsbrot

In Wollmerath lebte vor langen Jahren ein Ritter namens Rauhhans, den seine Bauern nicht leiden konnten. Das kam daher, weil er ihnen ein harter Herr war.

Eines Tages fand in den Wäldern dieses Ritters eine große Treibjagd statt. Seine Freunde aus der Nachbarschaft, seine Dienstleute und mehr als sechs Dutzend Treiber ritten mit ihm aus. Die Jagdhunde, die um die Reiter lärmten, waren gar nicht zu zählen. Es war ein Gebell und Gejohle, so daß die Leute, die alte und kranke Angehörige im Haus hatten, vorsorglich Türen und Fenster schlossen.

Die Wildschweine, Hirsche, Rehe und Hasen hatten einen wahrlich schweren Tag. Selbst die schlauesten Füchse wußten zu guter Letzt keinen Rat mehr. Aber auch die Bauern bekamen die Folgen der Jagd zu spüren: Die Jäger rannten ihnen sogar über ihre Getreidefelder, als hätte die Hölle einen Schwarm böser Geister losgelassen.

Am Jagdtag war die Witwe Margret mit ihren Kindern ins Feld gekommen, um ihren Weizen zu ernten. Sie hatte nur ein Getreidefeld, aber es stand schön, ganz ohne Unkraut und Mohn, wie eigens vom lieben Gott gesegnet. Die Frau schaute mit frohen Augen auf das goldene Gewoge der vollen Ähren. Schon wetzte sie ihre Sichel, daß es weithin lustig über die Felder klang. Und auch die Kinder wurden lebendig: „Mutter“, plapperte der kleine Paul, „wie glitzert das Feld so goldig! Hier ist sicher Gold im Boden, wenn ich groß bin, grabe ich mal nach!“ „Wir wollen nicht Gold und Silber, lieber Paul“, entgegnete die Mutter, „wenn wir nur immer Brot haben.“ Da meinte die kleine Maria: „Wir brauchen aber nicht nur Brot von dem Weizen zu machen, wir könnten auch mal Kuchen davon backen.“ Aber die Mutter gab keine Antwort; denn ein tolles Johlen, Bellen und Hörnerklang waren zu hören. Ritter Rauhhans und seine Kumpane sausten heran. Schon waren sie an dem schönen Weizenfeld und wollten hindurch.

Die Mutter eilte ihnen entgegen und hob ihre Hände: „Halt, Herr Ritter, halt! Reitet nicht weiter, zertretet meinen Kindern nicht ihr bißchen Brot!“

Wütend blitzten die Augen des Ritters, und er schrie: „Weib, weißt du nicht, wer ich bin? Was hast du mir so unverschämt in den Weg zu treten und mir vor meinen Gästen zu befehlen und zu verbieten? Ihr sollt sehen, Bauernpack, daß ich Euer Herr bin!“ Mit diesen Worten ritt er erbost an den Anfang des Feldes, und dann ging’s mit Jägern, Pferden, Treibern und Hunden der ganzen Länge nach durch das edelreife Getreide. Kein Halm blieb hoch, keine Ähre gefüllt. Der Unhold pfiff sogar noch zu seiner Untat, die Hörner mußten ertönen, und die frechen Hunde bellten vor lauter Übermut.

Da hielt die arme Witwe mit der Schürze ihre Augen zu, sank vor Leid auf die Knie, und die Kinder hingen weinend an ihrem Hals. Die Bauersleute aber, die sonst noch auf den Feldern waren und das sahen und hörten, sagten sich: „Was ist das für ein Unmensch! Wir möchten nicht in seiner Haut stecken, wenn die Strafe des Himmels ihn trifft!“

Das geschah noch am gleichen Tag. Rauhhans wurde von einem wildgehetzten, wütenden Keiler angefallen. Andere Jäger eilten ihm zu Hilfe, aber ehe sie ihm helfen konnten, hatte das Tier ihm die linke Seite aufgerissen. Bald färbte das Blut die Kleidung des Ritters rot. Einer von den jüngsten Rittern sprengte nach Wollmerath, um den Pfarrer zu holen; er ritt drauflos, als wollte er sein Pferd zu Tode hetzen.

Dem Rauhhans standen kalte Schweißperlen auf der Stirn. Nur noch schwer konnte er atmen; doch seine Gedanken hatte er noch beieinander. Er beichtete keuchend dem Priester seine Sünden und schlug mit schlaffer Hand an seine gequälte Brust. Da konnte der Pfarrer den Sterbenden von seinen Verfehlungen freisprechen.

Aber es sollte Rauhhans nicht zu leicht gemacht werden. Gott hatte noch eine bittere Buße für den argen Frevler. Als der Priester ihm die Hostie reichen wollte, da brachte er sie, wie sehr er sich auch mühte, nicht in des Ritters Mund. Das irdische Brot hatte er zertreten, nun blieb ihm das himmlische versagt. Der Pfarrer bemühte sich noch einmal, aber die Lippen des Ritters öffneten sich nicht mehr nach dem Himmelsbrot.

Deutlich sahen alle: Ritter Rauhhans ist tot.

Die Ritter und andern Jäger ließen alle ihre Jagdbeute liegen und ritten schweigend heim, tief erschüttert von dem, was sie erlebt hatten. Der Priester und ein paar Bauersleute brachten die Leiche ins Schloß.

Am nächsten Tag schickte die gute Witwe des Verstorbenen der armen Witwe Margret sieben Malter Weizen ins Haus. Und der Dorfvorsteher Bastian von Anderath versprach: „Jedes Jahr will ich an meinem Namenstag für die Armen einen Ofen Brot backen“, und alle reichen Leute im Dorf taten mit. In Alflen sagten die Bauern: „Wir wollen eine große Wiese stiften, vom Pachtzins sollen die Kinder am Gründonnerstag Wecken bekommen.“ Und in Georgsweiler gelobte man: „Jedes Jahr am Sonntag nach Fronleichnam, dem Himmelbrottag, ziehen wir betend durch die Dorfflur, damit Gott die Frucht behütet!“

So wurde es Jahr für Jahr in diesen drei Dörfern gehalten. Gott hat alles, war der Ritter Rauhhans gefrevelt hat, zum Guten gewendet.

(n. B.M. Steinmetz)

Das steinerne Brot

In Deutschland wütete einmal ein Krieg, der dreißig Jahre dauerte. Über Städte und Dörfer brachte er Not und Tod. Selbst in der wohlhabendsten Familie zu Alflen bei Ulmen waren die Lebensmittel ausgegangen, und vor der Tür stand der Hunger mit seinen hohlen Wangen. Da sagte eines Tages der Bauer zu seinem Achzehnjährigen: „Barthel, ich schäme mich, aber es geht nicht anders: Lauf zum Kloster Maria Martental und bitte die Brüder dort um Brot! Verhungern wollen wir nicht.”

Barthel wurde im Kloster freundlich aufgenommen. Die Brüder freuten sich über die bescheidene Art, mit der er seine Bitte vorbrachte. Zunächst erhielt er einen Teller kräftiger Suppe, und dann gab man ihm für seine Eltern und Geschwister ein großes, kräftiges Roggenbrot. „Du hast es heute wirklich gut getroffen”, sagte der Pförtner beim Abschied. „Du mußt wissen, der hochwürdige Pater Abt hat heute Namenstag.“

Vergnügt sprang Barthel mit dem großen Brot im Arm den Klosterberg hinunter dem Heimatdorf zu. Als er im Tal an der Endertbrücke anlangte, saß dort eine arme Frau mit ihrem Kind. „Ach“, rief sie aus, „gib mit etwas von deinem Brot!“ „Was, Brot?“ erwiderte ihr Barthel, „geh’ doch zum Kloster, Ihr seht es ja da oben." „Oh, ich bin zu schwach, den steilen Anstieg zwinge ich nicht mehr", sagte die Frau. „So ruht Euch ein wenig aus", riet Barthel, „dann gewinnt Ihr neue Kraft."

Der Junge fühlte keine Lust, sich aufhalten zu lassen; wie hatte er sich schon die Freude ausgemalt, die das schöne, große Brot daheim bereiten würde. Darum schritt er kräftig aus und witzelte im Weitergehen: „Ich habe überhaupt kein Brot. Wir haben heute morgen unseren Weißkohl geschnitten, und da habe ich einen großen runden Stein gesucht, um ihn zu beschweren." Die Frau, die vom Weinen halb blind war, glaubte dem Jungen die Lüge und legte sich neben der Brückenmauer zum tröstenden Schlaf nieder.

Barthel wollte nicht noch einmal einem Bettler begegnen und dachte bei sich: „Schließlich kommt bei dieser hungrigen Zeit noch jemand, der stärker ist als ich und nimmt mir das Brot weg." Er verließ daher die Straße und kam auf Nebenwegen nach Alflen.

Das war ein Jubel, als Barthel mit dem großen Brot in die Stube trat! Die kleinen Geschwister lachten und klatschten in die Hände. Sofort setzte der Vater das große Brotmesser an, aber o weh! Es drang nicht ein. Er setzte wieder und diesmal fester an, da gab's einen Funken, daß allen die Nerven zuckten. „Barthel", sagte schließlich der Vater, „das ist ja von Stein!" Da fiel dem Jungen seine Hartherzigkeit ein, und er wurde über und über rot. Reumütig bekannte er, was er der Frau an der Brücke vorgelogen hatte. Da rief der Vater: „Nun aber schnell zurück und hilf der armen Frau den Berg hinan!"

Barthel lief, so schnell er nur konnte. Das schlechte Gewissen beflügelte seinen Lauf. Er fand die Mutter und ihr Kleines noch an der Brücke. Er rüttelte an ihnen, um sie zu wecken, aber - die beiden schliefen einen Schlaf, aus dem niemand mehr sie aufwecken konnte. Zerknirscht und weinend schleppte sich Barthel zum Kloster hinauf, beichtete seine Sünde und bat: „Nehmt mich auf in Euer Kloster, daß ich Buße für meine Schuld tue. Haltet mich wie Euren letzten Knecht. Jede Arbeit will ich verrichten, und wenn ich Eure Schweine hüte; nur nehmt mich auf!"

Der Abt war tief ergriffen und erfüllte seinen Wunsch. Nach einigen Tagen, in denen er von seiner Familie und seinem Heimatdorf Abschied genommen hatte, wurde er in den Martentaler Konvent aufgenommen. Das steinerne Brot hatte Barthel mitgebracht, und der Abt ließ es in der Kirche an eine Stelle legen, wo möglichst viele es sehen konnten. Die Pilger betrachteten es mit heiliger Ehrfurcht und scheuchten bei seinem Anblick Eigennutz und Unbarmherzigkeit aus ihrer Seele fort.

(n. B.M. Steinmetz)

Der Tanzberg bei Kall

Vor Jahrhunderten war der Reichtum an Bleierzen im Tanzberg zwischen Dottel und Keldenich so groß, daß es sprichwörtlich wurde, es könne der Bergmann in der Grube schneller ein Malter Korn verdienen, als der Müller es mahlen.

Aber dieser Wohlstand erzeugte zugleich eine Üppigkeit unter den Bergleuten, die fast keine Grenzen mehr kannte. Nicht genug, daß man daheim von dem reichgezahlten Lohn praßte und schwelgte, man hatte selbst im Innern des Berges einen Tanzsaal geschaffen und Kegelbahnen angelegt, auf denen man statt hölzernen Kugeln holländischen Käse zum Werfen benutzte. Fast täglich wurde da unten zum Tanz aufgespielt, und mancher verbrachte selbst die Sonn- und Feiertage bei Spiel und fröhlichem Gelage da unten.

Solche Verderbnis konnte der erzürnte Himmel nicht länger ansehen. Er warnte durch erschreckende Töne und dumpfes Rollen im Innern des Berges; aber die Warnung war vergebens. Da stürzten plötzlich, als sämtliche Knappen nach Schichtende wiederum der rauschenden Musik zueilten, die Stollen und Wölbungen des Bergwerkes unter donnerähnlichem Getöse zusammen. Alle Bergleute samt dem gefundenen Bleierz wurden begraben; nur eine einzige Frau, die im Begriff war, ihren Mann dem wilden Gelage zu entlocken, wurde wie durch eine unsichtbare Hand zu Tage geführt und entging so dem allgemeinen Verderben.

Seit jenem Tage sind die Schätze der Erde nicht wieder aufgeschlossen worden, und alle Versuche, sich ihnen zu nähern, blieben erfolglos.

Alljährlich aber, am Fest Christi Himmelfahrt, zieht aus der Keldenicher Kirche eine Prozession um den Tanzberg und betet für das Seelenheil verstorbener Bergleute.

Wer um Mitternacht am Tanzberg vorbeikommt, der kann noch heute die unterirdische Musik hören. Sie beginnt geisterhaft und kaum vernehmbar mit den Tönen einer Flöte, schwillt dann allmählich zu volleren Akkorden an und entschwindet zuletzt wieder in disharmonischen Klängen.

(n. C.A. Eick)

Der Alte vom Tomberg

In der Nähe vom Tomberg bei Rheinbach lebte vor vielen Jahren ein sehr reicher Mann, der aber auch sehr böse war. Er quälte seine arme Frau und seine Kinder, und nicht selten schlug er sie sogar. Aber noch schlimmer erging es den Knechten und Mägden.

Einst schickte er einen Knecht von 16 Jahren zum Tomberg mit dem Auftrag, innerhalb von 20 Minuten eine Bürde Haselgerten zu bringen. Der Junge begab sich sofort auf den Weg und suchte am buschigen Abhang des Berges die Haselgerten. Da an dieser Stelle aber nur wenige zu finden waren, sah er bald ein, daß es unmöglich war, das Verlangte seinem Herrn in der gesetzten Zeit zu bringen.

Der Herr gab zu Hause genau auf den Ablauf der 20 Minuten acht. Kaum war diese Zeit verflossen, sprang er voll Zorn auf, um den faulen Knecht, wie er sagte, zu suchen und zu bestrafen.

Er fand ihn, als er eben seine Bürde zusammenbinden wollte, riß ihn zu Boden, trat ihn mit den Füßen, zog eine von den dicksten Gerten und schlug ihn damit so auf den Kopf, daß er wie tot liegenblieb. Damit noch nicht zufrieden, löste er die Binden der Bürde, steckte den halbtoten Jungen hinein und schnürte ihn mit den Gerten so fest zu, wie er nur konnte. Der Junge kam aber wieder zu sich und bat seinen Herrn flehentlich um sein Leben. Allein die Wut des Mannes kannte keine Grenze; er lud die Bürde mit dem Jungen auf den Rücken und trug sie zu einer nicht weit entfernten Eiche. Dort lehnte er sie so an den Stamm, daß der Kopf des Jungen nach unten hing, und entfernte sich unter schadenfrohem Lachen.

Als der Grausame nach Hause zurückgekehrt war und seine Wut etwas nachgelassen hatte, fing er an, sein Tun zu bereuen. Er machte sich also auf, den mißhandelten Jungen zu retten. Dieser hatte sich befreien können. Als sein Herr zur Eiche kam, fand er keine Spur mehr von ihm. Er erblickte aber zu seiner Verwunderung eine Höhle und ging hinein, um seinen Diener zu suchen. Kaum hatte er die Mitte der Höhle erreicht, schlug der Eingang unter lautem Getöse zu, und er sah sich lebendig begraben.

Nun trat ein Greis aus einer Ecke der Höhle hervor und trug die von dem Knecht gesuchten Haselgerten unter dem Arm. Er legte sie auf einen in der Nähe stehenden Steintisch und verkündete das Urteil: „Wegen deiner Unmenschlichkeit bleibst du so lange an diesen finsteren Ort verbannt, bis ein menschliches Wesen hierher kommt und dir das gleiche tut, was du an deinem Knecht getan hast. Doch nur an einem bestimmten Tage, einmal in jedem Jahr, öffnet sich der Berg zwischen drei und vier Uhr.“

Drei Mädchen aus Ersdorf gingen einmal aus, um Erdbeeren zu sammeln. Dabei kamen sie an den Tomberg und sahen eine bis dahin nicht bemerkte Öffnung, die sie für den Eingang eines Bergwerkes hielten. Sie gingen ohne Furcht hinein und gelangten in eine geräumige und von Säulen gestützte Halle. In ihr saß ein uralter Mann mit silberweißem Haar. Mit der rechten Hand zeigte er auf den Tisch, auf dem eine goldene Rute lag; mit der linken wies er nach einer Ecke hin, in der eine eiserne Kiste stand, auf der ein großer schwarzer Hund saß. Der fing an zu knurren, sprang von der Kiste auf die Erde und kratzte an dem großen Kistenschlüssel. Als die Mädchen nicht näherkamen, sprang er wieder hinauf und glotzte nun in einem fort die Mädchen mit seinen feurigen Augen an.

Von dem übrigen, was sich in der Halle befand, wußten die Mädchen nichts zu erzählen, da Furcht und Angst ihnen fast alle Besinnung geraubt hatten. Eines von ihnen erinnerte sich an eine Uhr, die dem alten Mann gegenüber an der Wand hing. Bei ihrem Eintritt hatte sie mit einem unüberhörbaren Ton die dritte Nachmittagsstunde angezeigt, und als sie noch in der Halle standen, hörten sie die Uhr viele Schläge tun.

Dann stieß der Greis einen angstvollen Seufzer aus, und es wurde in der Halle stockfinster. Auch vernahmen sie ein fernes Getöse, das sich immer mehr der Stelle näherte, wo sie wie angewurzelt standen. Es gab einen starken Knall, und die Mädchen sanken besinnungslos zu Boden.

Als sie wieder zu sich kamen, befanden sie sich unter freiem Himmel. Ihre Körbchen standen neben ihnen, und die gesammelten Erdbeeren lagen zerstreut.

(n. J.H. Schmitz)

Das versunkene Schloß zu Maria Laach

Auf einem Felsen mitten im Laacher See hatte ein Ritter eine zinnenreiche Burg erbaut. Er war ein Bösewicht, der durch Raub und Mord bedenkenlos Sitte und Recht mit Füßen trat. Da man ihm auf seiner Burg, ringsum von Wasser umgeben, nicht beikommen konnte, blieben seine Frevel unbestraft. So schwelgte er hier mit seinen Kumpanen von fremdem Gut.

Doch einst wurde der Ritter von einer schweren Krankheit heimgesucht, und es erwachte sein Gewissen. Nach der Gesundung fuhr er mit einem Kahn ans Seeufer und lenkte seine Schritte zu einer kleinen Wallfahrtskapelle, um dem dort lebenden Eremiten seine Sünden zu beichten. Der fromme Greis hörte seine Beichte; jedoch eingedenk seiner heiligen Pflicht und der Greueltaten des Ritters, legte er ihm eine schwere Buße auf. Wütend darüber sprang der Unhold auf, zog sein Schwert, und im nächsten Augenblick bespritzte das Blut des Eremiten den einfachen Altar. Sterbend hob der Greis seine Hände gegen Himmel; dann brach sein Auge, und er sank leblos zur Erde.

Da verfinsterte sich der Himmel, Wolken türmten sich zusammen, und entsetzt eilte der Mörder zu seinem Kahn, um zu seinem Schloß zurückzurudern. Vergebens kämpfte er mit Sturm und Wellen. Als er gegen den Himmel schaute, sah er hoch oben die erhobene Hand des ermordeten Eremiten. Blitze zuckten, Donner rollte und plötzlich sank der Felsen mit der Burg in die Tiefe. Ein Wasserstrudel verschlang im gleichen Augenblick Ritter und Kahn.

(n. M. Zender)

Strafe für Herzlosigkeit (L)

Bei Oberkerschen (L) befindet sich ein Morast, genannt das „Bofferdanger Moor“.

Vor vielen, vielen Jahren stand dort einmal ein Schloß, dessen Herrschaft wegen ihres Geizes und ihrer Herzlosigkeit gegenüber armen Leuten im ganzen Land berüchtigt war. Bettler, die hier flehentlich um ein Almosen baten, wurden mit großen Hunden hinausgehetzt. Daher wagte es fast kein Hilfsbedürftiger mehr, seine Schritte zu dem Schloß zu lenken.

Eines Tages erschien aber doch wieder ein ehrwürdiger Greis im Schloßhof und bat, hungrig und ermattet auf seinen Wanderstab gestützt, um ein Almosen. Allein der Hausherr ließ die Hunde auf ihn hetzten. Entrüstet über das Verhalten des Herrn riefen ein Knecht und eine Magd die Hunde rechtzeitig zurück und boten dem greisen Bettler ihr eigenes Mittagessen an. Um deren Barmherzigkeit nicht unbelohnt zu lassen, trug der Greis dem Knecht auf, das beste Pferd, und der Magd, die beste Kuh aus dem Stall zu holen und ihm zu folgen. Einige hundert Meter vom Schloß entfernt, blickten sie rückwärts und sahen vom Schloß nur noch die Türme, die ebenfalls allmählich versanken. Ein Hahn setzte sich noch auf die letzte Zinne, tat noch einen Schrei und war dann auch nicht mehr zu sehen. Nur ein Kind in einer goldenen Wiege wurde gerettet. Alle anderen Schloßbewohner, außer dem Knecht und der Magd, hatten im Morast einen kläglichen Untergang gefunden.

(n. N. Gredt)

Die hartherzige Juffer

Zwischen Nideggen und Boich lag einst ein reicher Bauernhof. Er gehörte einer geizigen Juffer, die selbst in Zeiten schlimmsten Hungers immer noch mehr hatte als sonst einer auf den Höfen in der ganzen Gegend. Sie brauchte nie zu darben.

Als wieder einmal eine Hungerzeit anbrach, begegnete die Juffer einer jungen Frau mit einem kleinen Kind, das vor Hunger wimmerte. Auch der jungen Frau sah die Not aus den Augen. Sie mochte wohl in der Juffer die Bäuerin des Hofes vermuten und bat: „Gebt mir bitte ein Schlückchen Milch für mein Kind." Aber da mußte sie hören: „Wer hat jetzt Milch zu verschenken!" – „Bloß ein Schlückchen, erbarmt Euch!" flehte die Frau und hob zitternd die Hände. Da rief die erboste Juffer: „Scher dich, elendes Bettelpack, sonst hetze ich die Hunde auf dich!"

Die Frau fuhr zurück, als hätte jemand sie geschlagen: „Bettelpack sagt Ihr, weil ich für mein Kind um ein Schlückchen Milch gebeten habe. Und mit Hunden wollt Ihr mich deshalb hetzen? Möge Euch Gott das mit Feuer lohnen!" schrie sie, wandte sich um und ging weinend davon. Die Juffer sah ihr nach, als wollte sie sagen: „Was geht das den Herrgott an!" Sie lachte und schritt stolz dem Hofe zu.

Auf einmal weiteten sich ihre Augen vor Schrecken. Stieg da nicht Qualm aus ihrer Kammer? Und züngelten nicht Flammen auf dem First des Hauses?

Sie rannte los, so schnell ihre Beine sie tragen konnten, stürmte ins Haus, jagte die Treppe hoch und raffte schnell zusammen, was zu raffen war: Geld, Ketten, Ringe, schöne Kleider, dieses und jenes noch. Indessen fraßen die Flammen am trockenen Gebälk. Als die Juffer endlich die Treppe hinunterwollte, stürzte ein brennender Balken auf sie herab, erschlug sie, und das Feuer verzehrte ihren Leib.

Der Juffer Seele aber wandert seitdem ruhelos an der Stelle umher, wo einmal Haus und Hof gewesen sind. Viele haben sie um Mitternacht als Geist gesehen.

(n. P. Weitershagen)

Katharinentag

In einem Stollen bei Roth ist in alter Zeit Bergbau betrieben worden. Die Bergleute haben als Schutzpatronin die hl. Katharina verehrt. Ihr Namensfest war ein Feiertag, an dem im Bergwerk nicht gearbeitet wurde.

Eines Tages wollte ein Mann den Feiertag nicht halten und fuhr mit zwei Ochsen in den Stollen hinein. Es begegneten ihm andere Bergleute, die ihn mahnten: „Weißt du nicht, daß heute Feiertag ist?" „Ach", sagte er, „Kathringendach op, Kathringendach af, ich fahre."

Und wirklich fuhr er mit seinem Fahrzeug in den Stollen hinein, ungefähr zehn Meter. Da stürzte der Eingang hinter ihm ein, und zwar so, daß am Boden nur noch eine Öffnung von 25 cm Höhe blieb. Damals war es nicht möglich, die Felsmassen wegzuholen.

Der Mann mit dem Ochsengespann mußte verhungern. Noch drei Wochen lang hörte man die Ochsen brüllen, dann war alles ruhig. Als man schließlich eines Tages den Eingang des Stollens freilegen konnte, fand man das Gerippe des Mannes und der Ochsen sowie die Eisenteile des Wagens.

(n. Ma. Zender)

Spötter wird bestraft

Nach der Aufhebung des Trappistenklosters Mariawald um 1800 wurden die Baulichkeiten mit allem Zubehör verkauft. Der Käufer ließ aus der Klosterkirche die Bilder und Statuen herausnehmen. Bei diesem Werk trieben Arbeiter ihren Spott mit den heiligen Figuren. Dabei zeichnete sich ein Arbeiter besonders aus. Als er eine Petrusstatue von der Wand nahm, sagte er spöttisch zu den anderen: „Der Kahlkopf hat nicht einmal den Mund verzogen."

Um die Mittagszeit stand nur noch eine Statue oben an der Wand, die der Spötter nicht von der Stelle zu rücken wußte. Verwegen sagte er da: „Deä Käel moß ävve noch erav, on wenn eä de Hals zerbrech" (Der Kerl muß aber herunter, und wenn er den Hals zerbricht). Die Strafe für die Frevelworte folgte auf dem Fuß. Der Spötter stürzte von der Leiter und brach sich das Genick.

(n. H. Hoffmann)

Der schwarze Stier (L)

Vor langer Zeit verkleideten sich zur Fastnachtszeit mehrere junge Leute aus Vianden (L). Einer von ihnen hatte eine schwarze Ochsenhaut übergezogen und lief umher wie ein wilder Stier. Als ein Priester zu einem Kranken die letzte Wegzehrung trug und der Küster vor ihm herschritt und mit einem Glöckchen läutete, zogen die jungen Leute sofort ihre Masken vom Gesicht und knieten am Straßenrand nach altem frommen Christenbrauch nieder. Nur der, welcher als Stier verkleidet war, behielt die Maske auf und gebärdete sich weiterhin wie wild. Plötzlich fiel er zu Boden und gab seinen Geist auf.

Als man der Leiche die Ochsenhaut abstreifen wollte, war das nicht mehr möglich. Man übergab den Leichnam dem Wasser der Our. Seither spukt nachts sein Geist in der Verkleidung als schwarzer Stier auf den Ourwiesen und rast zur Geisterstunde ruhelos umher.

(n. N. Gredt)

Ein Heiliger rächt sich

Die Kirche zu Füssenich wurde neu ausgemalt; gleichzeitig waren auch ein Schmied und ein Dachdecker dort bei der Arbeit. Die beiden machten sich lustig über eine alte Donatusfigur, die an einem Pfeiler stand. Sie glaubten, sie passe nicht mehr so recht in das neubemalte Gotteshaus. Daher sagten sie zum Ortspfarrer: „Stellt das Komikermännchen auf den Speicher; das verdirbt die ganze Innenansicht der Kirche."

Der Pfarrer ließ sich bereden und war schließlich einverstanden, daß die Statue auf den Pfarrhausspeicher gebracht wurde.

Der Heilige, der besonders bei Blitz und Ungewitter angerufen wird, rächte bald den Schimpf, den man ihm angetan hatte. Beim nächsten Gewitter tobte der Sturm so wild um Kirche und Pfarrhaus, daß man meinte, die Welt gehe unter. Da erinnerte sich der Pfarrer an die Donatusfigur. Er eilte zum Speicher, holte sie herunter, so rasch es nur möglich war, und stellte sie in der Kirche an ihren gewohnten Platz. Bald darauf hörte das Unwetter auf.

Seit der Zeit wurde der hl. Donatus in Füssenich wieder besonders verehrt, und die Donatusstatue erhielt einen Ehrenplatz hinter dem Alderikusgrab.

Schlimm ist es den beiden Spöttern ergangen. Dem einen erschlug der Blitz zwei Kühe, dem andern seine einzige Ziege.

(n. G. Henßen)

Die Marienkrone zu Pünderich

In Plünderich an der Mosel war eine kleine gotische Kapelle aus dem 13. Jh. In diesem Kirchlein stand ein Marienbild, das von frommen Händen mit einer goldenen Krone geschmückt worden war.

Einmal kam von Hunsrück her ein Raubritter. Er raubte der Muttergottes die Krone und setzte sie mit Lästerworten seinem Pferd auf. Dieses aber wurde sofort scheu, lief geradewegs auf die Mosel zu und hat sich samt Reiter hineingestürzt. Roß und Reiter und die goldene Krone sind im Fluß versunken. Nur ein weißer Schaumstreifen zeigte lange die Stelle an, wo die Mosel den Frevler verschlungen hat.

(n. K. Hessel)

Die geheimnisvolle Schrift

Im großen Hochpochtener Wald, droben im Quellgebiet der Endert, lebte einmal ein Förster, der die stille Einsamkeit nicht gut ertragen konnte. Darum hatte er sich das Trinken und das Kartenspielen allzusehr angewöhnt. Tage- und nächtelang saß er mit Kumpanen in den Wirtschaften der umliegenden Dörfer. Wenn er dann, wie es meistens geschah, sein ganzes Geld verspielt und dazu viel Branntwein die Kehle hinuntergegossen hatte, fing er so schrecklich an zu fluchen und sich zu verwünschen, daß es den Zuhörern durch Mark und Bein ging. Kehrte er dann in sein einsames Forsthaus zurück, so fluchte er erneut und wünschte alle Teufel aus der Hölle und war so unzufrieden mit sich selbst, daß er sich wegen seines liederlichen Lebenswandels gerne hätte zerreißen mögen. Einige Tage hielt er sich dann auch ganz ordentlich und faßte den festen Vorsatz, es nie wieder so weit kommen zu lassen. Aber der gute Vorsatz hielt nicht lange an. Sobald er wieder auf seinem Pferd saß, lief dieses, wie vom Teufel gezogen, nach Ulmen, Büchel oder Müllenbach und machte dort vor einem Wirtshaus halt. Bald fanden sich Genossen ein, und es wurde wieder zwei, drei Tage lang gewüstet und gezecht, und das alte Lied ging von neuem an.

So trieb es der Förster eine lange Zeit, und es war auffallend, daß er niemals zu Schaden gekommen war, wenn er betrunken auf seinem Pferd oft erst nach Mitternacht durch die Wälder und Schluchten des Enderttales nach Hause ritt.

Eines Tages aber, als er wieder einige Tage verludert hatte, sprang auf dem Heimritt ein Stück Wild vor ihm auf. Das Pferd erschrak, stieg jäh hoch und drehte sich um. Da der Förster zu tief ins Glas geschaut hatte und seiner nicht mächtig war, verlor er dabei das Gleichgewicht und hing mit dem Kopf nach unten, während seine Füße in den Steigbügeln hängenblieben. Das Pferd raste nach Alflen zurück, wo es vor dem Stall des Wirtes, bei dem der Förster die Tage verzecht hatte, stehenblieb. Die Wirtsleute wachten von dem Geräusch auf, kamen heraus und fanden das Pferd vor dem Stall und den Reiter daran hängen. Sein Kopf war ganz zerschlagen und sah von Blut und Schmutz entsetzlich aus. Vorsichtig wuschen sie ihn sauber, sie erkannten den Reiter, aber er war und blieb tot.

Als der Förster begraben wurde, gab es viel Gerede: Den hat gewiß der Teufel geholt! Wie oft hat er sich verflucht, daß der ihn holen solle; nun ist sein Wunsch in Erfüllung gegangen! Wenn der nicht in der Hölle ist, dann kommen alle Spitzbuben und Strolche in den Himmel!

Noch während das Gerede umging, wuchs auf dem Grab des Försters eine Blume, wurde größer und größer, und zuletzt blühte sie gar herrlich auf. Es war eine Lilie, wunderschön, mit so strahlendweißen Blütenblättern, wie noch kein Mensch eine gesehen hatte. Auf dem Grund des Kelches fand man eine goldene Schrift. Zunächst konnte niemand aus ihr klug werden, auch der Schulmeister nicht, den man herbeigerufen hatte, damit er die Schrift lese und deute. Dann rief man den Pfarrer herbei; auch er vermochte sie nicht zu lesen und zu deuten.

Zuletzt zog man einen uralten Mönch aus dem Kloster Martental zu Rate, der von Kräutern und Blumen eine Menge verstand. Auch er konnte anfangs die Schrift nicht erklären; aber die geheimnisvollen Zeichen ließen ihm keine Ruhe. Nach und nach konnte er sie dann entziffern. Mit goldenen Schriftzeichen stand in der weißen Lilie zu lesen: „Für Gottes Gnade ist Raum zwischen Steigbügel und Erde!"

Fortan konnte man vielerorts hören: „Über Tote soll man nichts Schlechtes reden" und fügte die Worte aus der Lilie hinzu.

(n. P. Kremer)

Bestraftes Lästermaul

Die Franzosen waren unter Ludwig XIV. in das Rheinland eingefallen und standen bei Klausen den österreichischen Truppen gegenüber.

Vor der Schlacht bei Klausen sagte ein französischer Offizier mit großer Siegesgewißheit und voll Übermut: „Ich werde nach Klausen gehen und einen Arm des Gnadenbildes als Siegesbeute mitbringen. So will ich den Rheinländern zeigen, daß man sich auf die Hilfe der Muttergottes nicht verlassen kann."

Kaum hatte die Schlacht begonnen, als ein feindlicher Kanonenschuß dem Offizier den rechten Arm zerschmetterte, den er sich dann in einem Lazarett ganz abnehmen lassen mußte. Als er am Abend in einem Wagen nach Trier gebracht wurde, lag zwar ein Arm neben ihm, aber nicht der des Marienbildes. Ein schwere Strafe für die frevelhafte Lästerung hatte ihn getroffen.

(n. S.W.)

St. Kastor · Koblenz

Die Äscherung zu Koblenz

Zu Koblenz war ein Metzger, der feierte tüchtig Fastnacht. Als er am Fastnachtsdienstag die ganze Nacht beim Maskentreiben gewesen war, ging er mit einem Zechbruder, als schon der Morgen dämmerte, nochmals in ein Lokal und sagte spöttisch, jetzt wolle er mit ein paar Humpen Bier das an den Fastnachtstagen genossene Fleisch hinunterspülen.

Da läutete es gerade in St. Castor zur Frühmesse, und die Gläubigen eilten zum Aschermittwochgottesdienst. Der Metzger aber meinte: „Jetzt trinken wir erst recht noch ein Viertelchen!“ Der Kumpan mußte auch bleiben und weitertrinken. Dem aber pochte beim Läuten das Herz und er sagte: „Du, wir machen jetzt endgültig Schluß und gehen nach St. Castor und lassen uns äschern (das Aschenkreuz machen).“ Der Metzger aber sagte: „Das können wir auch hier haben, wart', ich werde dich äschern!“ Er ging zum Herd, holte Asche und streute sie dem anderen über den Kopf. Über diesen „Witz“ mußte er so sehr lachen, daß er anfing zu husten; und er hustete und hustete weiter, doch nicht mehr vor Lachen, sondern weil ihm die Asche in Augen und Nase, in Mund und Kehle flog. Es war, als hätte ihm jemand ganze Ladungen Asche ins Gesicht geblasen.

Die Äscherung wollte nicht aufhören. Er ging auf die Insel Oberwerth, wo nichts als Gras wuchs, und wo kein Staub war, da äscherte es auch. Er stürzte sich in den Rhein, und es äscherte wieder, als er herausstieg. Wohin er auch ging, es äscherte, und zuletzt mußte er elendig ersticken.

(n. K. Hessel)

Ein Sack Erde und Schaffelle

Ein Andernacher Bürger namens Erkinbert begab sich einmal vor Tagesanbruch zu einer Gerichtssitzung. Da begegnete ihm ein Reiter auf einem kohlschwarzen Roß, aus dessen Nüstern Flammen und Rauch sprühten. Der Reiter schwankte hin und her, war bald auf dem Weg, bald auf dem Feld. Da Erkinbert ihm nicht ausweichen konnte, erschrak er zunächst heftig, faßte dann sein Schwert und ging auf den gespenstischen Reiter zu. Da erkannte er in ihm den vor kurzem verstorbenen Ritter Friedrich aus Kelte bei Burgbrohl. Er war aber ganz mit Schaffellen bekleidet und trug auf seinen Schultern einen Sack. Als Erkinbert ihn fragte: „Seid Ihr es, Herr Friedrich?“, antwortete die Erscheinung: „Das bin ich!“ Erkinbert wollte nun wissen, woher er komme und was das alles bedeute.

Da sagte der Ritter: „Ich komme vom Ort der Strafen. Diese Felle nahm ich einer armen Witwe ab, und jetzt brennen sie mich wie Feuer. Dann habe ich mir ungerechterweise einen Acker angeeignet, und der Sack, den ich schleppen muß, enthält Erde von diesem Acker. Sie drückt mich so, daß ich fast zusammenbreche. Sage meinen Söhnen, sie sollten diese beiden Dinge wiedererstatten, dann wird mir alles leichter werden."

Dann verschwand der Spuk. Erkinbert kam dem Wunsch des Ritters nach und teilte den Söhnen mit, was er gesehen und gehört hatte. Aber diese gottlosen Menschen sagten, sie wollten lieber ihren Vater der ewigen Pein überlassen, als das unrechte Gut wiederzuerstatten; denn er habe gesündigt und nicht sie.

(n. O. Schell)

Der „rote Hahn" über Hahn

Zwischen den Dörfern Scheuerheck und Wald lag vor vielen, vielen Jahren das wohlhabende Dorf Hahn. Seine Bewohner bargen Jahr um Jahr reichen Erntesegen in ihren Scheunen. Eine schlechte Ernte gab es äußerst selten. Mit dem allgemeinen Wohlstand wuchsen Häuser, Ställe und Scheunen, und mancher Bauer wußte kaum noch, wohin mit den blanken Talern.

Doch mit dem Wachstum von Reichtum und Wohlleben hielten die Dankbarkeit und Ehrfurcht gegenüber Gott, dem Geber alles Guten, Redlichkeit und Treue, Bescheidenheit und Mildtätigkeit nicht Schritt. Die ursprünglich so einfältigen Kinder der Eifel wurden gegenüber Armen hart wie die Taler in ihren Schatullen und besaßen ebensowenig Mitleid und Güte. Wenn ein armer Wanderer bescheiden an ihre Tür klopfte und um ein Stückchen Brot bat, so hieß es kurz und drohend: „Pack dich!" Bat ein Nachbar in arbeitsreicher Zeit um Hilfe und Vorspann, so gab man ihm den Bescheid: „Bah, so könnte ja jeder kommen; wir brauchen unser Zugvieh selbst."

Hart und roh gingen die Hahner mit ihrem Vieh um. Um möglichst viel Land bestellen und einfahren zu können, mußte ein Stück Vieh jeweils die Leistung von drei Stück erbringen. Wenn dann die bemitleidenswerten Geschöpfe am Ende ihrer Kraft nicht mehr den Wünschen der Leute gerecht wurden, hat man sie zum Gotterbarmen geschlagen und mißhandelt.

Es nimmt nicht wunder, daß auch die Herzen der Kinder verrohten, wenn die Alten ihnen ein schlechtes Beispiel gaben. Vögel, Frösche und andere, meist nützliche Tiere, wurden von bösen Jungen verfolgt, gefangen und gequält. Weder Katzen noch Hunde oder Hühner waren vor ihnen und den Auswüchsen ihrer teuflischen Bosheit sicher.

Bei solchem Geiz, Neid und Herzenshärte ließ die gerechte Strafe des Himmels nicht auf sich warten. Eines Nachts, als alles in tiefem Schlummer lag, flog lautlos der „rote Hahn“ von Haus zu Haus, von da über die Ställe zu den vollgepackten Scheunen. Ehe noch jemand entrinnen konnte, waren Häuser und Bewohner vom unheimlich flatternden und riesenhaft angewachsenen Ungeheuer qualvoll und elendig umgebracht. Das Feuer hatte sein Werk so gründlich verrichtet, daß heute nichts mehr den Ort erkennen läßt, der einmal das Dorf Hahn, seine Bewohner, seinen Wohlstand und Untergang gesehen hat. Nur ein Flurname hält den Namen des Dorfes noch fest.

(n. G. Laue)

Versagte Hilfe (B)

Eine arme Frau hatte sich einmal mit ihrem Säugling im Hohen Venn verirrt, weil Schnee Weg und Steg bedeckt hatte. Der Hunger war in ihre Hütte eingekehrt. Die Not hatte sie auf den Weg getrieben, um im nächsten Dorf ein Stück Brot zu erbitten. Mit Schneesturm in dem Moorgebiet hatte sie allerdings nicht gerechnet. Aber mutig eilte sie vorwärts, und unter Aufbietung aller Kräfte suchte sie Sturm und Schnee zu überwinden. Als der Schneesturm immer heftiger tobte, erlahmten schließlich ihre vom Hunger geschwächten Kräfte. Halb erstarrt blieb sie mit ihrem Kind im Schnee stecken und erwartete ihr trauriges Ende. Da nahte auf einem stattlichen Pferd ein rüstiger Reiter. Er sah wohl die Unglückliche und hörte ihre flehende Bitte um Hilfe für sich und ihr Kind; doch gefühllos ritt er weiter und überließ die beiden ihrem Schicksal.

Da tat das edle Pferd das, was sein Herr in grausamer Härte versäumt hatte. Es trug zuerst diesen noch eine Strecke weiter bis an den Rand einer Schlucht. Hier warf es ihn ab in die Tiefe, wo er für immer verschwand.

Dann trabte es zu der hilflosen Frau zurück und wärmte mit seinem Hauch die erstarrten Glieder von Mutter und Kind. Dann legte es sich so hin, daß die Frau ohne Mühe mit dem Säugling auf den Rücken des Tieres steigen konnte. Es trug sie zur nächsten Hütte, wo man sich der Geretteten annahm. Nach der nötigen Stärkung geleitete man sie dann zurück zu ihrem Heimatort.

(n. M. Zender)

Das Wannenmännchen

Eines Tages stand der Müller Hannes von der Olligsmühle im Eschweiler Tal in der Haustür und sah ein verhutzeltes Männchen des Weges daherkommen. Auf dem Kopf trug es eine große Wanne.

Wegen des armseligen Aussehens des kleinen Kerls wollte Hannes sich vor Lachen schütteln, trieb herben Spott mit ihm und rief nach seiner Frau. Doch diese fand das Männchen nicht zum Lachen, sondern erbarmte sich seiner, redete es freundlich an und fragte: „Woher kommst du, und wer bist du?"

Da ging ein Leuchten über das Gesicht des Wannenmännchens, und froh antwortete es: „Dank für deine Freundlichkeit und mitleidige Frage, du hast mir eine große Wohltat erwiesen. Schon lange muß ich um Münstereifel wandern, weil mich eine arme, alte Frau verwünscht hat, der ich mein Lebtag sehr unfreundlich begegnete. Erst dann sollte der Zauber gebrochen sein, wenn jemand mich freundlich fragte, „Woher kommst du, wer bist du?"

So sprach das Wannenmännchen von Münstereifel, und es wurde klar, daß Freundlichkeit und Güte Wunder bewirken können.

(n. G. Laue)

Nickel Aswaldo

Auf einem Felsen nahe bei Gondorf stand in früheren Zeiten ein stattlicher Hof. Der Besitzer, Aswaldo, war ein alter, geiziger Mann, der angeblich von Trier hierher gezogen war. Im Tal, dem Maifeld zu, lebte ein Müller, welcher in einem üblen Ruf stand.

Aswaldo, der auf der Höhe wohnte, war mondsüchtig und wandelte in Vollmondnächten nicht selten auf den Felsen umher. Der Müller hatte das erfahren und stellte sich bald am Abhang der Felsen auf die Lauer, weil er nach dem Geld des Nachtwandlers trachtete. Er wußte, daß dieser sein Haus allein bewohnte und glaubte, leicht durch die offene Tür einschleichen zu können. Er fand aber das Hoftor verschlossen, und da der Mondsüchtige sorglos an dem furchtbaren Abhang einherwandelte, dachte er, ein einziger, leichter Stoß werde ihn für immer verstummen lassen. Leise und vorsichtig schlich sich nun der Müller hinter Aswaldo, riß ihm den Schlüsselbund aus der Hand und stürzte ihn durch einen leichten Stoß den Felsen hinab. Seine Glieder zerschellten drunten auf dem spitzen Gestein.

Hierauf eilte der Müller in das Haus seines Nachbarn, zündete einen Kienspan an und begann nach Schätzen zu suchen. In einer verschlossenen Truhe lagen reichlich Kostbarkeiten angehäuft. Trunkenen Sinnes fing er an, sich damit zu beladen. Um mit beiden Händen arbeiten zu können, steckte er den Kienspan in die Bretterwand. Während seines gierigen Raubgeschäftes aber bemerkte er nicht, daß sich der Raum mit Rauch zu füllen begann. Als er husten mußte und endlich aufsah, hatte die Flamme schon die ganze Wand erfaßt, und deutlich hörte er schon vom nahen Kirchturm die Feuerglocke läuten.

Beladen mit seinen Schätzen wollte er durch die brennenden Pfosten im Gang eilen, allein zu spät, das ganze Vordergebäude stand schon in Flammen. Ein herabfallender brennender Balken zerschmetterte ihm die linke Schulter, und bewußtlos sank er nieder.

Als er wieder zu sich kam, lag er draußen im Freien, umstanden von einer Menge Menschen. Die furchtbar zerschmetterte Leiche des armen Aswaldo hatte man bereits gefunden, und zerknirscht gestand der Müller seine Missetat. Nach drei Tagen starb er unter entsetzlichen Schmerzen an seinen Brandwunden und kam dadurch dem rächenden Arm der weltlichen Gerechtigkeit zuvor.

(n. J.H. Schmitz)

Verweigerte Hilfe

Links von der Straße Blankenheim-Dahlem erstreckt sich ein weites Waldgebiet, das Eichholz. Hier standen vor nicht allzu langer Zeit ansehnliche Bauernhöfe. Bis auf den heutigen Tag weist der Flurname Birterhof auf ein solches Anwesen hin. Auch erinnern verkümmerte Obstbäume, sichtbare Gärten- und Mauerreste an eine ehemalige Besiedlung.

Vom Giershof weiß man, daß dort eine Schankwirtschaft betrieben wurde. Er war sonntags das Ziel der Jugend, die hier frohe Stunden bei Gesang und Tanz verbrachte. Eines Sonntags begehrte ein Mann aus Schmidtheim, der keinen guten Ruf besaß und auch schon mit dem Gefängnis Bekanntschaft gemacht hatte, im Giershof Einlaß. Ein Schneesturm hatte ihn überrascht, und nun suchte er Schutz vor den Unbilden der Witterung. Doch schnell verriegelte man vor dem aus der Gesellschaft Ausgestoßenen die Tür und überließ ihn seinem Schicksal.

Angesichts solcher Unbarmherzigkeit verfluchte der Mann das Haus mit den Worten: „Du schändliches Haus wirst untergehen!“ Die Verwünschung ging in Erfüllung. Eines Tages brannte das Haus ab und wurde nicht wieder aufgebaut.

(n. K. Wahl)

Der Untergang von Kardillenhof (B)

Zwischen St. Vith (B) und Wallerode (B) liegt die Parzelle „Kardillenhöfchen". Hier soll vor vielen Jahren einmal ein Schloß gestanden haben. Der Schloßherr war ein zorniger Mann und ein leidenschaftlicher Jäger. Selbst am Sonntag frönte er dem Waidwerk. Er soll sogar den Pfarrer von St. Vith gezwungen haben, am Sonntag erst nach 11 Uhr mit der hl. Messe zu beginnen.

Es geschah jedoch einmal, daß der Priester die hl. Messe begann, ehe der gestrenge Schloßherr gekommen war. Zornig und laut polternd betrat dieser verspätet das Gotteshaus und steigerte sich so in Wut, daß er seine Flinte von der Schulter nahm und den Priester am Altar niederschoß.

Ohne etwas zu bereuen, ging der Mörder in sein Schloß zurück; doch kaum hatte er es betreten, da versank das Schloß in der Erde.

Noch heute sieht man in der großen Parzelle eine Senke, ebenso einen eigentümlichen Holzapfelbaum, der neben einem Brunnen steht.

(n. K. Fagnoul)

Der Laurentiuskirchhof

Ungefähr eine Viertelstunde südwestlich von Ober-Reifferscheid liegt eine Wiese, welche den merkwürdigen Namen „Loerenzkerchhoff" trägt.

Der hl. Laurentius ist einer jener Heiligen, welche das christliche Volk besonders in sein Herz geschlossen hat und die es daher besonders verehrt. In den Bauernregeln spielt der Laurentiustag (10.8.) eine Rolle: „Loerenz gett en Drüch oder en Sprenz" (Laurentius bringt Trockenheit oder Regen).

In alter Zeit war das Namensfest des Heiligen ein gebotener Feiertag. An diesem Tag hatte einmal ein Bauer noch nicht alles Heu in seiner Scheune. Während die Dorfleute zur Kirche gingen, fuhr unser Bauer ins Heu. Die ihm Begegnenden stellten ihn deshalb zur Rede und erinnerten ihn an die Heiligkeit des Tages. Der angesprochene Bauer aber entgegnete unwillig: „Loerenz heer, Loerenz daar, ich mouß meng Heu erenn han" (Laurentius her, Laurentius hin, ich muß mein Heu einbringen).

Doch die Strafe folgte auf dem Fuß: Auf der Wiese angekommen, versank der Bauer plötzlich mit Pferd und Wagen. Seit jener Zeit heißt die Wiese „Loerenzkerchhoff".

Nächtliche Wanderer, die an der Wiese vorbeikommen, hören das Geklingel der Schellen, welche die Pferde am Hamen trugen.

(n. H. Gierlichs)

Der Sonntags-Müller

Vor vielen Jahrhunderten tauchte in Vossenack ein kräftiger Mann auf und erkundigte sich nach einem günstigen Platz für eine Mühle. Die Vossenacker schickten ihn in verschiedene Täler, die er persönlich erkundete; letztlich aber konnte der gelernte Müller sich nicht entscheiden, an welchem Bach er seine Mühle bauen sollte. Als er einige Zeit umhergewandert war, kam er nach Simonskall. Dort sah er einen Jäger vor seinem Haus sitzen und dachte: „Ein Jäger kennt sich in dieser Gegend aus, den mußt du nach dem besten Ort für eine Mühle fragen." Gesagt, getan! Der Jäger sagte: „Ich empfehle Euch das Kallbachtal. In der Nähe des Felsens, den wir die „Köppley" nennen, wäre ein guter Platz für eine gute Mühle."

Der Müller bedankte sich für den guten Rat, zog zum Kallbachtal und begann am Fuß der „Köppley" mit dem Bau seiner Mühle. Es dauerte nicht lange, da trieben die herabströmenden Gebirgswasser das neue Räderwerk.

Der Müller war wirklich ein Meister seines Fachs; viele ließen bei ihm mahlen, weil das Mehl so fein wurde. Der Meister arbeitete Tag und Nacht. Er dachte nicht daran, nach Vossenack oder Simonskall in eine Wirtschaft zu gehen oder einen Tanzsaal aufzusuchen, um beim Tanz ein Eifelmädchen kennenzulernen und es zur Frau Müllerin zu machen.

Der Müller war allerdings von seiner Arbeit so besessen, daß er sogar am Sonntag, wenn die Leute in Vossenack und Simonskall den Tag des Herrn feierten, das Räderwerk und den Mühlstein laufen ließ und Getreide mahlte. Er dachte: „Nur so werde ich reich und kann mir bald einige Höfe kaufen, wo die Besitzer über beide Ohren verschuldet sind." Wenn sonntags die Simonskaller zum Hochamt nach Vossenack pilgerten und an der Mühle vorbeikamen, hörten sie den Müller hämmern. „Da habt ihr es", sagten sie, „der gottlose Müller schärft wieder seine Mühlsteine; über seine Geldgier vergißt er noch den Herrgott."

Nach wenigen Jahren kam dann auch der Tag, an dem Gottes Geduld zu Ende war.

Ein schneereicher Winter war vorbei, und als an den ersten warmen Tagen die Frühlingssonne kräftig auf die Schneemassen der Eifelhöhen schien und Schnee in Wasser verwandelte, wurden die Eifelbäche zu reißenden Strömen. Der Kallbach trat über seine Ufer und schwemmte über Nacht die Mühle samt dem Müllermeister hinweg. Kein Stein blieb auf dem andern. Der Müller aber muß für sein frevlerisches Leben allnächtlich die „Köppley" mit einem Hammer behauen.

(n. H.P. Schiffers)

Vossenack

Unverwischbare Blutflecken

In Monschau lebten einmal drei reiche Geldleute, die oft in einem Wirtshaus mit religiösen Dingen ihren Spott trieben.

Als sie eines Tages wieder in gewohnter Weise die Religion verspotteten, gingen sie sogar so weit, die Zeremonien der hl. Messe nachzuahmen. Der eine imitierte den Priester bei der Messe, die beiden anderen dienten dabei. Ein Kronentaler nahm die Stelle der Hostie ein.

Aber Gott läßt sich nicht verspotten!

Als sie nämlich bis zur Wandlung gekommen waren und der eine den Kronentaler in die Höhe hob, fiel er rücklings zu Boden und brach sich das Genick. Als die beiden anderen ihn so da liegen sahen, erschraken sie darüber so heftig, daß sie augenblicklich irrsinnig wurden und es ihr Leben lang blieben. Der Wirt, der so etwas in seinem Hause geduldet hatte, erhielt auch seine Strafe: Auf dem Fußboden, auf den der Unglückliche gefallen war, ließen sich die Blutflecken nicht mehr verwischen, so sehr man auch alle möglichen Mittel anwandte, um sie zu beseitigen. Der Wirt ließ schließlich, als alles nichts half, neue Bretter einsetzen.

Jedoch auch in diesen kamen die Blutflecken wieder zum Vorschein. Da erkannte man, daß man es mit einer höheren Macht zu tun hatte.

(n. H. Hoffmann)

Die silberne Wiege

Die Grafen von Schellart besaßen eine silberne Wiege mit goldenen Verzierungen. Dieses kostbare Familienstück vererbte sich stets auf den ältesten Sohn.

Einstmals hatte ein junger Graf Schellart gegen den Willen seines Vaters eine Bürgerliche, eine Fabrikantentochter, geheiratet. Als ein Kind zu erwarten war, sandte der junge Graf einen Diener zu seinem Vater, um die Wiege zu erhalten. Sie wurde ihm aber verweigert.

Als nach einiger Zeit in der jungen Familie ein Sohn geboren wurde, teilte man dem alten Grafen die freudige Nachricht durch einen besonderen Boten mit. Aber eine Aussöhnung brachte das Ereignis zwischen Vater und Sohn nicht.

Der alte Graf besaß ein kleines Pferd, an dem sein Herz besonders hing. Das Tier war so gut dressiert, daß es jeden Morgen zum Grafen kam und ihm durch Verbeugungen seinen Morgengruß entbot. Dann wurde ihm auf einem silbernen Teller ein Stück Zucker gegeben. Hierauf entfernte es sich wieder unter Verbeugungen. Am andern Morgen, nach dem erwähnten Ereignis, erschien das Pferdchen nicht zum Morgengruß. Als man nachsah, fand man es tot im Stall. Das betrachtete der alte Graf als eine Strafe Gottes wegen seines harten Verhaltens gegen seinen Sohn. Er ging in sich und sandte zum Zeichen der Versöhnung seinem Sohn umgehend die erbetene silberne Wiege zu.

(n. H. Hoffmann)

Schuß bei der Fronleichnamsprozession

Gegenüber der Kapelle von Gürzenich lag früher das Schloß des Grafen Schellart. Er pflegte jeden Sonntag in einem vierspännigen Wagen zur Kirche zu fahren. Da er nicht immer pünktlich zum Hochamt kam, wollte er den Pfarrer zwingen, mit der Messe nicht eher zu beginnen, bis er da war. Auf die Vorstellungen des Grafen erwiderte der Pfarrer: „Ich habe nicht Sie allein als Pfarrkind, sondern viele andere, für die ich sorgen und auf die ich Rücksicht nehmen muß."

Weil der Pfarrer nicht dem Willen des Grafen entsprach, so rächte sich dieser durch allerlei Schikanen und mehrfache Drohbriefe. Bei einer Fronleichnamsprozession kam es dann zum äußersten. Als an der Kapelle der Segen gegeben wurde, schoß der Graf auf den Pfarrer, der das Allerheiligste in der Monstranz hielt. Glücklicherweise traf die Kugel nicht, sondern drang in den Pfosten an der Kapellentür ein.

Da sprach der Pfarrer zu dem entsetzten Volk die prophetischen Worte: „Auf diesem Schloß wird dereinst kein Stein auf dem anderen bleiben. Ich erlebe es zwar nicht mehr, aber in der Prozession sind noch viele, die es sehen werden."

Diese Voraussage ist wörtlich in Erfüllung gegangen. Die Grafen von Schellart verarmten, und ihr Schloß verfiel immer mehr. Zuletzt standen nur noch Ruinen da, die den Bewohnern von Gürzenich als Baumaterial dienten. Von der starken Burg waren schließlich nur die Grundmauern übriggeblieben. Die Fundamente wurden von verschiedenen Bewohnern bis auf den letzten Stein herausgebrochen, weil man glaubte, es seien Schätze vergraben.

Über die Stelle, wo einmal das Schloß in aller Pracht und Herrlichkeit gestanden hat, geht heute der Landmann mit seinem Pflug her.

(n. H. Hoffmann)

Ritter Adalrich von Innen (L)

Als noch die edlen Ritter von Innen/Mosel ihr lustiges Ritterleben führten, geschah es einmal, daß der Knappe Adalrich in der Schloßschenke saß und, weil ihm nichts über einen guten Trunk ging, sich an einem mächtigen Humpen gütlich tat. Seine Reisigen waren nach einer glücklich verlaufenen Reitertat eben von der Saar zurückgekommen.

Adalrich war ein Prahler und warf auf dem Tisch nur so mit erbeuteten Goldgulden herum. Draußen hatte der Himmel sich verfinstert, und es entlud sich ein so heftiges Gewitter, wie die ältesten Fischer dort unten im Tal keines erlebt hatten. Adalrich kümmerte das nicht, sondern er lärmte und prahlte wie bisher, während sich seine Knappen bei jedem Blitzstrahl bekreuzigten und die Torwärterin, welche die Schenke leitete, laut zu beten anfing. Immer schrecklicher dröhnte der Donner. Im Tal ließ sich das Schreien und Rufen der Fischer hören, welche ihre Kähne ans Ufer zogen.

„Ich bin frank und frei", lästerte der Junker, „mir kann der Herrgott nichts zerschlagen. Ich habe nichts auf der Welt, was mir lieber wäre als der Humpen hier. Bin ich nicht der Knappe Adalrich, und habe ich nicht heute den Alten von Saarburg besiegt?!"

Kaum aber hatte er seine Prahlerei beendet, einen festen Zug getan und den Humpen wieder hineingestellt, da erdröhnte ein furchtbarer Donnerschlag, daß die ganze Burg erzitterte, und ein Kruzifix, das über dem lästernden Knappen hing, fiel herab und zertrümmerte den Krug in tausend Stücke.

Da wurde Adalrich weiß wie eine Kalkmauer; er sank in die Knie und flehte Gott um Erbarmen an. Von der Stunde an war er kein Trinker mehr, sondern floh jedes Gelage.

Seine Kriegsbeute ließ Adalrich Bedürftigen zukommen. Eine Votivtafel zur Erinnerung an die Begebenheit ließ der Junker im Rittersaal anbringen.

(n. J. Weyrich)

Der Hausbaum

Wenn in früheren Zeiten, als der Kiefernwald noch bis nahe an die Häuser von Kall heranreichte, ein Fuhrmann mit Pferd und Wagen seine Fracht über den „Knoppen" nach Schleiden brachte, so machte er in der Regel an dem Haus bei der alten Eiche Rast.

Malerisch lag das kleine, strohbedeckte Anwesen im Schatten der dichten Baumkrone, umgeben von alten Kiefern, die Wind und Wetter zerzaust hatten.
Die Pferde hielten hier fast ganz von selbst, nachdem sie ihre Karren mühsam aus Richtung Kall heraufgezogen hatten oder aber bevor sie das letzte Wegstück nach Kall, von Scheiden kommend, tüchtig bremsend in Angriff nahmen.

Das hatte den Hausbesitzer auf den guten Gedanken gebracht, Fuhrmann und Pferd gegen geringes Entgelt zu laben: die Fuhrleute mit klarem Schnaps, das Pferd mit würzigem Heu und reichlich Wasser aus einer kristallklaren Quelle vor dem Haus.

Da die Straße die kürzeste Verbindung zwischen Kall und dem betriebsamen Schleidener Tal darstellte, wurde sie viel benutzt, und der Wirt vom Hausbaum führte ein erträgliches Geschäft. Es handelte sich bei dem Haus um keine Wirt-

schaft im eigentlichen Sinne mit randalierenden und betrunkenen Zechern. Nach zwei, drei Schnäpsen fuhren die Gäste gestärkt und zufrieden weiter.
Nur einer durchbrach diese Gepflogenheit, sehr zum Verdruß des Hauswirtes und seiner Familie: Welsch, der Jäger. Niemand in Kall wußte etwas von ihm, weder woher er kam, wo er wohnte, noch wovon er lebte. Selbst seinen Namen kannte man nicht. Er war der Fremde, der „Welsche".

Wenn er zum Hausbaum kam, den alten geflickten Rucksack und sein ungepflegtes Gewehr in die Ecke stellte, dann schwand alle zufriedene Heiterkeit. Denn man wußte, was nun kam: Welsch ließ sich behäbig nieder, öffnete die unteren Knöpfe seiner verwitterten Lodenjoppe und rief um Schnaps. Dann schimpfte er über das Wetter, im Sommer war es zu heiß, im Winter zu kalt, dann mal zu naß, dann wieder zu trocken. Sein Geschimpfe, das alle kannten und auf das niemand mehr hörte, gipfelte stets in Flüchen auf Gott, der nichts tauge und an allem schuld sei. Der Wirt vom Hausbaum sah darum den Gotteslästerer lieber gehen als kommen, ganz abgesehen davon, daß er sich sinnlos betrank. –

Es war an einem schwülen Spätsommertag. Den ganzen Tag über hatte man aus der Ferne das dumpfe, unheimliche Rollen des Donners gehört. Den Ausbruch eines schweren Gewitters glaubte man geradezu körperlich zu spüren. Menschen und Tiere waren voller Unruhe.

In der Stube von Hausbaum saßen einige Fuhrleute um einen Tisch zusammen und brüteten schweigsam vor sich hin. Eigentlich hätten sie um diese Stunde schon weiterfahren müssen; aber angesichts des drohenden Unwetters dachte niemand an Aufbruch. Flüsternd sprach der Hauswirt mit seiner Frau. Sonst vernahm man keinen Laut.

Da hörte man eilige Schritte vor dem Haus, und in die Stube trat Jäger Welsch. Er verhielt sich wie gewohnt.

Plötzlich brach mit einem gewaltigen Donnerschlag, der das kleine Anwesen erzittern ließ, das Gewitter los. Es war fast so, als habe es gewartet, bis Welsch im Trockenen war. Grelle Blitze zuckten, und der Donner krachte in immer kürzeren Abständen. Gleichzeitig erhob sich ein Sturmwind, der machtvoll an dem kleinen Haus rüttelte und in die Kronen der Kiefern und der alten Eiche fuhr und sie kräftig zerzauste.

Bei jedem grellen Blitz duckten die Menschen in der Stube unwillkürlich ihre Köpfe tiefer. Sie waren keine ängstlichen Naturen; aber ein solch schweres Gewitter hatten sie noch nie erlebt. Die Frau des Hauswirtes zündete eine gesegnete Kerze an und betete angstvoll zum hl. Donatus, dem Schutzpatron gegen Blitz und Ungewitter.

Nur Welsch lachte und machte sich lustig über die verstörten Gesichter. „Meinst du, Wirtin, das Kerzchen und dein Gemurmel würden etwas nutzen?“ rief er verächtlich. „Macht es doch wie ich, Ihr Leute! Trinkt Schnaps!“ Doch niemand beachtete ihn.

Das Gewitter wurde immer schlimmer. Das Vieh blökte im Stall, und die Leute in der Stube wagten kaum zu atmen.

Da erhob sich Welsch in seiner Ecke und schrie, um sich in dem Gewittertoben verständlich zu machen: „Ich werde euch den Wettermacher herunterschießen!“ Alles hielt den Atem an, und die Angst legte sich wie eine eisige Faust auf die Anwesenden. Welsch trat vor die Türe, legte seine Büchse auf eine tiefhängende Gewitterwolke an und drückte ab.

Gleichzeitig mit dem Knall des Schusses fuhr ein grell lodernder Blitz auf Welsch und das Haus, das bis auf die Grundmauern abbrannte. Vom Jäger Welsch fand man keine Spur! Die Wirtsleute und ihre Gäste kamen mit dem Schrecken davon.

(n. W. Britz)

Der ewige Jäger von Königsfeld

Zwischen Keldenich und Weyer liegt ein großer Wald, der „Weyerbusch“. In diesem Wald geht seit uralten Zeiten der „ewige Jäger“ um und hat schon manchem Angst gemacht und ihn das Gruseln gelehrt.

In der Nähe des Waldes findet man einen größeren Landkomplex, der aus Ackerland und Wiesen besteht. Dort stand in früheren Zeiten der Königsfelder Hof. Mauerreste erinnerten früher an ihn.

Auf dem Hof wohnte einmal eine Witwe mit ihrem Sohn. Dieser war ein leidenschaftlicher Jäger, der statt sonntags nach Kallmuth zur Kirche zu gehen, lieber mit seinem Hund durch Feld und Wald streifte. Das bedrückte seine brave Mutter sehr. Wie oft hatte sie ihren ermahnt, doch seine Sonntagspflicht zu erfüllen! Aber er hörte nicht auf sie und störte sich an keinen Gott und kein Gebot.

So kam das hl. Weihnachtsfest heran. Die Mutter glaubte, wenigstens an diesem hohen Festtag würde er sie zur Kirche begleiten und den Gottesdienst besuchen. Als der Sohn auch diesmal auf ihr ernstes Zureden nicht hörte, sondern mit Flinte und Hund wiederum fertig zur Jagd in der Tür stand, sprach die Frau mit wehem Herzen: „Dann geh’ auf die Jagd bis an den Jüngsten Tag!“

Diesmal ist der jagdversessene Sohn nicht mehr zum Königsfelder Hof zurückgekommen und geht seit jener Zeit im „Weyerbusch“ als ewiger Jäger um.

Viele wollen ihn früher als Jäger gesehen haben, andere als „Glöhnigen Mann" (glühender Mann), bekleidet mit einem dunklen Mantel und einem großen Hut, innen jedoch ganz glühendrot. In neuester Zeit hat man lange nichts mehr von ihm gesehen. Ob er vielleicht Gnade gefunden hat? Man weiß es nicht.

(n. P. Klinkhammer)

Vom ewigen Jäger

Einst lebte in Münstereifel ein Anstreicher, dem sein Handwerk nicht mehr gefiel und mehr und mehr zur Last wurde. Er ging nämlich leidenschaftlich gern auf die Jagd.

An Arbeit hatte es ihm in seinem Anstreicherhandwerk nie gefehlt, wohl aber an dem nötigen guten Willen. Viel Zeit wandte der Mann indes auf, um den Tieren in Feld und Wald nachzustellen. Das wenige Geld, das er durch den Verkauf des erlegten Wildes erhielt, vertrank er in leichtsinniger Gesellschaft. Darüber vergaß er Frau und Kinder daheim, die in bittere Not gerieten.

Weil nun eine Mutter lieber selbst hungert, als ihre Kinder darben zu lassen, so dauerte es gar nicht lange, bis sie entkräftet auf Krankenlager sank. Und der Tod ließ nicht lange auf sich warten. Der Anstreicher saß mal wieder in einer Wirtschaft, als man ihm mitteilte, daß seine Frau im Sterben liege. Mit aschfahlem Gesicht und schreckstarrem Blick hörte er sie im Fieber reden: „Mag er immerzu im Walde umherschweifen, der Müßiggänger, der Trunkenbold, der ewige Jäger!"

Das waren die letzten Worte der Frau. Seither geistert der ewige Jäger durch den Münstereifeler Wald und begegnet hin und wieder um Mitternacht heimwärtswankenden Zechbrüdern, die zu lange bei Glas und Spiel gesessen haben. Sie vergessen nicht den todtraurigen Blick des Jägers und wie er dann mit seinem Dackel wie ein Schatten müde dahinschwebt.

Die Münstereifeler mögen recht haben, wenn sie sagen: „Dä schüß sich dat Fett von dä Zupp!" (Der schießt sich das Fett von der Suppe), wenn jemand auf ähnliche Weise sein Hauswesen zugrunde richtet und seine Familie an den Bettelstab bringt.

(n. G. Laue)

Quellen und Literatur

Antz, A.: Rheinlandsagen. Wittlich 1950
Banneux, L.: Légendaire Ardennais. Bruxelles 1929
Basing, Th.: Sagen und Legenden der Stadt Vianden. Diekirch 1904
Baur, V.: Eifelballaden. Düren 1965
Bechstein, L.: Aus dem Sagenschatz der Rheinlande. Stuttgart 1982
Bungartz, H.: Dollendorf. Hillesheim 1983
Caro, K.: Eifelgut. Heft 1 Volkssagen. Schleiden 1930
Casel, H./Steil, F.: In Gottes Namen unterwegs. Trier 1987
Delvos, H.: Stadtkyller Chronik. Stadtkyll 1968
Dicks, d.l.F.: Luxemburger Sagen und Legenden. Christnach 1989
Dietz, J.: Teure Heimat sei gegrüßt. Bonn 1948
Dom, B.: Gerolstein in der Eifel. Trier 1953
Drees, L.: Der hl. Remaklus. St. Vith 1967
Eick, C.A.: Die römische Wasserleitung aus der Eifel nach Köln. Bonn 1867
d'Ester, K.: Rheinsagen. Stuttgart 1956
v. Eynatten, C.: Eifelsagen. Trier o.J. (1871)
Gath, G.P.: Rheinische Legenden. Köln 1955
ders.: Rheinsagen. Köln 1959
Geschichtsverein Prümmer Land: Eifelmärchen
Gredt, N.: Sagenschatz des Luxemburger Landes. Luxemburg 1883
Grimm Brüder: Deutsche Sagen. Berlin 1905
dies.: Kinder und Hausmärchen. (Berlin?) o.J.
Guthausen, K./Schmitz, J./Zimmers, P.: Meine Heimat Dahlem/Eifel. Dahlem 1967
Henssen, G.: Volk am ewigen Strom. Düsseldorf 1935
ders.: Sagen, Märchen und Schwänke des Jülicher Landes. Bonn 1955
Hessel, K.: Sagen und Legenden des Moseltales. Bonn o.J. (1900)
Hoffmann, H.: Zur Volkskunde des Jülicher Landes. Teil 1: Sagen aus dem Rurgebiet. Eschweiler 1911. Teil 2: Sagen aus dem Indegebiet. Eschweiler 1914
Klein, H.G.: Sagen und Legenden von der Bunten Kuh bis zur Landskron. Ahrweiler 1990
Klinkhammer, B.: Heimatbuch des Kreises Schleiden. Langensalza 1926
Kurs, A.: Rheinlands Sagen und Legenden. Köln 1881
Lackas, N.: Legenden vom Heiligen Trier. Saarbrücken 1933
Lenartz, W.: Strom der Gnade. Bonn 1949
Mayer, A./Mertens, E.: Sagen, Geschichte, Brauchtum. Daun 1986
Pauly, M.: Perlen aus dem Sagenschatz des Rheinlandes. Köln o.J.
Renker, A.: Zwischen Venn und Maar. Köln 1948
Reumont, A.: Rheinlands Sagen. Köln/Aachen 1837
Roggendorf, H.: Mechernich. Köln (1929)
Rosenthal, G.: Aremberg in Geschichte und Gegenwart. Aremberg 1987
Rüttgers, S.: Rheinsagen. Köln 1939
Ruland, W.: Rheinsagen o.J.

(S)agenbuch des Kreises (W)ittlich. Wittlich 1965
Schell, O.: Sagen des Rheinlandes. Leipzig 1922
Scherer, M.: Sagen und Sitten an Mosel und Saar. Trier 1959
Schlipköter, G./Pferdemenges, F.: Das rheinische Sagenbuch. Leipzig o.J.
Schmitz, J.H.: Sagen des Eifellandes. Trier 1847
ders.: Sagen und Legenden des Eifeler Volkes. Trier 1858
Simrock, K.: Rheinsagen. Bonn 1837
Seidenfaden, Th.: Das Glockenspiel. Saarlouis 1925
ders.: Die Teufelsschlucht. Saarlouis 1922
Schiffels, J.: Erzählungen aus der Geschichte des Trierischen Landes. Trier 1895
Schiffels, J.: Vom frischen Quell. Wittlich 1912
Spülbeck, P.: Lommersdorfer Chronik. Lommersdorf 1950
Steinmetz, B.M.: Altgold und Neusilber. Paderborn 1911
Steinmetzt, A.: Aus dem Sagenschatz der Untersauer. Christnach 1991
Stötzel, H.: Die Sagen des Ahrtales. Bonn 1953
Stolz, P.: Die Sagen der Eifel. Aachen 1888
Theis, H.: Die Sage raunt in alten Mauern. Neuerburg 1991
Trog, C.: Des Rheinlands Wunderhorn. 11 Bde. Essen o.J. (1883)
Wagner, R.: Ritter, Räuber, Heilige. Wittlich 1991
Warker, N.: Wintergrün. Arlon 1890
Weitershagen, P.: Zwischen Strom und Münster. Köln 1959
ders.: Das große Sagenbuch vom Rhein. Düsseldorf 1963
ders.: Eifel und Mosel erzählen. Köln 1968
Zender, M.: Die Eifel in Sage und Dichtung. Trier 1900
Zender, Ma.: Sagen und Geschichten aus der Westeifel. Bonn 1966

Zeitungen und Schriften

Dürener Zeitung
Münstereifeler Zeitung
Eifeler Nachrichten
Eifeler Volkszeitung
Kölnische Rundschau
Beilagen zu: Kölnische Rundschau, Euskirchener Volksblatt
Rheinische Geschichtsblätter
Eifelvereinsblatt/Die Eifel ab 1900
Eifelvereinskalender ab 1926
Zwischen Venn und Schneifel ab 1965
Heimatland, Alamanch des Kreises Monschau o.J.
Heimatkalender: Kreis Bitburg, Kreis Monschau, Kreis Schleiden
Heimatkundliche Mitteilungen des Eifelvereins für den Oberahrbezirk

Ortsregister

Karl Guthausen

Sagen und Legenden

aus Eifel und Ardennen

Band 1

In mehreren Bänden stellt Karl Guthausen das gesamte Sagengut aus Eifel und Ardennen vor. Es ist das erste grenzüberschreitende Sagenbuch aus dem Eifeler Land, Luxemburg und Belgien.
Die Sagen und Legenden, vom Autor gesammelt aus alten Heimatkalendern, Dorfchroniken und zahlreichen anderen Quellen, und reich illustriert durch Tuschezeichnungen, spiegeln Leben, Brauchtum und Gedanken der Menschen in den jeweiligen Regionen wider.
Dieser Band erzählt von verborgenen Schätzen, von Hexen und ihrem verbotenen Treiben, von Riesen und Zwergen, von unheimlichen Gestalten, welche die Leute in Angst und Schrecken versetzen, und schließlich auch vom Teufel, der, geschickt überlistet, gar manches Gotteshaus zu erbauen half. Hier findet man den Ursprung eigentümlicher Namen für einige Orte.

192 S., Illustrationen
geb., 14,8 x 21 cm
ISBN 3-89124-168-2
DM 34,-/SFr 34,-/ÖS 265 ,-

Karl Guthausen

Sagen und Legenden

aus Eifel und Ardennen

Band 2

In mehreren Bänden stellt Karl Guthausen das gesamte Sagengut aus Eifel und Ardennen vor. Es ist das erste grenzüberschreitende Sagenbuch aus dem Eifeler Land, Luxemburg und Belgien.
Die Sagen und Legenden, vom Autor gesammelt aus alten Heimatkalendern, Dorfchroniken und zahlreichen anderen Quellen, und reich illustriert durch Tuschezeichnungen, spiegeln Leben, Brauchtum und Gedanken der Menschen in den jeweiligen Regionen wider.
Der zweite Band erzählt von Berggeistern, die den Menschen helfen, von merkwürdigen Begebenheiten um und über Glocken und von Geschichten aus längst vergangenen Zeiten. Lebendig vor Augen geführt wird dem Leser das Leben der Ritter und Burgherren; Angst und Schrecken unter den Menschen verbreitet der „Schwarze Tod“, die Pest.

240 S., Illustrationen
geb., 14,8 x 21 cm
ISBN 3-89124-203-4
DM 34,-/SFr 34,-/ÖS 265 ,-

MEYER & MEYER – Fachverlag

Von-Coels-Straße 390, D-52080 Aachen
Telefon 0241/55 60 33, Fax 0241/55 82 81